선교적
교회로
가는 길

개정증보판
선교적 교회로 가는 길: 전통적인 교회에서 미셔널 처치로

발행	2021년 10월 15일
지은이	송민호
발행인	윤상문
디자인	박진경, 이보람, 전지혜
발행처	킹덤북스
등록	제2009-29호(2009년 10월 19일)
주소	경기도 용인시 기흥구 동백동 622-2
문의	전화 031-275-0196 팩스 031-275-0296

ISBN 979-11-5886-218-3 (03230)

Copyright ⓒ 2021 송민호
이 책은 저작권법에 따라 보호받는 저작물이므로 무단전재와 복제를 금지하며,
이 책의 내용의 전부 또는 일부를 이용하려면 반드시 저작권자와 킹덤북스의
서면 동의를 받아야 합니다.

※ 잘못된 책은 구입한 곳에서 교환하여 드립니다.
※ 책 가격은 표지 뒷면에 있습니다.

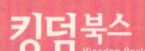 킹덤북스(Kingdom Books)는 문서사역을 통해 하나님의 나라를 확장하고, 한국교회와 세계 교회를 섬기고자 설립된 출판사입니다.

선교적 교회로 가는 길

송민호 지음

전통적인 교회에서 미셔널 처치로

예수께서 또 이르시되 너희에게 평강이 있을지어다 아버지께서 나를 보내신 것 같이 나도 너희를 보내노라(요 20:21)

킹덤북스
Kingdom Books

발간사

채영남 이사장/ 본향교회

선교적 교회론은 '하나님의 선교'(Missio Dei)의 개념과 연결됩니다. 선교적 교회론을 주장하는 신학자들은 교회는 하나님으로부터 파송된 공동체로서 선교의 주체는 하나님 자신임을 말합니다. 선교적 교회는 교회가 하는 일보다는 교회의 본질 자체에 집중합니다. 이 운동은 교회 성장이나 교세 확장에만 몰두하는 목회나 선교 프로그램을 비판합니다. 교회는 상황과 문화 속으로 삼위일체 하나님으로부터 파송받은 공동체임을 고백하며, 하나님께서 주체가 되는 선교에 동참해야 한다고 주장합니다. 한 부서의 사역으로 혹은 전문 선교사들의 사역으로 축소되어버린 현대 교회의 선교를 반성하고, 교회가 존재하는 목적 자체가 선교임을 강조하는 것입니다. 사람들을 불러 모아 건물을 넓히는 것이 교회의 주된 목적이 아니며, 세상을 향해 '하나님 나라'의 삶을 증언하고 세상 사람들을 그러한 삶으로 초청하는 것이 파송받은 이들이 견지해야 할 선교적 삶임을 선교적 교회론은 강조합니다.

대한민국에는 5만 개 이상의 교회가 존재합니다. 북미 지역에도 4천여 개의 크고 작은 한인 이민교회들이 있습니다. 오늘날 우리 교회는 위기와 함께 새로운 기회를 맞고 있습니다. 이에 필자는 최근 들어 침체하며 무기력해지는 한국교회를 다시 살리는 길이 지역 사회를 섬기는 선교적 교회임을 말합니다. 이 책은 선교적 교회 운동이 실제 목회 현장에서 어떠한 대안이 될 수 있는지를 말하고 있습니다.

  선교적 교회론은 교인 한 사람 한 사람 모두가 세상으로 보냄을 받았다는 점을 끊임없이 강조합니다. 교회를 위해 교회가 있는 것이 아니라, 세상을 위해 교회가 존재한다는 것입니다. 교회들은 세상과 단절되거나 동화되기보다는 의미 있는 개입을 해야 합니다. 선교적 교회는 모이는 숫자가 아니라 교인 각자가 파송된 곳에서 얼마나 선교적인 삶을 살고 있는가 하는 기준으로 교회를 평가합니다. 이에 교회의 쇠락은 교회 밖의 사람들에게도 아쉬운 일이 됩니다.

  송 목사님의 『선교적 교회로 가는 길』이라는 책을 통해 우리는 교회의 선교적 정체성에 대해 정확히 파악하게 될 것이며, 교회의 본질과 사명이 무엇인지를 고민하는 모든 목회자 및 교회의 중직자들에게 이 책이 큰 도움이 되리라 생각합니다. 마지막으로 이 책의 발간을 위해 수고해주신 총회한국교회연구원의 이사님들과 원장 노영상 목사, 실장 김신현 목사, 간사 구혜미 목사와 출판을 맡아주신 킹덤북스(Kingdom Books) 대표 윤상문 목사님께도 마음 깊은 감사의 말을 전합니다.

추천사

노영상 원장/ 총회한국교회연구원

    지난날 한국교회의 성장기엔 모이는 교회가 강조되었으나, 오늘에 필요한 교회의 모습은 지역과 세상을 향해 흩어지는 교회임을 본서는 강조합니다. 작금의 우리 교회들은 지역 공동체의 일원이 되기보다 지역의 중심이 되고자 하였지만, 오늘의 사회는 그런 교회의 모습을 허용치 않습니다. 교회가 지역 사회 위에 있는 것이 아니라 지역의 일원으로서 지역적 정체성을 공유하여야 함을 오늘의 시대는 강조합니다. 이에 교회는 '그들'만의 모임이 아니고 세상 가운데 파송된 개방된 공동체여야 합니다. 특히 지역 공동체의 복지와 행복을 위해 교회가 해야 할 일을 다양하게 모색하면서, 하나님에 의해 파송된 공동체로서 지역 사회에 깊이 참여하는 하나님의 선교(Missio Dei)를 구현하는 교회가 되어야 한다는 것입니다.

    지금 우리 교회들은 어느 때보다 교회의 공공성을 회복해야 하며, 전인적이며 공적인 복음이 온전히 선포되고 그 복음이 성도의 삶으로 적절히 표현되는 것이 중요합니다. 삼위일체 하나님은 선교의 주체가 되시는 분으로서 아들을 보내셨으며 아들과 함께 성령을 우리에게 보내셨습니다. 또한 예수 그리스도께서는 자신을 믿는 제자들을 아버지께서 자신을 보내신 것처럼 세상에 보내신다고 말씀하십니다(요 20:21). 파송의 주체는 하나님이시며 우리는 파송의 주체가 아니라 보냄을 받은 자들이라는 것입니다. 우리 신자들은 저마다의 상황과 역사와 문화 속으로 파송받은 자들로서, 그곳에서 하나님의 나라와 그의 의를 이루기 위해 우리는 선교적 삶을 살아내야 하는 것입니다.

『선교적 교회로 가는 길』이라는 송민호 목사님의 이 책은 본 연구원이 지난 몇 년 동안 개진한 '마을목회' 운동과 일맥상통합니다. 선교적 교회론은 영국의 신학자 레슬리 뉴비긴(J. E. Lesslie Newbigin)과 미국의 신학자 데럴 구더(Darrell L. Guder) 등에 의해 우리나라에 많이 소개된 이론으로, 송 목사님께서는 서구 학자들의 선교적 교회론을 보다 잘 이해하여 목회에 반영하신 분으로 생각됩니다. 우리 연구원에선 이미 15권이 넘는 마을목회에 대한 책들을 출간하였는데, 이 책들의 내용을 통해 우리는 보다 풍성한 선교적 교회의 모습을 발견하게 되리라 믿습니다.

송 목사님은 이 책에서 다음과 같이 언급합니다. "선교적 교회로의 전환은 반드시 일어나야 한다. 교회는 자신만을 위한 공동체가 아니라 세상을 위한 이타적인 공동체가 되어야 한다. 지역 사회 주민들로부터 진실함과 성실함으로 인정받는 공동체가 되어 마을 사람들과 함께 웃고 울며 삶을 나누는 그런 교회가 되어야 한다. 성도들은 세상과 단절된 고립적 생활을 하거나, 세상과 동화되어 무분별한 삶을 사는 사람들이 아니라, 세상과 소통하며 의미 있는 개입을 통해 세상을 빛으로 인도하는 사람들이 되어야 한다. 궁극적으로 하나님 나라를 마음에 품으며, 교회 담장을 넘어 지역 사회부터 땅끝에 이르기까지 하나님의 사랑과 공의를 드러내는 빛과 소금이 되어야 한다. 이를 위해서 교회는 자신만을 위한 성장 지향적 모델보다는 세상을 품고 헌신적으로 섬기는 선교적 교회로 전환해야 한다."

오늘날 한국교회는 점점 사회에서 멀어져 폐쇄된 교회로 흘러가고 있습니다. 사회를 향해 열린 교회가 되기보다는 사회의 악으로부터 교회의 성스러움을 보전하는 데에만 급급하여 신자들을 교회 내에 가두어 두려 하고 있습니다. 이런 사회와 소통이 되지 않는 교회에서 우리 한국교회는 사회에 나가 하나님의 사랑을 전하고 사회를 위해 봉사하는 선교적 사명을 다하는 교회로 변모할 필요가 있습니다.

물론 이런 선교적 교회가 되어 신자들을 세상을 향해 파송하기 위해

선, 하나님을 만나는 영적인 훈련과 세상을 향한 파송을 준비하는 강한 제자 훈련이 요청됩니다. 이에 송 목사님은 영성 훈련과 성경 교육의 중요성을 다음과 같이 강조합니다. "선교적 교회는 형식에 매인 종교인이 되기보다는 진정성이 있는 그리스도의 제자가 되도록 가르친다. 겉과 속이 다르지 않는 그리스도인으로 진실하게 살라고 가르친다. 그러다 보니, 교인들은 성경 지식을 축적하는 것으로 만족하지 않고, 배우는 대로 실천하는 데 초점을 맞추게 된다. 매주 드려지는 예배는 늘 새로운 마음으로 준비해서 드리고, 그 예배 시간이야말로 하나님의 임재를 체험하는 소중한 시간이 된다. 이렇게 모여서 흩어져야만 한 주간 필요한 영적 파워를 공급받기 때문이다. 그렇기 때문에 선교적 교회는 새신자가 교회에 발을 딛는 순간부터, 그를 세상으로 보낼 준비를 해야 한다. 일부가 아닌 온 성도가 세상으로 보내심을 받아 하나님의 선교에 동참하는 것이 궁극적인 목표이기 때문에 분명한 훈련 과정이 필요하고, 세상에서 선교적 삶을 살도록 끊임없이 상기시킨다. 다시 한번 강조하지만 선교적 교회는 제자 훈련을 중요시한다. 교제나 친교를 위해서는 구태여 훈련이 필요 없다. 그러나 성도들이 세상으로 보내심을 받아 의미 있는 개입을 하려 한다면 반드시 훈련이 동반되어야 한다. 하나님의 음성을 듣는 훈련, 복음을 의미 있게 전하는 훈련, 겸손과 온유함을 위한 영성 훈련이 필요하다. 또한 하나님 나라를 보게 하는 안목을 갖도록 가르친다. 최종적으로 선교적 교회는 개 교회의 흥왕보다는 하나님 나라가 드러남을 목표로 한다. 그래서 경쟁보다는 협력을 우선으로 한다. 다양한 사역 기관과의 협력을 통해서 하나님 나라가 이 땅에 도래하기를 힘쓰는 것이다."

이상과 같이 송 목사님이 강조하는 선교적 교회론은 수직적인 하나님에 대한 신앙과 수평적인 이웃에 대한 사랑의 선교와 봉사를 동시에 강조합니다. 예배를 통한 하나님과의 만남 속에 이웃을 향한 진정한 사랑과 선교가 가능해짐을 강조하는 것입니다. 아울러 그는 이웃을 위한 봉사와 영혼 구원을 위한 전도를 이원화하지 않습니다. 이웃을 향한 선한 봉사가 선교와 전도를 위한 수단만이 아니라, 그 자체가 선교적 사명이며 하나님이 바라는 것이라는 사실을 말합니다. 선교란 주님의 말씀을 입으로만 전하는 것이 아니다 사랑의 실천을 통해 주님의 사랑을 경험케 하는 것임을 그는 강조하고 있습니다.

마태복음 18장 12절은 다음과 같이 말합니다. "너희 생각에는 어떠하냐 만일 어떤 사람이 양 백 마리가 있는데 그중의 하나가 길을 잃었으면 그 아흔아홉 마리를 산에 두고 가서 길 잃은 양을 찾지 않겠느냐." 이 본문에서와 같이 주님의 일차적 관심은 교회 안의 사람들이 아니라, 길을 잃은 교회 밖의 사람들임을 우리는 인지해야 할 것입니다. 교회의 포커스를 교회 안의 친교에만 두는 것이 아니라 교회 밖의 세상과 구원이 필요한 사람들에게 두는 교회가 될 때, 우리 한국교회는 보다 성숙하며 진취적인 교회가 될 수 있을 것이라 생각합니다. 그래서 송민호 목사님의 책 『선교적 교회로 가는 길』을 한국의 모든 신자들에게 강하게 추천하는 바입니다.

추천사

한국일 교수/ 장로회신학대학교 선교학

『선교적 교회로 가는 길』의 저자 송민호 목사는 일찍이 신학을 공부하던 시절부터 교회론에 대한 문제의식과 관심을 가지고 공부한 후에 이민교회 현장에서 선교적 교회를 실천해 온 경력을 갖추고 있다. 선교학을 공부한 선교학자로서 선교사로 활동하고 16년 전 토론토영락교회 담임 목사로 부임하면서 선교적 교회를 모든 교회들과 함께 실천해 왔다. 이 책은 단지 책상에 앉아 서적들을 연구한 학문적 결과물이 아닌 누구보다 치열하게 온전한 교회론의 회복을 꿈꾸면서 목회와 선교 현장에서 실천해 온 목회자의 현장 경험과 연구의 값진 열매이다. 나는 이 책을 읽으면서 저자가 자신의 목회 현장에서 실천하였을 뿐 아니라 성장 패러다임 이후에 대안이 없이 표류하는 한국교회와 이민교회 목회자와 성도들과 함께 그동안 자신의 목회 경험과 성찰의 과정을 나누기를 원하는 간절한 열망을 볼 수 있었다.

이 책을 읽는 내내 저자의 참된 교회론의 회복과 실천을 위한 목회자로서의 진정성을 느낄 수 있어서 매우 감동을 받았으며 속히 이 책이 출판되어 어려운 상황에서도 올바른 교회와 목회를 추구하는 목회자들에게 소개하고 싶은 마음이 간절하였다. 저자가 선교적 교회론에 대하여 소개하는 이론적 관점과 실천, 실제적 원리와 방법에 대한 내용은 독자들이 직접 읽으면서 발견하겠지만 추천자로서 저자가 강조하는 몇 가지 관점들을 먼저 나누고자 한다.

선교적 교회는 개신교회에서 그동안 간과되어 온 사도성을 회복하는 운동으로 언급한다. 교회의 네 가지 속성-교회의 일치, 거룩성, 보편성, 사도성 - 중에 세 가지는 강조되어 왔으나 사도성은 간과하였음을 지적하고 선교적 교회는 교회의 사도성을 회복하는 운동임을 강조한다.

그러면서 한국교회가 회복해야 할 세 가지로 진정한 복음, 교회의 공공성, 하나님 나라에 입각한 성경적 교회론을 언급한다. 한국교회에 대한 성찰로 세 가지 유형을 언급한다. 세상 속으로 흡수된 무기력한 교회, 세상과 분리된 게토화 된 교회, 세상으로 보냄을 받은 교회 등이다. 첫 번째 유형은 세속주의 가치를 분별없이 수용하여 성장하였지만 세상에 선한 영향력을 나타내지 못하는 무기력한 교회이며, 두 번째 유형은 교회의 거룩성을 편협하게 이해하여 세상으로부터 고립된 유형인데 반하여 저자가 제시하는 선교적 교회는 세상으로 보냄을 받은 교회를 나타내고 있다.

이 책이 가진 유의미한 특징과 가치를 종합하면, 복음적 신앙에 기초하여 선교학을 공부한 학자답게 신학적으로 균형이 잘 잡혀 있다. 선교학적으로는 로잔 언약 신학에 기초하여 있으면서도 세계 교회의 다양한 특징들에 대하여 열린 입장을 취한다. 교회의 두 가지 속성-모이는 교회와 흩어지는 교회-에서 기존의 성장주의가 지나치게 모이는 교회만을 강조한 데 반하여 선교적 교회는 흩어져 섬기는 교회임을 강조하면서도 목회적 차원에서 그것을 실천하기 위해 교회 안에 모여서 훈련하는 과정을 결코 간과하지 않는다. 오히려 선교적 교회를 실천하기 위해 교회에서 어떻게 성도를 준비시켜야 하는가를 매우 구체적인 내용과 원리, 방법을 제시한 것이 이 책이 가진 장점이라고 하겠다.

저자는 선교적 교회를 분명한 신학적 관점으로 잘 정리하여 현장의 실천 경험을 바탕으로 매우 이해하기 쉽게 표현한다. 저자가 목회하는 이민교회를 성찰하면서 그동안 한인 교포 안에서의 구심적 역할을 긍정적으로 평가하면서도 변해가는 이민 사회 상황에 새롭게 적응하기 위해서는 교회와 목회 패러다임을 바꿀 것을 강조한다. 이런 점에서 한국교회뿐 아니라 이민교회들의 지속 가능한 사역을 위해서 선교적 교회로의 전환이 필수적이라고 강조한다.

이 책은 크게 세 가지로 구성되어 있다. 첫째, 선교적 교회에 관한 신학적 이론, 둘째, 선교적 교회를 형성하는 원리, 셋째, 실제로 교회 안에서 선교적 교회를 실현하기 위해 필요한 방법론들을 자신의 목회적 경험에 근거하여 매우 상세하게 소개한다. 이 책은 전통적인 교회를 선교적 교회로 전환하기를 원하는 목회자들에게는 매우 유익한 길 안내를 해줄 것이라고 확신한다. 선교적 교회를 신학적으로 잘 이해할 뿐 아니라 교회에 실행할 수 있는 관점을 체계적으로 세워주는 실천 원리도 제시한다.

추천서를 쓰기 위해 미출판 원고를 읽으면서 교회와 선교, 하나님 나라, 한국교회와 이민교회, 성도들을 그리스도의 몸으로 온전히 세우고, 교회가 세상에 선한 영향력을 나타내는 교회가 되기를 간절히 원하는 저자의 진정성 있는 마음을 느낄 수 있었다.

추천자로서 이 책의 출판을 간절히 기다린다. 그리고 내가 알고 있는 세속화된 세상에 휩쓸리지 않고 참된 교회를 위해 수십년 동안 교회를 섬겨 온 목회자들에게, 그리고 앞으로 목회를 시작할 젊은 신학생들에게 이 책을 기쁨으로 소개할 것이다.

저자는 적지 않은 분량의 책을 마무리하면서 "순종"이 가장 중요한 원리임을 강조한다.

저자의 의도를 그대로 옮긴다면

"순종은 순종을 낳고, 헌신은 헌신을 낳는다."

이 책을 읽는 모든 사람들이 복음, 교회, 선교, 하나님 나라를 향한 저자의 뜨거운 마음과 열정을 함께 느끼며 선교적 교회 운동에 동참함으로 신뢰를 잃어가는 이 시대에 다시 한번 온전한 교회를 세워가는 진실된 하나님 나라의 선교 운동이 전개되기를 기대한다.

목 차

발간사 / 채영남 이사장(본향교회)   4
추천사 / 노영상 원장(총회한국교회연구원)   7
추천사 / 한국일 교수(장로회신학대학교 선교학)   13

들어가는 말   22

01   변화의 필요성   25

01. 본질적인 질문을 하다   26
1. '만일 우리 교회가 더 이상 존재하지 않는다면?'   28
2. '방주 역할을 하는 교회?'   30
3. '대안인가 본질의 회복인가?'   33

02. 교회의 위기를 말하다   42
1. 서구 교회의 위기   42
2. 위기에 빠진 한국교회   48
3. 북미 이민교회의 상황   53
4. 선교적 교회 운동   57

03. 참된 교회를 말하다   63
1. 참된 교회에 대한 고민   64
2. 하나 됨의 통일성   66
3. 구별된 삶의 거룩성   68
4. 겸손함을 가르치는 보편성   72
5. 보내심을 강조하는 사도성   75

02 변화의 요소들　　　　　　　　　　83

04 · 하나님의 선교를 말하다　　　　　　84
1. 하나님의 선교(Missio Dei)　　　85
2. 하나님의 백성　　　95
3. 하나님의 백성의 정체성(Identity)　　　100
4. 하나님의 백성의 사명(Mission)　　　106

05 · 하나님 나라의 관점으로 보다　　　　　　109
1. 하나님 나라를 강조하신 주님　　　112
2. 하나님 나라란?　　　118
3. 하나님 나라의 복음　　　121

06 · 선교적 교회를 정의하다　　　　　　129
1. 구원의 목적　　　130
2. 선교적 교회의 정의　　　133
3. 교회와 세상과의 관계　　　141

07 · 선교적 교회의 요소를 말하다　　　　　　154
1. 성령의 인도하심　　　155
2. 선교적 리더십　　　158
3. 세상을 섬기는 건강도　　　161
4. 온전한(축소되지 않은) 복음　　　167
5. 사역자로 세우는 제자화 과정　　　173
6. 선교적 교회 성도들의 모습　　　179

03 변화의 실제　　　　　　　　　　187

08. 변화를 말하다　　　　　　　　　　188
1. 열방을 위한 교회　　　　　　　　191
2. 모험을 두려워하지 않는 교회　　　197
3. 선한 지도자가 있는 교회　　　　　201

09. 선교적 교회로 전환하다　　　　　　209
1. 선교적 교회론 교육　　　　　　　211
2. 선교적 교회를 위한 구조적 변경　223
3. 선교적 교회의 실천　　　　　　　233

10. 선교적 삶으로 전환하다　　　　　　242
1. 내 안에　　　　　　　　　　　　242
2. 공동체와 함께　　　　　　　　　248
3. 세상 속에서　　　　　　　　　　252

11. 선교적 교회 개척을 시도하다　　　　256
1. 처음 경험한 분리　　　　　　　　259
2. 다시 시도하는 개척　　　　　　　263

12. 순종을 배우다　　　　　　　　　　268
1. 순종의 열매　　　　　　　　　　269
2. 택하심의 비밀　　　　　　　　　273
3. 열매 맺는 삶　　　　　　　　　　275

맺는 말　　　　　　　　　　　　　　281
참고 문헌　　　　　　　　　　　　　286

부록 01 ‖ 새 교우 멤버십 과정을 위한 교회론(토론토영락교회)

제1강 성경은 교회에 대해서 어떻게 가르칩니까?	290
제2강 선교적 교회(Missional Church)란 무엇입니까?	297
제3강 토론토영락교회가 지향하는 선교와 교육은 어떤 것입니까?	305
제4강 나의 역할은 무엇입니까?	310

부록 02 ‖ 전 교인을 위한 선교적 교회 안내서(토론토영락교회)

01. 우리가 지향하는 교회는 선교적 교회(미셔널 처치)입니다.	317
02. 선교적 교회의 성도는 이런 모습을 보입니다.	320
03. 선교적 교회의 중심에는 샘터가 있습니다.	323

들어가는 말

30여 년 전 신학교 교정을 나올 때 갖고 있던 불타던 사명감이 때론 현실 앞에서 식어지고 흐려질 때가 있었지만, 하나님의 은혜로 여기까지 달려올 수 있었다. 나의 목회 여정을 강하게 채찍질해 준 요소 중 하나는 교회에 대한 정체성과 사명의 질문이었다. 목회자, 선교사, 그리고 신학교 교수로서 교회가 나가야 할 길에 대해 정말 많이 고민했었다. 선교적 교회 운동은 나에게 교회의 본질과 사명이 무엇인지를 고민하게 했다. 오늘날 교회의 본질이 너무나도 흐려져 있다. 교회가 마치 자신의 기업인 듯 접근하거나 자신의 존재감을 드러내기 위한 장이라 생각하는 목회자를 보면 가슴이 섬뜩하다. 교회는 신성한 그리스도의 몸이기에 인위적으로 갈 수 없다. 그러므로 주님의 몸된 교회가 정신을 똑바로 차리고 바른 길을 가야 한다. 한때는 전 세계의 부러움 속에 뜨거운 부흥의 한복판에 있었던 한국교회가 지금은 너무도 빨리 추락하고 있다. 반대로 이단의 기승은 불난 집에 부채질하는 기분이다. 가슴이 아프다. 고령화, 저출산이란 사회적 이유도 있지만, 신학적, 목회적 이유가 주요 관건이다.

문제는 교회론에 대한 깊은 고민 없이 결국은 기복적 신앙 앞에 무릎을 꿇은 것이다. 그래서 나는 한국교회가 교회의 본질을 많이 놓쳤다고 본다. 세상과 소통하며, 세상을 섬기며, 복음으로 세상을 바꾸는 길을 따르지 않고, 전도를 부흥의 목적이나 수단으로 사용하며 궁극적으로는 자신의 안정과 편안함을 위해 달려가는 이기적인 공동체의 길을 걸은 것이 화근이라고 본다. 이 책은 한국교회가 조금이나마 성경적 방향으로 돌아서기를 바라는 마음으로 적었다. 성경이 가르치는 교회의 모습으로 돌아간다면 하나님께서 원하시는 건강한 교회들이 더 일어나고 어두운 세상을 비추는 참빛이 될 것이다. 또한 이 책은 북미 한인교회들을 생각하며 썼다. 이민교회의 최대 관건은 정체성이다. 교회로서의 존재 목적이 분명하지 않으면 이민자를 정신적으로 묶어주는 가족 공동체를 넘어서기 힘들다. 주류 사회와의 관계와 차세대와의 관계를 의미 있게 이어 줄 수 있는 유일한 길은 복음이다. 복음 때문에 이민교회가 존재한다는 것을 선교적 교회론이 다시금 확인시켜줄 것이다.

목회의 마지막 안식 기간이 될 2019년 늦가을 포항 한동대학교 아릴락 연구소에서 원고를 정리했다. 그리고 조금 지나서 신종 코로나 바이러스가 온 세상을 덮쳤다. 모여서 드리는 예배에 익숙했던 성도가 이제는 비대면 예배라는 초유의 상황을 맞이하면서, 교회란 무엇인가라는 질문을 새롭게 하게 되었다. 코로나19 사태는 전통과 형식에 갇혀 있는 우리에게 새로운 틀이 필요함을 깨우쳐 주었다. 불변하는 복음을 급변하는 세상에 어떻게 전해야 할지는 우리가 함께 고민해야 할 부분이다. 이 책에서 전개될 선교적 교회에 대한 이야기는 팬데믹을 지나 교회가 갖추어야 할 정체성을 회복하는 데 도움이 될 것이다. 그동안 틴데일 신학교(Tyndale Seminary)와 리젠트 신학교(Regent College)에서 가르쳤던 선교적 교회 수업 내용과 지난 16년간 토론토영락교회 성도들의 훈련 내용을 가급적이면 학술적인 용어를 배제하고 쉽게 풀었다. 궁극적으로 이 책은 변화에 관한 것이다. 어떻게 하면 전통적인 교회가 선교적 교회로 갈 수 있을까에 대한 나름대로의 '길'을 제시해 보았다. 부족하지만 이렇게 한 권의 책으로 나오게 됨을 기쁘게 생각한다.

 이 책이 있기까지 전통적 교회를 선교적 교회로 전환하기 위해 진지하게 생각을 나누며 실천으로 옮겨주신 토론토영락교회 목회자, 당회원, 그리고 모든 성도들께 깊은 감사를 드리고, 원고 수정을 도와주신 김소연 집사님께 감사를 드린다. 다리를 놓아주신 장신대 김도일 교수님과 추천사를 써 주신 한국일 교수님에게 감사드린다. 이 책의 출판을 위해 주시고 발간사를 써 주신 총회한국교회연구원 채영남 이사장님과 추천사를 써 주신 노영상 원장님께 감사드리고, 김신현 목사님과 구혜미 목사님, 특히 역작으로 만들어주신 킹덤북스(Kingdom Books) 대표 윤상문 목사님과 출판사 가족에게 깊은 감사를 드린다. 끝으로, 부족한 사람의 목회를 위해 늘 기도해 주시는 어머니와, 옆에서 함께 웃고 울며 동역자로 수고하는 아내에게 감사를 표한다. 뜻밖에 길어진 코로나19 범유행은 미흡했던 원고를 수정하며 보완할 수 있는 절호의 기회를 제공했고, 이에 개정증보판을 내놓을 수 있어서 참 기쁘다. 모쪼록 이 책으로 인해 주님께서 영광을 받으시고 주님의 나라가 이 땅에 더 강력히 임하여, 세워주신 교회들이 곳곳에서 소금과 빛이 되기를 기도한다.

변화의 필요성

01. 본질적인 질문을 하다

"이 근처에 좋은 교회가 어디 있어요?"

우리는 한 번쯤 이런 질문을 받았을 것이다. 그때 서슴없이 "우리 교회로 오세요."라고 말할 수 있다면 참 행복한 성도다. 내가 섬기는 교회에 대해 자신 있게 권할 수 있다는 것이 얼마나 자랑스러운가? 그런데 현실은 그렇지 않다. 교회마다 어려움이 있고, 내가 다니는 교회를 마음껏 추천할 수 있는 성도가 그렇게 많지 않다는 것이다. 누구나 좋은 교회를 만나길 원한다. 미국 사람들 가운데는 좋은 교회를 말할 때 나름대로 객관적인 잣대를 가지고 나온다. 그래서 어떤 이는 3B가 갖추어진 교회를 좋은 교회라고 말한다. 첫 번째 B는 건물(building)이다. 좋은 예배 시설과 주차 시설, 그리고 교육과 친교 공간이 확보되는 것이다. 두 번째 B는 재정(budget)이다. 재정이 튼튼해서 교회가 하고 싶은 일을 마음껏 할 수 있다면 좋다는 것이다. 그리고 마지막 세 번째 B는 세례(baptism)다. 즉, 믿는 사람이 증가해서 양적 성장을 가져오는 교회를 말한다. 3B가 갖추어져 있다는 말은 한마디로 '잘 되는 교회'라고 할 수 있다.

그동안 이민교회를 섬기면서 깨달은 것은 이민교회 성도들은 굳이 3B가 없어도 다음 세 가지가 충족되면 좋은 교회라고 생각한다는 것이다. 첫째는 말씀과 찬양이 좋아야 한다. 목사님의 말씀에 은혜가 있고 성가대나 찬양팀의 찬양을 통해 마음을 열 수 있으면 좋다고 한다. 둘째는 교회가 늘 화목하면 된다는 것이다. 이민교회는 그동안 많은 분열을 통해 아픔을 경험했다. 그래서 교회를 의지하고 살아가는 사람들에게 교회가 정신적 안식처가 되기 위해서는 일단 싸움을 뒤로하고 서로가 하나가 되는 것이다. 그래서 화목한 교회를 선호한다. 셋째는 차세대 신앙 교육을 책임지는 교회다. 이민 사회에서 자녀들의 신앙을 올바로 가르친다는 것이 너무나도 힘들다. 부부가 아침 일찍부터 일터에 나가기 때문에 자녀들의 신앙을 교회에 맡긴다. 그래서 이민자들은 교회에 큰 기대를 걸고 좋은 교회 학교, 특히 청소년 목회가 잘되어 있는 교회를 찾는다. 이 세 가지가 해결되면 대부분 엄지손을 치켜든다. 척박한 이민 생활에서 이런 교회를 만난다면 정말 행복한 성도가 아닐 수 없다.

한국에서 좋은 교회는 어떤 교회일까? 목사님의 말씀이 뛰어나 성전을 꽉꽉 채우고 젊은이들이 활기 있게 신앙생활을 하는 교회일까? 많은 선교사를 파송하고 후원하며 성도들이 헌신하는 교회일까? 이웃의 아픔을 챙기며 섬기기에 주변에서 좋은 평판을 듣는 교회일까? 어떤 교회가 좋은 교회일까? 나는 어느 날 우리 교회 목회자들과 대화 중 이런 질문을 했다.

1. '만일 우리 교회가 더 이상 존재하지 않는다면?'

"만일 우리 교회가 어떤 이유로든지 갑자기 문을 닫는다면, 우리 교회의 존폐를 놓고 가장 안타까워하며 슬퍼할 사람은 누구일까? '아, 그 교회가 없어져서 정말 아쉽다.'면서 발을 동동 굴릴 사람은 누구일까? 물론 당장 예배드릴 곳을 찾아야 하는 교인들이 가장 당황하겠지만, 일단 우리 교인들은 빼고, 그다음에 누가 아쉬워할까? 그때 어떤 목사님이 익살스럽게 말했다.

"바로 교회 옆에 있는 주유소와 커피점 주인이 아닐까요?"

맞다. 매주 우리 교회 옆에 있는 주유소와 커피점은 우리 교회 성도들로 인해 큰 혜택을 받고 있다. 우리 교회가 있고 없고에 따라 매상에 큰 차이가 난다. 그러니까, 만일 우리 교회가 더 이상 존재하지 않는다면, 비즈니스는 큰 타격을 입을 것이다. 일단 우리 모두는 웃었다. 하지만 그 답에서 만족을 찾을 수는 없었다. 과연 누가 우리가 사라졌다는 사실을 듣고 정말 안타까워할까? 슬퍼할 사람들의 얼굴이 떠오르기 시작했다. 지난 10년 가까이 우리 교회가 섬기고 있는 캄보디아 고아원 아이들의 얼굴이었다. 만일 우리 교회가 더 이상 존재하지 않기 때문에 모든 후원이 중단된다면, 그 아이들은 다시 방치된 삶으로 돌아가야 할 것 아닌가? 또한 우리 교회가 그동안 섬겨온 토론토에 사는 타민족 교회들이 아쉬워할 것이 생각났다. 그분들은 우리 교회의 배려로 주일 오후에 공간을 사용하며 성장해오지 않았는가? 그런데 우리 교회가 사라지면 당장 그분들은 예배 처소를 잃고 버팀목처럼 기대왔던 공동체를 잃어버리게 되는 것이다.

교회 중심의 신앙생활을 하면 할수록 우리는 교회의 본질과 목적에 대한 질문을 하게 된다. 이전에는 "좋은 교회가 어디 있나요?" 하고 질문을 했다면, 이제는 "교회다운 교회가 어디 있나요?" 하며 새로운 각도에서 질문을 하게 된다. 결국은 우리가 목말라하는 것은 교회의 정체성이자 존재 목적이다. 교회로서의 사명을 제대로 감당할 때 사회가 살고 세상이 밝아지기 때문이다.

특히 요즘처럼 어지럽고 혼란한 세상에서 교회는 갈수록 입지가 좁아지고 대중의 평이 안 좋아지고 있을 때, 우리는 심각하게 교회의 본질과 목적에 대해 고민하며 재발견에 열중해야 한다. 이대로 갈 수는 없다고 생각한다. 아니, 어차피 너무도 많은 젊은이가 교회를 떠나고 있는 상황이라 우리가 결정하지 않더라도 사양길은 정해진 이치가 아닌가? 그러므로 뼈를 깎는 심정으로 성경이 가르치는 교회의 본질과 목적을 재발견하고 회복하여 교회다운 교회로 변해가야 할 때이다.

누구나 좋은 교회를 만나고 싶고 그런 교회의 일원이 되고 싶지만, 중요한 것은 나에게만 좋은 교회가 아니라, 교회 담장을 넘어 사는 사람들에게도 좋은 교회가 되어야 한다. 교회와 이웃 세상 사이의 담장이 너무 높다면 그런 교회는 자신만을 위해 존재하는 교회며 이웃 세상의 관점에서는 더 이상 존재하지 않아도 전혀 안타깝지도 슬프지도 않은 그런 존재가 되는 것이다. 한 가지 우리가 뉘우쳐야 할 점이 있다. 그동안 우리의 문제는 너무나도 소비자의 마인드를 갖고 교회 생활을 했다는 것이다. 소비자적 마인드를 갖고 목사님의 설교나 성가대의 찬양을 평가해 왔다. 나의 만족이 우선이었다. 교회의 주차 시설이나 교육 시스템 역시 나의 필요와 얼마나 상관이 있느냐에 따라 그 중요성이 인정된 것이다. 극심한 소비자 중심의 사회에서 살다 보니, 은연 중에도 우리의 교회관이 소비자적 관점에 맞추어져 있다는 것이다. 우리가 진작 물어야 할 중요한 질문은 '누구를 위해 좋은 교회인가?'이다. 진정으로 좋은 교회는 이웃의 아픔에 동참하고 그리스도의 복음으로 방황하는 영혼을 치유하는 교회다. 그렇게 할 때 하나님의 나라가 이 땅에 드러나는 모습을 보여준다.

오늘날의 문제는 너무나 많은 교회가 담장을 넘어 아픈 이웃과 함께하기보다는 더 높은 담장을 설치하고 교회와 이웃을 분리한다는 점이다. 여기에는 설교자들의 책임이 크다. 교회 성장이 곧 교회 생존과 직결되기 때문에 우선적으로 소비자적 성도들의 취향에 맞게 신앙생활을 만들어 놓은 것이 잘못이다. 본회퍼가 말하는 제자도의 값비싼 은혜를 말하기보다는 인간의 타락한 본성에 호소하는 기복적 메시지가 주를 이루었다. 지금도 미국 남부의 기복적 설교자들이 호화로운 생활을 하는 이유가 바로 이런 점에서 인간의 타락한 마음에 자극을 주고 그것을 미끼로 돈을 벌어들이기 때문이다.

그러나 그런 교회들이 얼마나 이웃 세상과 소통하며 하나님의 나라가 이미 임했다는 메시지를 주고 있는가? 그렇지 못한 안타까운 현실이다. 결국 강단에서 선포되는 메시지는 설교자의 신학적 배경과 확신에 국한되어 있는데, 그 메시지는 소비자적 마인드를 충동시켜 매부 좋고 누이 좋은 자체 즐김을 벗어나지 못하고 있다. 이렇게 교회의 본질이 왜곡된 배후에는 그릇된 교회관이 자리 잡고 있기 때문이다.

2. '방주 역할을 하는 교회?'

'교회는 방주의 역할을 해야 한다.'는 표현을 여러 번 들어보았을 것이다. 엄격한 신앙생활을 강조하는 교회일수록 교회를 방주에 비유한다. 그런데 나는 이런 비유 사용에 큰 문제가 있다고 생각한다. '방주형 교회론'이라고 하자. 교회를 방주로 비유할 때 우선 받는 뉘앙스는 단절이다. 즉, 교회와 세상은 단절되어야 한다는 느낌을 강하게 준다. 방주의 문은 항상 굳게 닫혀 있어야 홍수로부터 보호를 받는다. 일단, 문을 열면 물이 흘러들어오기 때문에 철저히 봉쇄해야 한다. 교회를 방주로 생각하면, 세상과의 대화는 있을 수 없다. 믿지 않는 사람들을 어떻게 해서든지 전도해서 교회 안으로 들어오게 해야 한다. 그리고 일단 교회 안에 들어오면 대부분의 시간을 교회 안에서 보내도록 도와야 한다. 왜? 세상이 악하기 때문이다. 방주 안에 있다가 세상으로 나가는 이유는 생계를 유지하기 위해서다. 어쩔 수 없이 세상에 나가서 일을 하지만 성도는 항상 교회 안에서 생활해야 한다는 생각을 갖게 한다. 방주 교회론에서 전도란 한 영혼이라도 멸망하지 않도록 교회 안으로 들어오게 하는 것이다. 그러므로 교회 성장은 곧 하나님 나라 성장이고, 교회가 양적으로 성장하는 교회라면 좋은 교회라고 말하지 않을 수 없다.

  방주형 교회론을 잘 분석해 보자. 이 교회론에 의하면 세상은 어차피 불에 타 없어질 것이므로 변화를 주도해도 소용이 없다는 결론을 내리게 된다. 교회가 이 세상에 존재하는 이유는 단 한 가지, 영혼 구원이다. 가급적이면 많은 영혼을 구원해서 주님 오실 때까지 교회 담장 안에 안전하게 보존하는 것이 사명이다. 불에 타 녹아질 세상을 바꾸거나 변혁하는 것은 아무런 의미 없는 행동이다. 방주 교회론에 입각해서 성공적인 교회라면 더 많은 영혼을 구원하고, 더 많은 성도가 거할 수 있도록 더 큰 예배당을 짓고 더 큰 시설을 갖추는 것이다. 교회가 양적으로 성장하지 않으면 무엇인가 잘못된 것이다. 목회자가 올바로 세워졌다면, 교회는 당연히 성장해야 한다는 논리다. 앞으로 세상은 점점 더 악해질 것이고, 어차피 우리는 들림(휴거)을 받을 것이니 세상에 신경을 쓸 필요가 없다고 생각한다. 안타깝게도 이런 방주형 교회론이 그동안 한국교회를 좌지우지했다고 해도 과언이 아니다. 이런 방주형 교회론은 궁극적으로 우리에게 도피적 신앙을 주었고, 그리스도의 복음으로 세상을 치유하고 하나님 나라를 이 땅에 선포하는 데 큰 관심을 갖지 못했다.

교회는 방주가 아니다. 세상은 너무나 타락해서 우리가 발을 디딜 수 없을 정도로 위험한 곳이 아니다. 세상은 생계를 위해서, 그리고 타락한 영혼을 구원하기 위해서 어쩔 수 없이 상대해야 할 그런 곳이 아니다. 내가 어렸을 때 우리 집을 방문하며 속옷과 양말을 팔던 신앙촌 아주머니가 있었다. 무더운 여름에 이마에 구슬땀을 흘리며 집 안 마루에 보따리를 풀던 그 아주머니가 하도 안쓰러워서 어머니는 필요하지도 않은 물건을 한두 점 사주셨다. 시원한 물을 마시고 가라고 여러 번 권했지만, 그 아주머니는 한사코 고개를 절레절레 흔들며 신앙촌에 돌아가 마시겠다고 고집했던 기억이 난다. 신앙촌으로 돌아가려면 앞으로 몇 시간 후가 될 텐데 그냥 우리 집에서 드시라고 했지만, 그 아주머니는 신앙을 걸고 거절했다. 이 아주머니에게는 신앙촌이 방주와 같은 곳이었다. 그 안은 성스럽고 신앙촌 밖은 속된 것이었기에 물도 마시면 안 된다고 교육을 받은 것이다.

성경이 말하는 좋은 교회는 담장을 넘는 성도들을 많이 만들어내는 교회다. 주님께서는 분명히 제자들에게 말씀하셨다. "아버지께서 나를 보내신 것과 같이 나도 너희를(세상으로) 보내노라."(요 20:21) 담장을 넘어야 한다. 그리스도의 복음을 들고 가는 곳마다 영혼을 주님께로 인도하면서 어떻게 하나님의 나라가 이 땅에 임하는지를 삶으로 보여주는 성도들이 되어야 한다. 이런 성도들이 모인 교회를 선교적 교회(missional church)라고 한다. 해외 선교를 많이 하기 때문에 선교적 교회가 아니라, 온 성도가 세상으로 보냄을 받아 구속적 삶을 살며 하나님의 선교에 동참하기 때문에 선교적 교회다. 만일 우리 교회 성도들이 담장을 넘어 세상의 아픔에 동참하며 복음으로 살아간다면, 세상은 이런 교회가 반드시 있기를 원하고, 만약 없어졌다면 아쉬워할 것이다. 교회다운 교회가 없어졌기 때문이다.

3. '대안인가 본질의 회복인가?'

내가 선교적 교회(미셔널 처치)에 대한 관심을 갖게 된 것은 사실 우연한 일은 아니다. 신학교를 졸업하고 첫 목회지로 토론토영락교회에 청빙을 받아 가게 되었다. 어느새 30년이 훌쩍 넘은 이야기가 되었지만, 그때부터 나는 교회의 본질에 대해 많이 고민하게 되었다. 그 당시 이민교회는 여러 가지 문제에 봉착되어 있었다. 언어와 문화가 다른 낯선 땅에 와서 무에서 유를 만들어야 했던 이민 1세들과 부모와는 점점 문화적 갭을 느끼는 이민 2세 사이에서 교회는 홍역을 치르고 있었고, 이민 1세들은 세상에서 받은 온갖 스트레스를 교회 안에 와서 풀다 보니 갈등과 분열이 잦은 상황이었다.

그 당시 교회는 두 종류의 목회자를 필요로 했다. 한어권 1세와 영어권 2세를 위한 목회자들이었다. 나는 15살에 캐나다로 부모님과 함께 이민 와서 소위 말하는 이중 언어권에서 생활했다. 12년 동안 영어권 목회를 하면서 이민교회의 어려움과 아픔을 경험했다. 특히 1세와 2세 사이에 벌어지는 문화적 차이로 인해 부모와 자녀가 소통의 어려움을 호소하고, 더욱더 심각한 것은 부모의 신앙이 자녀에게로 온전히 전승되지 못하는 것이었다. 그래도 신실하게 주님을 믿고 교회를 섬기는 성도들과 함께 한 시간이 행복했다. 이어서 나는 선교지로 부름을 받아 필리핀으로 가게 되었다. 오래전부터 신학교에서 가르치는 꿈을 꾸어 왔는데 그 길이 열린 것이다. 우리 가족 5인의 살림을 거의 다 처분하고 꼭 필요한 것들을 몇 개 가방에 챙기고 떠났다. 언제 다시 올지 모르지만, 부르심에 응하는 마음으로 떠났다. 그 당시 내가 섬겼던 토론토영락교회는 한국의 IMF 사태로 갑자기 이민자들이 오면서 급성장하고 있었다. 필리핀에서 1기 사역을 마치고 안식년으로 돌아오려는 때, 파송교회 담임 목사님이 갑자기 하나님의 부르심을 받았다. 의료 사고였다. 50대 초반에 한참 목회의 꿈을 펼쳐갈 수 있을 때여서 모두 충격에 빠졌다. 교회는 선교지로 떠난 나를 청빙했다. 기억하고 불러주신 것 자체가 큰 영광이었지만, 선교지로 떠난 사람이 다시 돌아온다는 것이 마음에 걸렸다. 청빙을 받아들여야 할지를 놓고 고민하며 기도했다. 분명한 부름을 받고 선교지로 갔고, 그곳 언어와 문화도 어느 정도 익숙해졌는데, 이런 노력을 수포로 하고 다시 돌아가야 한다니 아쉬운 점이 많았다. 또한 이민교회 목회가 결코 만만치 않다는 사실을 너무나도 잘 알았기 때문에 두려움이 앞섰다.

나는 이렇게 기도했다. '하나님 정말 저를 이 자리로 부르시는 것 맞습니까? 정말 그렇다면 제가 이 교회에서 해야 할 일이 무엇입니까?' 그때 떠오른 생각은 '토론토영락교회는 매우 훌륭한 교회이다, 그리고 이 훌륭한 교회에 청빙을 받아 오고 싶은 사람들은 아마 줄을 서 있을 것이다.' 그래서 좀 더 구체적으로 기도했다. '하나님, 이렇게 많은 후보가 줄을 서 있는데 왜 구태여 제가 가야 합니까? 저는 이미 필리핀 생활에 적응했고, 다시 본국으로 돌아갈 필요가 없는데요. 제가 돌아가야 하는 이유가 무엇인가요?' 그때, 주신 생각은 '토론토영락교회는 매우 좋은 교회이다. 그런데 성도의 입장에서만 좋은 교회가 아니라 이제는 온 성도가 자신을 아낌없이 내어주어 이웃 세상의 관점에서 좋은 교회가 되어야 한다.' 요즘 사용하는 선교적 교회가 되어야 한다는 말씀을 하시는 것이었다.

선교적 교회, 혹은 미셔널 처치라고 부르는 신생어에 대해 이해가 부족한 것 같다. 심지어 많은 목회자 가운데에도 선교적 교회하면 해외 선교나 국내 선교를 더 많이 하는 교회로 인식되어 있기 때문이다. 만일 그것이 선교적 교회라면 토론토영락교회는 이미 활발히 선교하는 교회였다. 교회를 시작하신 1대 목사님은 67세에 은퇴한 후 러시아에 가서 16년간 여러 교회를 개척하고 신학교를 세웠다. 나의 전임자였던 2대 목사님은 중앙아시아 키르기스 민족을 입양하고 선교사 두 가정을 그곳에 파송해 활발히 선교를 지원했던 분이다. 그러니까 토론토영락교회는 이미 해외 선교를 하고 있던 교회다. 그런데 그때 나에게 주신 마음은 이 교회가 좋은 교회에서 선교적 교회(미셔널 처치)로 전환되어야 한다는 것이었다. 앞으로 더 설명하겠지만, 선교적 교회란 성도들의 생각을 전환시켜서 모든 성도가 세상으로 보냄을 받은 자로서 세상에서 구속적 삶을 살아가게 하는 교회를 말하는 것이다. 이를 위해서는 근본적인 생각의 전환이 필요하고 목회의 패러다임 전환이 필요하다. 즉, 교회의 DNA가 바뀌어야 하고, 성도는 주일 예배 하나로 그치는 것이 아니라, 월요일부터 토요일까지 각 삶의 처소에서 주님을 증거하는 선교적 삶을 살도록 변화되어야 하는 것이다. 생각하면 할수록 엄청난 과제가 아닐 수 없었다.

들뜨거나 설레는 마음보다는 무거운 마음으로 나는 토론토영락교회 3대 목회자로 부임하게 되었다. 이미 교회는 많은 성도가 모이는 대형 교회였다. 그때 하나님께서 주신 또 하나의 생각은 '이 교회는 담임 목사가 어떤 사람이 오더라도 성장하게 되어있다. 설교를 지루하게 해서 교인들을 잠재우거나 치명적인 도덕적 실수를 범하지 않는 한, 교인 수는 늘어날 수밖에 없다.'는 생각을 주셨다. 이 말씀은 목회자나 교회 리더들이 사역을 잘해서 교회가 양적 성장을 이룬다기보다는 빈익빈 부익부 현상이 교회까지 오게 된 소비자 중심 사회의 민낯이라는 것이었다. 즉, 교인들은 좀 더 편리한 시설과 시스템을 찾아 이동하게 되었고, 그렇게 수평 이동을 통해 늘어난 교회는 결코 건강할 수 없고 세상을 변화시킬 수 없다는 점을 미리 보여주신 것이다.

사실 냉정히 따져서 만일 여러분의 교회가 수평 이동으로 인해 교인 수가 일 년 후에 천 명이 더 늘어난다고 할 때, 그것은 상당한 진통을 겪어야 하는 일이 아닐 수 없다. 우선, 새로 오는 분들이 소비자적 마인드보다는 섬김과 봉사의 마인드를 갖도록 훈련하는 일이 여간 어렵지 않기 때문이다. 그래서 교인 수가 늘어난다고 해서 교회가 더 건강해진다는 보장은 없다. 중요한 것은 훈련받은 성도가 늘어나야 한다. 우리 교회 본당 안에는 큰 기둥이 몇 개 있다. 기둥 뒤에도 앉을 수 있어서 가끔 그 자리를 선호하는 분들을 본다. 왜 설교자가 제대로 보이지도 않는 기둥 뒤에서 예배를 드리려 할까 의문이 든 때도 있지만, 나름대로 다 사정이 있고 말 못 할 사연이 있을 것이다. 잘 보이지는 않지만, 오히려 그렇게 익명으로 예배를 드리고 가는 것이 힐링이 될 수도 있을 것이다. 중요한 것은 치유가 필요한 성도는 반드시 치유를 받되, 다시 훈련을 받아 하나님께 쓰임을 받아야 한다. 그런데 숫자 증가에만 신경을 쓰다 보면 이런 중요한 목회적 진리를 놓치기 십상이다. 선교적 교회는 온 성도가 훈련을 받고 세상으로 나가 선교적 삶을 살아야 하기에 교인 수가 늘어나고 더 많은 교인을 모으기 위해서 더 큰 방주를 만드는 일에는 큰 의미를 느끼지 못한다.

3대 담임 목사로 부임하면서 시작한 것이 '다시 생각하는 교회론'이라는 훈련 과정이었다. 성도의 생각이 변하기 위해서는 집중적인 훈련이 필요했기 때문이다. 우선은 관심 있는 성도들에게 12주 과정을 오픈했다. 그리고 서서히 교회의 모든 지도자가 이 훈련을 받도록 인도했다. 어떻게 보면 목회 생명을 걸고 시도한 것이었다. 다른 일은 양보할 수 있어도, 선교적 교회로 전환하기 위한 로드맵을 설정하고 훈련하는 일에 있어서는 양보할 수 없었다. 훈련을 시작하자, 어느 분이 물었다. '목사님, 제목에 문제가 있습니다. '다시 생각하는 교회론'이라면 그동안 우리가 잘못 생각하고 있었다는 말입니까?' 타당한 질문이었다. 그렇다. 그동안 우리가 교회 성장을 교회의 존재 목적으로 생각했다면, 이제는 다시 생각해 보자는 것이었다. 교회 성장 그 자체가 교회의 존재 목적이 될 수는 없고, 성경이 가르치는 교회의 사명을 제대로 감당하는 교회가 될 때 비로소 우리의 책임을 다한다는 내용이었다.

특히 이 과정에서 내가 강조한 것은 하나님 나라에 대한 이해와 교회와의 관계였다. 그동안 한국교회가 어려움에 빠졌던 이유 중의 하나는 하나님 나라에 대한 건강한 가르침이 매우 부족했다는 것이다. 대신 교회 성장이 하나님 나라 성장과 일치한다는 그릇된 내용을 가르친 적도 있다. 교회 성장을 주도하고 강조하는 경우, 교회가 성장하면 마치 그것이 하나님 나라를 확장하는 것이라고 가르쳤다. 여기서 오는 부작용은 불 보듯 뻔하다. 방주형 교회론이 다시 나오고, 사회가 얼마나 부패하든 상관없이 내 교회 성장에만 목말라하는 그런 이기적 교회들이 여기저기에서 속출한 것이다. 그렇게 해서 대형 교회가 되면 제대로 믿고 사회에 빛과 소금이 되려는 교회에까지 악영향을 주는 것이다. 하나님 나라에 대해 나누면서 나는 또 하나 잘못된 것을 지적했다. 하나님 나라를 너무나도 내세적 영역으로 본 것이다. 예수 믿고 천국 가는 것이 우리에게 있어서 가장 중요한 일이고, 그 천국이 바로 하나님 나라라는 비성경적인 가르침이 왜 잘못되었는가도 지적했다. 예수 믿는 성도가 교회 담장을 넘는 것은 너무나도 당연한 일인데, 대부분의 신앙생활을 교회 안에서 보내는 이유는 하나님 나라에 대한 이해가 부족하기 때문이다. 나는 부임 초기부터 꾸준히 10년 동안 이 훈련을 했다. 그 결과 중직자 수백 명이 수강하며 우리 교회가 선교적 교회가 되도록 필요한 토양을 만들기 시작했다. 수강생들은 12주 강의를 듣고 소그룹 나눔을 하며, 또한 선교적 교회에 대한 책 세 권을 읽고 독후감을 충실히 내는 열정을 보였다.

    물론 저항도 있었다. 어떤 분은 훈련에 전혀 참여하지 않으며, 왜 성도가 이런 교육을 받아야 하는지, 그리고 왜 교회가 이전에 없었던 멤버십 과정을 만들어야 하는지 따졌다. 예수님도 만들지 않은 멤버십 과정을 만들어 교회 문턱을 높일 필요가 있느냐고 항의했다. 나는 그분에게 멤버십의 중요성을 설명하기 위해 릭 워렌의 『새들백교회 이야기』(The Purpose-Driven Church) 17과에 나오는 멤버십에 대해 약 20페이지 분량을 복사해서 드렸다.[1] 이것을 읽으시고 한 달 뒤에 만나 대화하시자고 했다. 그런데 한 달 후 그분은 읽지 않았다고 한다. 그 이유는 '내

---

[1] 릭 워렌, 김현회, 박경범 역, 『새들백교회 이야기』 (서울: 디모데 1995), 347-369.

마음이 바뀔까 봐'라고 했다. 내가 그때 깨달은 것은 억지로 변화를 주도해서는 안 된다는 것과, 준비가 안 된 분에 대해서는 좀 더 인내하며 기다려야 한다는 것이었다. 감사하게도 그분은 지금 좋은 관계 속에서 교회를 잘 섬기고 있다.

함께 한 성도들은 '다시 생각하는 교회론'을 통해 우리가 앞으로 어떤 교회가 되어야 할지를 꿈꾸기 시작했다. 이 훈련은 선교적 교회로의 전환에 필수적인 것이었기에 안수 집사, 권사, 장로로 공천을 받기 위해서는 반드시 수강하는 제도를 만들었다. 그렇게 하면서 자연히 중직자들이 먼저 이해하는 과정이 되었는데, 교회가 무엇인지, 교회의 사명이 무엇인지, 어떻게 교회가 하나님 나라의 도구로 사용되는지를 나누게 되었다. 2014년부터는 이 과정의 핵심 내용만을 골라 4주 집중 코스인 『선교적 교회로 가는 길』로 다시 구성하였다.

교회가 커질수록 빠지기 쉬운 함정이 있다. J. D. 그리어가 지적한 유람선 멘탈리티다.[2] 유람선 안에는 없는 게 없다. 뷔페식당과 최고급 요리 식당, 수영장, 헬스장, 미니 골프장에 온갖 쇼를 하는 무대까지 있다. 교회가 커지면 커질수록 교회 안에 더 좋은 프로그램과 더 좋은 시설을 갖추어 성도들을 교회 안에 머물게 하려는 유혹이 있다. 교회에 대해 좋은 느낌을 가지게 하고 그 안에서 모든 것을 해결 받도록 하는 것이다. 결국 대형 교회가 유람선처럼 되기 쉽다. 또한 소형 교회를 섬기는 성도는 모든 것을 갖춘 대형 교회를 흠모하기 쉽다. 조심해야 한다. 교회는 열심히 모여 살아계신 하나님을 찬양하고 진정한 성도의 교제를 나누지만, 그러나 반드시 의미 있게 흩어져 세상의 빛과 소금이

---

2 J. D. 그리어, 정성묵 역, 『담장을 넘는 크리스천』 (서울: 두란노, 2016), 32-34.

되어야 한다(마 5:16). 담임 목사로서 내가 항상 고민하는 것은 얼마나 우리 성도들이 선교적 삶을 주중에 살아가고 있느냐이다. 만일 우리 교회가 더 이상 존재하지 않는다면, 얼마나 많은 사람이 이 교회의 사라짐을 아쉬워하며 슬퍼할 것인가? 결국 우리 교회의 존재 목적은 세워주신 이곳 즉 토론토에서 땅끝에 이르기까지 온 성도가 보내심을 받아 구속적 삶을 사는 것이다. 그렇게 될 때 지역 사회에 건강한 변화를 주도하고 땅끝까지 그리스도의 복음을 전하는 교회가 될 것이다.

앞으로 이 책에서 나누겠지만, 선교적 삶을 말하고 선교적 교회가 되기 위해 고민하는 소위 '선교적 교회 운동'을 어떻게 볼 것인가가 중요하다. 나는 이 운동을 어려움에 빠진 교회를 구출하는 시대적 대안 이상으로 보아야 한다고 믿는다. 기존 교회가 선교적 교회로 전환하기 위해서는 표현할 수 없을 정도의 동력이 필요하다. 살아남기 위한 대안으로 접근하기에는 너무나 힘든 선택이다. 만일 교회가 세속화 시대에서 살아남고 부흥하기 위한 것이 목적이라면, 다른 길을 택하자고 말하고 싶다. 선교적 교회는 생존을 위한 것 이상의 개념으로서 교회의 본질을 회복하는 성경적 교회론이라고 천명하고 싶다.

나 눔 을 위 한 질 문

01. '교회는 방주가 아니다'란 말을 듣고 어떤 생각을 했는가? 은연중에 우리 교회가 '방주'의 개념을 갖고 있지 않는가?

02. 어떤 성도가 교회의 멤버십 과정을 매우 불쾌하게 생각했다고 했다. 왜 불쾌했을까?

03. 그동안 내가 생각해 온 교회론을 간결하게 정리한다면?

02. 교회의 위기를 말하다

1. 서구 교회의 위기

실로 서구 교회는 지난 백 년 사이에 심각한 퇴보를 경험했다. 한때 기독교 국가(Christendom)를 형성할 정도로 사회의 중심이었던 서구의 기독교가 지금은 철저하게 변두리로 밀려났다. 세속화 현상 아래 포스트모던 소비주의를 받아들인 서구 기독교 시대는 저물어가고, 이제 기독교의 핵심 세력은 남반부로 옮겨가고 있다. 위기에 빠진 북미 교회의 실상을 프린스턴 신학교 데럴 구더 교수는 이렇게 정리했다. 교인 감소, 목회자의 탈진, 청년 세대의 이탈, 교파의 무의미(교단 충성심의 한계), 성경에 대한 무지, 교인들의 분열, 텔레비전 교회(인터넷 교회)의 문제점들, 전통적 예배 형태의 한계, 참된 영성의 쇠퇴, 복음에 대한 혼선이다.[1]

서구 교회가 이렇게 위기에 빠지게 된 근본적인 이유는 무엇일까?

---

[1] 대럴 구더 편저, 『선교적 교회: 북미 교회의 파송을 위한 비전』, 정승현 옮김, (인천: 주안대학원대학교출판부, 2013). 27쪽. Darrell Guder (ed), *Missional Church: a Vision for Sending of the Church in North America*, Grand Rapids: Eerdmans, 2000.

선교적 교회 운동의 시발점이 되었다고 말할 수 있는 레슬리 뉴비긴 주교의 저서들에서 보여준 것처럼 18세기 계몽주의는 인간의 이성을 말씀의 계시보다 더 중요시했고, 어느 순간부터 지식을 두 영역으로 나누기 시작했다. 과학에서 오는 지식은 공적 진리(public truth)로, 종교나 신앙에서 오는 지식은 사적 진리(private truth)로 철저히 분리시킨 것이다. 공적 진리는 모두가 인정하고 공유할 수 있지만, 사적 진리는 이것을 인정하는 사람만의 영역에서만 가능하기 때문에 모든 이들에게 적용되지 않는다는 논리가 구성된 것이다. 지식의 이원화가 암묵적으로 통과되면서, 20세기 말 포스트모던주의에 커다란 기여를 한 셈이 되었다. 서구 교회는 어느 순간부터 하나님의 말씀을 공적 진리로 선포하기에는 역부족이 되었고, 기독교 신앙은 점점 더 사유화되어 옷장 안으로 들어가는 결과를 초래했다. 기독교인들이 말하는 진리는 그들의 세계에서나 통하는 진리가 되었다. 그래서 뉴비긴이 주장한 것은 사적 진리로 전락한 기독교 신앙을 이제는 공적 진리로 회복하고 선포해야 한다는 것이다.[2]

무기력해진 서구 교회의 결과는 신앙생활을 단순히 개인적 영성으로 축소시켰고, 교회는 세상으로부터 고립된 존재가 되었다. 더 이상 기독교 왕국(Christendom)의 위엄이 아니라 존폐 위기를 맞이하게 되었다. 이전에 캐나다 시민권을 취하는 자리에서 성경에 손을 얹고 서약했던 사회가 이제는 기독교가 중심에서 주변으로 밀려가는 현실이 되었다. 기성 교단의 경우 문제는 확연하게 현실화되었는데, 성도들의 헌신

---

[2] 레슬리 뉴비긴의 『헬라인에게는 미련한 것이요』 Foolishness to the Greeks, 『다원주의 사회에서의 복음』 the Gospel in a Pluralist Society, 『복음, 공공의 진리를 말하다』 Truth to Tell: the Gospel as Public Truth 등을 보라.

도가 당연히 떨어졌고, 제자도가 강조되지 않은 가운데 성경은 지나간 기억이 되고, 예배는 감동 없는 간소화된 예식으로 전락했다. 무엇보다 강조되지 않은 제자도 아래 공적 영성이 사라진 교회가 되었다. 더 이상 교회는 반문화적 입장을 고수하며 어두운 세력과 싸울 만한 힘을 상실했고, 세상과 타협하는 모습으로 떨어지게 된다. 가장 두드러진 모습이 동성결혼을 허용한 것이고 그 외에도 종교 다원주의, 맘몬주의, 성공주의를 수용함으로 세상을 변화시킬 기능을 상실하게 되었다. 복음의 진리를 더 이상 개인적으로나, 공적으로 선포하지 못하는 교회라면 도대체 무슨 일을 할 수 있다는 말인가?

이런 와중에 교회 성장을 부르짖으며 전도에 주력하여 성장한 교회들이 많다. 주류 교단의 교회들이 쇠퇴를 경험할 때 복음주의와 오순절 교단의 교회들은 성장을 거듭했다. 그런데 문제는 '교회 성장'이라는 이름 아래 물량주의, 권위주의, 맘몬주의가 함께 들어온 것이다.

구도자 중심 예배(seeker-oriented worship) 운동을 보자. 대표적인 예로 시카고 근역에 있는 윌로크릭 커뮤니티 교회의 빌 하이벨스 목사가 주도했던 운동이다. 1990년대 한참 이 운동이 펼쳐질 때 나는 이 교회를 연구하기 위해 여러 번 방문하여 교인들을 인터뷰했다. 아이디어는 심플했다. 비신자나 구도자들이 거부감을 느끼지 않도록 주일 예배를 그들이 눈높이에 맞추어 교회로 인도하자는 것이었다. 그래서 주일 예배에 가면 마치 극장에 온 것과 같았다. 실제로 예배 처소를 강당이라고 불렀고, 교회의 긴 의자 대신 푹신푹신한 극장식 의자로 바꾸었다. 강단 중심에 흔히 찾아 보는 십자가는 볼 수 없고, 성가대도 물론 보이지 않았다. 노골적인 찬양은 피했고 설교 역시 쉽게 알아들을 수 있는 언어로 했다. 설교 도중 성경에 나오는 예화보다는 일반 대중이 아는 영화의 한 장면을 사용하기도 했다. 이렇게 해서 구도자들을 위한 맞춤형 전도가 주일 예배 시간에 일어났고, 윌로우크릭 교회는 급성장했다. 20년이 지난 오늘의 관점에서 이 운동을 돌아볼 때 무엇이 문제인가? 영혼 구원을 위한 노력은 좋았으나, 전달 과정에서 예배의 변질이 불가피했고, 소비자 중심의 세상적 가치관이 그대로 전달되는 부작용이 있었다. 구도자들이 이 교회에 들어와서 느낀 것은 교회 실내가 마치 쇼핑센터에 온 것과 같았다. 복도가 넓고 커다란 기둥이 있어 마치 쇼핑몰(mall)에 온 것 같고 들어오자마자 반겨주는 상가처럼 보이는 카페와 책방이 인상적이었다. 교회에 와서 십자가를 보고 제자도의 험한 길을 생각하기보다는, 종교적 소비자로서 이 교회가 나에게 어떤 도움을 줄 수 있을지를 생각하게 한 것이다. 이 과정에서 구도자에게 전달된 교회의 이미지는 모이기에 편한 곳, 와서 마음의 기쁨을 누리는 곳이 된 것이다.

한편 일부 교회들 가운데 큰 성장을 이룬 경우를 보면 소위 말하는 기복 신앙(health & wealth gospel)에 초점을 맞추거나 긍정적 사고를 강조했다. 미국에서 가장 큰 교회로 알려진 휴스턴 레이크우드 교회의 조엘 오스틴 목사의 경우 복을 주시는 하나님을 거듭 강조하면서 긍정적 사고를 가르쳤다. 그의 저서 『잘되는 나』와 『긍정의 힘』이 불티나게 팔리며 사람들의 부정적 사고를 긍정적으로 바꾸어 준 것은 좋았지만, 마치 이것이 복음인 것처럼 그 이상의 것을 가르치지 않는다. 단편적으로 그의 설교나 저서에서 죄에 대한 명백한 가르침이 없다 보니 그리스도의 속죄 사역에 대한 구체적인 내용도 없다. 성경을 여기저기 인용하지만 성경이 가르치는 구속의 의미에 대해서는 알 바가 없는 것이다. 죄를 다루지 않으면 하나님의 진노와 그리스도 안에서의 용서와 죄 사함 역시 다룰 필요가 없게 된다. 그는 호화판 주택에서 온갖 사치를 누리며 사는 자신의 모습이 마치 주님께서 의도하신 우리가 받는 축복된 삶이라는 잘못된 메시지를 주고 있다. 그래서 일부에서는 그의 메시지가 반쪽(half) 복음이 아니라 반(anti)복음적이란 지적을 하는 것이다. 이 교회가 미국에서 가장 큰 교회라는 사실 자체가 부끄럽다.

기독교 형식과 전통은 있으나 생명력을 잃어가며 젊은이들이 떠나가는 교회들이 있는가 하면, 기복주의와 번영 신학을 전하는 교회들은 급성장하는 와중에서 우리는 다시 한번 교회의 본질을 물어야 한다. 이 땅에서 교회가 해야 할 일이 무엇인가? 교회다운 교회를 우리는 어떻게 식별할 것인가? 교회가 성장하는 것은 좋은 일이다. 다만, 좋지 않은 동기와 과정으로 성장한다면 그것은 우리 안에 암세포가 성장하는 것과 다름없을 뿐이다. 중요한 것은 교회가 성장하면서 성도 한 사람 한 사람이 어떻게 복음으로 변화되어 가는지, 또한 그 교회가 속해 있는 지역 사회가 얼마나 복음으로 변해가고 있는지를 물어야 할 것이다. 하나님의 교회가 날로 세속화되어가는 세상에서 어떤 모습을 유지하는지? 하나님의 백성이 맘몬주의로 가득 찬 세상에서 얼마나 진실한 성도로 살아가는지를 물어야 할 것이다.

이머징 교회 운동(emerging church movement)을 잠시 언급할 필요가 있다. 교회를 떠난 젊은이들을 대상으로 신선한 교회 모델이 제시된 케이스다. 이머징 교회 운동(신흥 교회 운동)은 포스트모던 시대를 살아가는 젊은이들을 아우르고 그들에게 다가가기 위한 간절한 노력이라고 볼 수 있다. 전통적인 예배 형식과 교회 제도보다는 새 영성을 위한 자유로운 신앙의 표현을 추구했다. 예를 들어, 사막 교부들이 가르친 숨쉬기 방법을 통한 새로운 기도 형태로 하나님과의 관계를 좀 더 친밀하게 하도록 시도하는 것이다. 교회가 어떤 모습으로 보이는가가 중요하기보다는 그 안에 정신이 살아있느냐가 관건이 되었다. 복음을 포도주라고 가정했을 때, 복음 자체는 액상이고 그 복음을 담는 그릇은 자유자재의 형태가 될 수 있다는 것이다. 그렇다면, 기독교가 지난 2천 년 동안 시도했던 복음의 표현을 새로운 시대에 새로운 세대를 위해서 과감하게 변화할 수 있는 것이 아닌가? 여기서 중요한 것은 외형적 변화 그 자체보다는 사고의 전환이다. 특히 포스트모던 시대의 젊은 세대를 위해서는 절대적으로 필요한 선택이다. 이머징 교회 운동의 주자인 브라이언 맥클라렌이 강조한 것이 바로 이것이다.

> 만약 복음에 목마른 세상이 새로운 포도주를 요구한다면, 그 구조가 성공회든 장로교든 회중교회든 가정교회든 천주교든 온라인이든 선술집이든 무엇이든 어떤 구조를 지나치게 고집할 생각은 전혀 없습니다.[3]

이머징 교회를 이끄는 지도자들은 오늘날 쇠퇴하는 교회들을 보면서 변화하지 않으면 죽을 수밖에 없는 상황에 있는 교회들이 다시 살아남도록 온갖 몸부림치는 모습을 보여준다.

그런데 일부 보수 신학자들은 이머징 교회 운동이 교리를 변질시키며 포스트모더니즘의 상대성을 부각했다고 날카롭게 비판한다.[4] 예를

---

[3] 브라이언 맥클라렌, '독창성을 살리라, 선교적 공동체' 뉴스 M, 2014. 12. 15.
[4] D. A. 카슨, 이용중 역, 『이머징 교회 바로 알기』 (서울: 부흥과개혁사, 2009), Becoming Conversant with the Emerging Church.

들어, 젊은 층이 힘들어하는 심판론과 같은 뜨거운 감자를 그들의 생각에 맞추어 재해석한 것이다. 어떻게 사랑의 하나님께서 회개하지 않은 죄인을 불못에 던져 영원한 형벌을 받게 하신다는 말인가? 이런 심판론은 젊은이들이 소화하기에는 너무나도 힘들고 가혹한 것이다. 롭 벨 목사는 『지옥은 없다』에서 하나님의 사랑이 궁극적으로 하나님의 공의까지도 다 덮는다는 해석으로 지옥과 영벌의 영원한 존재를 부인한다. 결국은 하나님께서 믿는 사람이나 (아직) 믿지 않는 사람을 다 품으시리라는 것이다. 이런 해석은 성경을 신세대의 입맛에 맞추었다는 지적을 받는다. 이런 면에서 일부 보수 학자들의 지적은 타당하다고 본다. 그러나 그들은 이머징 교회를 주도하는 사람들과 깊은 대화를 통해 진심을 읽지 못하고 너무 성급히 거부했다는 지적을 받고 있는데, 이머징 교회를 주도하는 사람들이 과연 무엇을 고민하고 있는지를 충분히 생각해야 할 것이다.

무너져가는 서구 교회를 살리기 위해 시도한 구도자 중심 예배 운동, 기복적 신앙 운동, 그리고 이머징 교회 운동 모두가 성경적이지 못하다. 잠시 서구 교회를 살리는 것처럼 보일지 모르지만, 하나의 문제를 풀면서 또 다른 하나의 문제를 만들어 놓는 인상을 준다. 그 이유는 성경적 교회관에 대한 깊은 고민과 성찰이 부족했기 때문이라고 본다. 서구 교회를 살리기 위해서는 우선적으로 성경적 교회관을 재검토해야 한다. 21세기 실용주의적(pragmatic) 교회가 성경이 가르치는 교회의 모습에서 얼마나 멀어졌는지를 보아야 한다.

2. 위기에 빠진 한국교회

나는 선교적 교회 운동이 벼랑 끝에 몰려있는 한국교회에 절대적으로 필요한 시대적 대안이자 교회론의 성경적 회복이라고 믿는다. 그동안 한국교회는 주위 나라들이 부러워할 정도로 짧은 시간에 선교 수혜국에서 선교 전달국이 되었다. 경제 발전과 더불어 교회 성장이 있었기 때문이다. 그런데 지금은 지도자들의 온갖 스캔들로 인해 사회의 지탄을 받는 교회로 하락되고 말았다. 정말 통탄할 지경까지 갔다. 그러나 시작은 그렇지 않았다. 평양 장대현교회를 보라. 1907년 그러니까 을사늑약(1905년)과 국권 침탈(1910년)이라는 거대한 외교적 비극 사건 사이에 초대 교회 성도들은 나라를 잃어가는 상황에서 하나님께 부르짖었다. 영적 대부흥을 위해 기도로 뭉쳐 하나님 앞에 자비를 구했던 것이다. 그리고 그 기도회가 끝나면서 계속해서 백만 명 구령운동으로 이어졌다. 예수를 믿는 길만이 민족이 살 길이라고 믿었고, 이를 위해 교회가 앞장서야 한다는 것이었다.[5] 오늘날 내 교회 중심 성장주의와는 차원이 다른 발상이었다. 서울 영락교회는 1950년 한국 전쟁 때 피난민을 중심으로 어렵고 소외된 자들을 향해 많은 사회사업을 감행했다. 고아들을 돌보고 학교를 세웠다. 그 외에도 수많은 교회들이 나라와 민족이 어려울 때 선한 사마리아인으로, 빛과 소금으로 제구실을 했다.

그런데 지금의 교회를 보라. 한마디로 가시밭길을 걷고 있지 않는가? 회개하기를 거부하는 지도자의 성추행 사건부터 횡령, 표절, 대형교회 세습에 이르기까지, 일반인의 상식을 초월한 행동이 쏟아져 나오고 있다. 더욱 가슴 아픈 것은 교단 차원에서 올바로 잡기는커녕 오히려 큰 교회를 살린다는 명목으로 공의롭지 못한 결정을 계속하고 있다. 이에 한국교회는 공공성을 잃어가고, 교회가 사회를 걱정하는 것이 아

---

[5] 박용규,『평양 대부흥 이야기』(서울: 생명의말씀사, 2005), 124쪽.

니라 사회가 교회를 걱정하는 초유의 상황이 되었다. 이에 풀러신학교 이학준 교수는 이런 한국교회 상황에서 전면적인 변화, 즉 패러다임의 전환만이 살 길이라는 진단을 내린다.

> 오늘날 한국 개신교에 나타난 여러 가지 부작용은 한두 해 사이에 불거진 문제가 아닌, 수십 년 동안 누적된 결과다 … 부분적인 수리만으로는 불가능하다 … 기초와 틀을 다시 놓는 전면적인 작업이 이루어져야 한다.[6]

기초와 틀을 다시 놓는다? 이를 위한 전면적인 작업이 이루어져야 한다? 이것은 보통 심각한 멘트가 아닐 수 없다. 집을 개조하려다가, 아예 기존의 집을 다 부수고 처음부터 새로 짓는 것을 말한다. 그렇다면, 어디서부터 어떻게 잘못되었는지를 생각해야 한다. 한국교회의 공적은 국가의 경제적 번영과 함께 한 무분별한 교회 성장이란 이데올로기다. 교회가 성장할 수만 있다면…. 한국 개신교는 교회 성장이란 이름 아래, 비상식적인 일들까지도 수용했다. 대형 교회가 바로 성공이라는 비성경적 공식이 지배하는 교계가 되었다.

성공주의와 맘몬주의가 가져다준 현실은 무엇인가?

세상적 성공주의가 교회 안으로도 들어왔고, 사역자나 교회의 사역을 평가할 때도 성공주의의 잣대를 사용했다. 따라서 교회의 존재 목적

---

[6] 이학준, 『한국교회, 패러다임을 바꾸어야 산다』 (서울: 새물결플러스, 2011), 24-25쪽.

에 대해 심각하게 고민하기보다는 외형적 성장과 물질적 축복에 치우쳤다. 자연 현상으로 대형 건축을 통한 성장지향주의가 팽배해졌고, 교세를 신자의 수, 헌금의 정도, 건물의 크기 등으로 측정했다. 따라서 교세의 크고 작음을 목회자의 능력에 직결시키는 논리를 사용하면서, 일부 대형 교회 지도자들은 그들에게 주어진 많은 권력을 그릇되게 사용하기도 했다. 결론적으로 교회는 진실성 결여라는 의구심을 낳았고, 많은 사람이 '가나안 성도'가 되는 현상이 일어났다. 교회 세습이라는 자본주의적 특유의 현상도 일어났다.

  이런 구도에서 대형 교회의 담임 목사가 교회를 자기 아들에게 물려주려는 의도가 전혀 이상하지 않다. 오히려 못하는 것이 무능하다. 그러나 말을 아끼는 많은 성도나 비기독교인들의 반응을 보라. 그들의 생각은 첨예하게 다르다. 그들은 심각한 알레르기 반응을 보이고 있다. 그것은 바로 대형 교회 문화와 재벌 문화의 유사함 때문이다. 그 안에서 이루어지는 세습은 공적 공동체인 교회를 매우 사유화시키는 주범이 된 것이다. 여기에 아직도 잔존하는 무교 사상과 호시탐탐 기존 교회를 노리며 독버섯처럼 퍼져가는 안상홍의 하나님의 교회나 이만희의 신천지 같은 사이비 이단 세력은 가뜩이나 힘들어하는 교회를 더 어렵게 하고 있다. 한국교회와 성도가 회개해야 할 다섯 가지 죄는 불순종, 물질숭배, 분열, 명예욕, 음욕이라고 외치는 광야의 소리를 들어야 한다.[7]

  한국교회는 급격히 쇠퇴하고 있다. 1990년대 중반을 기로로 성장 둔화를 지나 성장 퇴보의 길을 걷고 있다. 청년층의(30~40대 포함) 급격한

---

7 정성진, 『주여! 제가 먼저 회개합니다』(서울: 예영, 2011).

감소는 심각하지 않을 수 없다. 또한 기독교와 타종교를 비교할 때, 기독교에 대한 신뢰도는 19.1%인 반면 천주교는 36.1%, 불교는 31.1%이라는 기독교윤리실천운동 본부의 조사가 있다(2009년 자료). 일반인들의 눈에 비추어진 기독교는 개인의 종교적 욕구만을 채워주는 '사적 종교'이며 기독교가 사회의 대통합과 발전에 걸림돌이라는 반(anti)기독교 의식이 포함되어 있다. 그뿐만 아니라 기독교인으로서의 정체성은 유지하지만 제도로서의 교회가 불편하다며 교회를 떠난 소위 말하는 '가나안 성도'의 숫자가 심각한 수준에 도달했다. 교회에 대한 염증과 개인의 편리함이 주요 원인으로 파악된 2018년 조사 자료에 의하면 전체 교인의 20% 정도인 2백만 명이 소위 말하는 '가나안' 성도라고 한다.[8] 그들의 대다수(93.7%)는 교회를 떠난 후 교회 외 신앙 모임에 참여한 적이 없다고 답했다. 이것은 실로 심각한 문제가 아닐 수 없다. 교회에서 해결하지 못한 신앙 갈등을 교회 밖에서도 해결하지 않은 채 포기했다는 말이다.[9]

지금 한국교회에 시급한 것은 진정한 복음의 회복, 교회의 공공성 회복, 그리고 하나님 나라에 입각한 성경적 교회론의 회복이라고 볼 수 있다. 이런 한국교회에 선교적 교회 운동은 중요한 대안을 제시하고 있다.

---

[8] '가나안' 성도는 교회를 '안나가'에서 나온 신생어이다.
[9] 21세기교회연구소와 한국교회탐구센터가 826명을 대상으로 2018년 10월 4일부터 16일 사이에 실시한 온라인 조사. 기독신문, 2018년 11월 29일.

3. 북미 이민교회의 상황

이 섹션에서는 왜 선교적 교회 운동이 이민교회에 절실히 필요한지를 피력하고자 한다. 북미 이민교회는 하와이 노동 이민자들에 의해 시작되었다. 바로 하와이 한인감리교선교회(1903년 창립)다. 그때부터 시작된 북미의 이민교회들이 지금은 미국과 캐나다 전역에 4천 개가 넘는다. 이민교회는 시작부터 이민자들의 삶을 대변하며 이민 사회의 중심 역할을 해왔다. 자녀들에게는 한국인의 정체성을 가르치고, 동료 이민자들에게는 이민의 삶에 필요한 정보를 주고받으며, 신앙을 지켜왔다. 뉴욕 퀸즈대학 민평갑 교수가 1990년대에 발표한 이민교회의 사회적 기능을 보면 영적 이유 외에 교회에 참석하는 사회적 이유로 네 가지를 들었다. 한국 사람들과 교제함, 차세대에 한국 문화와 언어를 전수함, 신규 이민자들을 위한 봉사가 제공됨, 그리고 이민으로 인해 박탈된 사회적 신분을 교회 직분을 통해 얻는 보상 심리가 충족됨이다.[10]

이민교회가 북미 여러 도시에 본격적으로 세워지기 시작한 것은 1970년대부터다. 어느새 50년이란 세월이 지났다. 언어와 문화가 다른 낯선 땅에서 오직 하나님만을 의지하는 절실한 믿음으로 교회를 세우고 이민 사회를 만들어간 용장들이 이제는 하나둘씩 세상을 떠나고, 현재 이민교회는 90년대 후반 IMF 사태 이후 이민을 선택한 사람들로 채워졌다. 이민교회는 대체로 몇 가지 단계를 거친다. 첫 번째는 개척이다. 많은 목회자가 열심히 기도하며 개척을 시도하지만 안타깝게도 개척 단계를 벗어난다는 것이 그렇게 만만치 않다. 그러나 인내하고 헌신

---

10 Min, Pyung Gap. "Structural and Social Functions of Korean Immigrant Churches in the United States," *International Migration Review*, 1992, 1370-1394.

하면 그다음은 자립 가능한 단계다. 교인수가 늘어나 어느 정도 교회 재정이 돌아갈 때 가능한 일이다. 하지만 많은 교회가 이런 과정에서 한 번쯤은 시련을 겪게 된다. 교회 문화, 특히 이민교회 문화가 주는 고질적인 문제가 있다. 바로 기득권 싸움이다. 민평갑 교수가 지적한 대로 이민교회 성도들 가운데는 교회 직분을 통해 사회적으로 상실한 것들을 보상받으려는 심리가 있다. 한국에서는 전문직에 봉사하던 사람이 이민와서 말도 통하지 않는 곳에서 생전 해보지 않은 일을 하며 온갖 스트레스를 받다 보면 자신감을 잃기도 하고 누가 나를 폄하한다고 느낄 때는 격분하기도 한다. 그래도 교회에서 인정받고 누군가 나를 따르고 있다는 생각을 할 때 위로 아닌 위로를 받게 된다. 그래서 이민교회는 직분자 선거를 할 때 많은 기도가 필요하다. 혹시라도 누군가가 시험에 들 수 있기 때문이다. 직분자 선거 때면 목회자는 긴장하고 잘못될 경우 교회는 커다란 홍역을 치르게 된다. 누구는 피택이 되고 누구는 안 되면서 희비가 엇갈린다.

그러나 평소에 교회가 건강하다면 직분자 선거도 어려움 없이 잘 치를 수 있다. 교회가 건강하지 않을 때, 선거 결과에 불만을 갖거나, 그 외 교회의 결정 과정에서 오는 불만을 빌미로 교회가 큰 시험에 들기도 하고, 심지어 갈라지기도 한다. 지금은 덜하지만 약 20년 전만 해도 많은 이민교회가 갈라지고 쪼개지는 진통을 겪어야 했다. 이 와중에 가장 큰 피해자는 이민자들의 자녀였다. 영문도 모른 채 어느 날 부모가 다른 교회를 나가기로 작정한다. 교회 친구들과 제대로 작별 인사를 나누지 못하고 다른 교회를 나가는 2세의 마음에는 교회는 하나의 커뮤니티 센터에 불과하다는 결론을 내리게 되고, 이런 아픈 기억이 반복되면서 차세대가 교회를 떠나는 침묵의 탈출(the Silent Exodus) 현상에 일조하게 된 것이다. 그러나 어려운 과정을 잘 지켜내며 교회가 분리되지 않고 계속 성장하는 경우, 교회는 급성장하여 대형 교회를 이루기도 하지만 그것은 드문 경우로 보아야 할 것이다.

개척, 성장에 이어 다음 단계는 성숙이다. 성숙한 단계에서는 열심히 사역하는 교회의 모습을 볼 수 있다. 성도와 차세대를 위한 다양한 프로그램을 진행하고 소그룹 모임을 통해 진지한 성도의 교제를 나누는 교회들이 생긴다. 또한 지역 사회 봉사와 세계 선교에 헌신하는 목적이 분명한 교회들도 있다. 특히 북미 이민교회들이 자랑스러운 이유가 있다. 힘들고 어려운 과정에서도 많은 교회가 세계 선교에 앞장서고 있다. 남가주 풀러튼에 위치한 은혜교회는 단일 교회로서는 개신교 역사상 손꼽힐 정도로 많은 선교사를 파송하여 지원하고 있다. 물론 배후에는 말 못 할 희생과 어려움이 있지만, 성도들은 믿음으로 그 일을 감당하고 있다. 그 교회가 파송한 선교사들에 의해 세례받고 제자화된 성도가 전 세계적으로 수십만 명에 이른다고 하니, 참으로 경이로운 일이 아닐 수 없다.

그러나 전체적으로 볼 때 이민교회의 앞날은 매우 불투명하다. 안타깝게도 시장 경제에서 볼 수 있는 빈익빈 부익부 현상이 교회 내에서도 일어나고 있다는 점이다. 이민교회가 건강하려면 2백 명에서 5백 명 정도의 중형 교회들이 많아야 한다고 믿는다. 그 정도 규모이면 성도들의 활동을 잘 감독할 수 있고 온 성도가 분명한 책무 관계 속에서 영적 생활을 할 수 있다. 그런데 현실은 중형 교회보다는 천 명 이상 되는 대형 교회와 자립이 어려운 소형 교회들이 난무한 상황이다. 대부분의 교회는 현상 유지에 급급하여 교회로서 의미 있는 사역을 하기 어렵고, 대형 교회에 속한 성도들은 교회가 주는 그늘 아래 쉽게 신앙생활을 하려는 경향이 있다.

　모든 점을 고려해 볼 때, 이민교회가 넘어야 할 산이 많다. 먼저는 교회의 분명한 정체성 확립이다. 자칫하면 교회가 이민 생활에서 오는 어려움을 극복하기 위한 수단으로 그칠 수 있다. 교회가 일종의 친목회가 되어 서로의 경조사를 챙겨주기도 하고, 모국을 떠나 외로운 이들의 대가족이 될 수도 있다. 그러나 이런 정신적 기능을 뛰어넘어 세상의 빛과 소금이 되려는 노력이 필요하다. 우리 자신만을 위한 교회가 아니라, 어렵고 소외된 자들을 위한 교회가 되어야 한다. 말이 통하는 한국인들만을 위한 교회가 아니라, 주류를 이루는 백인, 우리 주위에 몰려드는 난민, 미전도 종족에서 오는 이민자들에 대한 뜨거운 중보 기도와 전략적 전도가 따라야 한다.

　또한 이민교회는 차세대에 신앙을 올바로 전수해야 하는 막중한 사명이 있다. 이민 2세, 3세의 부모로서 자녀의 신앙 교육을 전적으로 교회에 의탁하려 한다면, 그것은 명목상의 그리스도인을 만들어내는 지름길을 선택하는 것이다. 우리 자녀들이 원하는 것은 부모가 전수해준 신앙이 지금 내가 살아가는 세속화된 세상에서 어떤 의미를 주는지이다. 메이플라워 선을 타고 온 청교도 1세들이 가졌던 그런 비장한 신념을 갖고 신앙을 전수하지 않으면, 우리 자녀의 신앙은 자연히 세속화된 세상에 녹아 들어갈 것이다. 이민교회가 가지고 있는 고질적인 문제는 언어와 문화가 다른 주류 사회와 단절된 분위기다. 당사자들뿐만 아니라 차세대를 위해서도 단절된 부분은 반드시 이어져야 하고, 교회가 세계 선교에만 집중할 것이 아니라 바로 교회 주위에 있는 타민족과 백인 사회를 품고 복음을 전하는 모습을 보여야 한다. 다시 말하면 이민교회가 필요한 것은 성경적 정체성과 소명의 회복이다. 교회적으로, 성도 개인적으로 회복되어야 할 부분이다.

선교적 교회 운동은 성경적 정체성과 소명을 재발견해야 하는 이민교회를 살리는 중요한 대안이 될 것이다. 앞으로 이민교회 성도들은 선교적 삶이 무엇인지, 그리고 그들이 어떻게 선교적 교회를 이루어갈 것인지를 깊이 고민해야 할 것이다.

4. 선교적 교회 운동

다시 서구 교회 이야기로 돌아가자. 지금 서구 교회는 탈기독교 사회를 맞으며 어려운 시간을 지나고 있다. 내가 사는 토론토에서 한 시간 정도만 어느 방향이든 운전해 가면 작은 백인 마을들이 나온다. 마을 한복판에 하나 내지 두 개의 교회가 반듯하게 서 있다. 150년 전 이 마을 사람들이 얼마나 교회 중심으로 살았는지, 그때의 실상을 잘 말해 준다. 그런데 21세기 지금 교회는 더 이상 삶의 중심이 아니다. 기독교 진리를 보편적 진리로 받아들였던 때는 이미 지나가 버린 것이다. 세속화된 사회에서 개인 신앙을 공적 진리로 말한다는 것은 참으로 힘든 일이 되어 버렸다. 그러나 교회가 해야 할 일은 산적해 있다. 이미 떠나가 버린 젊은 세대와 복음으로 소통하기 위해서 교회는 한마디로 뼈를 깎는 고통을 통해 새로운 도전을 시도하지 않을 수 없다.

탈기독교 사회에서 어떻게 복음을 전할 것인가를 신중히 생각하며 시작한 운동이 바로 선교적 교회(missional church) 운동이다. 선교적 교회 운동은 선교를 더 많이 하자는 운동이 아니다. 그런 해석은 너무나 단편적인 해석이다. 엄격히 말해서 선교적 교회 운동은 교회의 본질을 재검토하고 새롭게 하자는 것이다. 선교와 교회의 관계를 재정립하는 과정에서 출발점 자체를 새롭게 하는 것이다. 즉 선교의 주체는 교회가 아니라 하나님이시고, 우리가 믿는 삼위일체 하나님은 선교의 하나님, 교회를 세상으로 보내시어 하나님의 선교(Missio Dei)에 동참하게 만드시는 하나님이라는 것이다. 그런 관점에서 볼 때, 교회의 본질적 사명은 선교이며, 교회를 위해 선교가 존재하는 것이 아니라, 선교를 위해 교회가 존재한다는 것이다. 즉 교회의 본질을 새롭게 이해하는 것이다.

이 일에 앞장섰던 사람이 레슬리 뉴비긴(1909-1998)이다. 그는 인도에서 1936년부터 1974년까지 선교사로 사역했다. 40년 가까운 사역 후, 본국인 영국으로 돌아온 레슬리 뉴비긴은 복음에 대한 차가운 멸시에 충격을 받게 된다. 하루는 인도에서 온 사람들을 전도하려는 그에게 누군가가 "전도하지 말라. 그들의 종교를 존중하라. 굳이 그들을 회심시키려 하지 말라."는 경고성 전화를 걸어왔다. 더욱이 그를 놀라게 했던 것은 전화를 건 자가 인도에서 온 이민자가 아니라 영국인이었다는 점이다. 38년 전 그를 선교사로 파송했던 기독교 나라 영국이 그사이에 다원주의 사회, 이교도적인 사회가 되었음을 절감했다. 아니, 이제 영국은 탈기독교 사회를 넘어, 반기독교 사회가 되었음을 인정할 수밖에 없었다.

그러던 중 어느 날 뉴비긴 주교는 인도네시아의 한 기독교 지도자로부터 "서구 사회가 회심할 수 있다고 믿습니까?"라는 질문을 받는다. 서구 사회의 회심이라고! 여기서 그는 또 한 번의 충격을 받는다. 그렇다. 이제 포스트 기독교 사회인 영국은 인도나 인도네시아처럼 선교사가 필요하다는 것이다. 외부에서 들어온 선교사가 이제는 영국인들에게 복음을 설명해주어야 하는 때가 된 것이다. 그렇다면, 탈기독교 사회 영국에서 전하는 복음은 어떤 옷을 입어야 할 것인가? 영국 문화 속으로 쉽게 스며들 수 있는 상황화된 복음(contextualized Gospel)이란 어떤 양상일까? 복음은 '어떤 옷을 입고 서구 사회로 들어와야 하는가'라는 원천적 질문을 하게 된 것이다. 이런 과정에서 뉴비긴은 복음, 세속화된 세상, 그리고 교회의 삼각관계를 놓고 깊이 고민하게 되었고, 이것은 복음과 세상만의 관계가 아니라 복음과 교회, 그리고 교회와 세상과의 관계까지도 생각해야 했다.

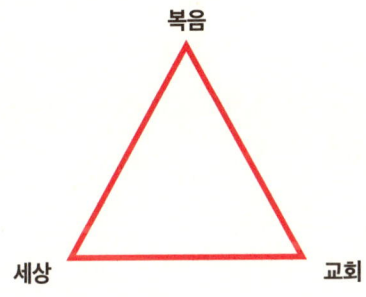

여기서 뉴비긴은 교회에 대한 본질적 질문을 한다. 교회란 무엇인가? 특히 다원주의 사회에서 교회와 복음, 그리고 교회와 선교의 관계는 무엇인가? 등을 깊이 생각했다. 그동안 가졌던 교회론의 패러다임 전환이 절실히 필요함을 깨닫게 된 것이다. 그렇게 만든 책이『다원주의 사회에서의 복음』이다. 그 결과 북미에서는 The Gospel and Our Culture Network(GOCN) 운동이 결성되고, 기존 교회가 어떻게 선교적 교회로 변혁할 것인가를 진지하게 토의하기 시작했다.[11] 그동안 복음을 축소시키며 교회가 선교적 사명을 잃었던 부분을 깊이 반성하며

---

11 뉴비긴의 영향으로 북미 신학자 6명이 쓴 대럴 구더 편저, 정승현 역,『선교적 교회: 북미 교회의 파송을 위한 비전』(인천: 주안대학원대학교출판부, 2013), *Missional Church: A Vision for Sending of the Church in North America*, (Grand Rapids: Eerdmans, 1998)이 선교적 교회 운동의 기폭제가 되었다.

시작한 것이 선교적 교회론이다.

선교적 교회 운동은 교회가 올바른 성경적 교회의 모습으로 돌아가자는 운동이다. 이 세상에는 각양각색의 교회가 존재한다. 하나님의 뜻에서 벗어난 교회는 쇠퇴한다. 급성장한다고 해서, 대형 교회가 되었다고 해서 다 옳은 길로 가는 것은 아니다. 종말에 가서 주님은 알곡과 가라지를 거르실 것이다. 참된 교회는 성경적이고, 건강하며, 하나님의 뜻을 따라 사명을 감당하는 교회다. 하나님은 이스라엘 민족을 하나님의 백성으로 부르시고 그들에게 분명한 사명을 주셨다. 바로 시내산 언약에 나오는 내용이다.

> 세계가 다 내게 속하였나니 너희가 내 말을 잘 듣고 내 언약을 지키면 너희는 모든 민족 중에서 내 소유가 되겠고 너희가 내게 대하여 제사장 나라가 되며 거룩한 백성이 되리라 너는 이 말을 이스라엘 자손에게 전할지니라 (출 19:5-6).

하나님의 언약(십계명)을 잘 지켜 제사장 나라, 거룩한 백성이 되라는 말씀이다. 그런데 이스라엘 민족은 언약을 지키지 못하고 온갖 우상 숭배로 가득했다. 제사장 나라가 되기는커녕 가나안 땅의 신들에게 갔다. 거룩한 백성이 아니라 하나님의 성호를 더럽혔다. 이제 그 사명이 교회에 전해졌다. 사도 베드로는 출애굽기 19장을 배경으로 소아시아에 있는 교회들을 향해 이렇게 전하고 있다.

> 그러나 너희는 택하신 족속이요 왕 같은 제사장들이요 거룩한 나라요 그의 소유가 된 백성이니 이는 너희를 어두운 데서 불러내어 그의 기

이한 빛에 들어가게 하신 이의 아름다운 덕을 선포하게 하려 함이라 (벧전 2:9).

앞으로 자세히 설명하겠지만, 바로 여기에 하나님의 백성이 가져야 할 정체성과 사명이 들어있다.

선교적 교회 운동은 비록 서구 교회의 몰락을 보며 안타까운 마음으로 시작한 운동이지만, 오늘날 위기에 처한 한국교회와 정체성이 흔들리는 이민교회에도 적합한 운동이라고 믿는다. 선교적 교회 운동은 해외 선교나 국내 선교를 더 하자는 것이 아니다. 이것은 철저하게 교회의 본질을 묻고 성경에서 가르치는 그 본질로 돌아가자는 것이다. 선교적 교회는 죄로 가득 찬 세상을 회복시키시는 하나님의 선교에 동참하는 신실한 제자들의 공동체. 이런 교회는 자기 생각이나 유익을 위해 존재하는 교회가 아니라, 선교의 주가 되시는 하나님의 뜻에 절대 순종하려는 유전인자(DNA)를 갖고서 그분의 사역에 동참하기 위해 전력을 다하는 교회다.

교회는 성도들이 모여서 이루어진다. 병든 성도들은 병든 교회를 만들고, 건강한 성도들은 건강한 교회를 만든다. 이런 맥락에서 선교적 삶을 사는 성도들이 선교적 교회를 만든다. 선교적 교회 운동은 성경적 교회로 돌아가자는 운동이며, 자기중심적 패러다임을 바꾸어 세상을 섬기자고 절실히 호소하는 운동이다.

──────── 나눔을 위한 질문

1. 한국교회가 선교적 교회로 가기 위해서 극복해야 할 최대 관건은 무엇인가?

2. 왜 선교적 교회가 이민교회에서도 필요한 모델인가?

3. 선교적 교회 운동의 본질과 의도는 무엇인가?

03. 참된 교회를 말하다

내가 1995년 시카고 트리니티 복음주의 신학교에서 박사 과정을 시작할 때 릭 워렌 목사가 쓴 『새들백 교회 이야기』(*The Purpose Driven Church*)가 막 나왔다. 릭 워렌은 책에서 자신의 나이가 만 40세라고 했다. 서론을 읽으며 소스라칠 정도로 놀랐다. 그가 15년 전 그러니까 25세에 사우스웨스턴신학교를 졸업하면서 분명한 교회관을 토대로 캘리포니아 얼바인에서 새들백 교회를 개척하여 오늘의 교회로 성장시켰다고 했다. 그러면서 이제 그가 할 일은 다 했고, 남은 것은 그동안 터득한 교회 개척과 성장의 노하우를 나누는 일이라고 했다. 순간, 망치로 얻어맞는 기분이었다. 나는 이제 막 교회가 무엇인가 터득하는 단계인데, 불과 5살밖에 더 살지 않은 릭 워렌은 '할 일을 다 했다'고 하니 충격을 받지 않을 수 없었다. 야구 다이아몬드를 그려가며 그는 자신의 목회관, 교회관, 그리고 캘리포니아의 전형적인 남자 '샘'에게 어떻게 전도할 것인가에 대한 전도 전략까지 꼼꼼히 적은 것을 읽었다. 지금도 그때의 도전을 잊을 수 없다. 새들백 교회의 개척과 성장에 대한 노하우를 읽은 것보다, 한 목회자가 불과 40세의 나이에 교회에 대한 자신의 생각을 완벽하게 정리했다는 그 자체가 감동과 도전이 되었던 것이다.

2004년 필리핀 선교에서 돌아와 토론토영락교회를 맡게 되면서 나는 성도들에게 교회론을 먼저 가르쳤다. 앞에서 언급한 대로 나는 12주 과정으로 만든 '다시 생각하는 교회론'을 10년 이상 수백 명의 성도들과 함께 공부했다. 또 2014년부터는 4주 과정의 인텐시브 코스로 '선교적 교회로 가는 길'을 만들어 이전에 공부했던 분들과 다시 선교적 교회론을 다루었다. 이 과정에서 나는 교회의 본질에 대해 정말 많은 생각을 했다. 이제 내 나이가 60세를 훌쩍 넘었고 비록 릭 워렌처럼 일찍 터득하지는 못했지만, 나름대로 이제는 교회가 무엇을 해야 하는지를 조금 알 것 같다. 교회의 본질이 무엇인지, 교회가 존재하는 목적이 무엇인지를 성경에서 찾아야 한다. 세상에는 온갖 교파와 교회가 있다. 각자 강조하는 사역이 다 다르다. 어떤 교회는 치유 집회를 강조하고, 어떤 교회는 사회봉사를 강조하고, 또 어떤 교회는 개인 전도를 강조한다. 모두 나름대로 열심히 믿으려고 노력하고, 모두 하나님의 말씀대로 실천하며 살려고 하지 않는가? 그렇다면 누구의 교회론이 올바른 것인가? 누구의 해석을 따라야 하는가?

1. 참된 교회에 대한 고민

참된 교회에 대한 고민은 초대 교회부터 시작되었다. 먼저 사도 신경에 보면 '나는 … 거룩한 공교회를 … 믿습니다.'로 간략하게 적혀있다. 4세기로 오면서 니케아-콘스탄티노폴리스 신경(381 AD)에 정리된 내용을 보면,

'우리는 하나이고 거룩하며 보편적이고 사도적인 교회를 믿습니다.'
We believe in one holy catholic and apostolic church

라는 고백이 있다. 우리가 믿는 교회는 네 가지 속성을 가졌다는 것이다. 즉, 통일성, 거룩성, 보편성, 사도성이다. 나는 이 속성을 하나씩 공부하기 시작했다. 통일성과 거룩성은 쉽게 이해했는데, 보편성과 사도성은 의외로 생소한 개념이었다. 보편성과 사도성이 잘 알려지지 않은 데에는 나름대로 이유가 있다. 종교 개혁 때로 거슬러 올라가면 종교 개혁자들은 교회론에서 통일성과 거룩성을 강조했지만, 상대적으로 보편성과 사도성은 중요시하지 않았다. 특히 사도성에 대해서는 침묵했다. 그 이유는 천주교의 주장 때문이었다. 천주교에서는 교회의 사도성을 말할 때 우선적으로 사도적 계승을 의미했다. 참된 교회는 사도의 가르침 위에 세워졌고, 천주교는 사도 베드로부터 시작해서 현재의 교황에 이르기까지 그 정통성이 내려오고 있다는 것이었다. 그러므로 교회의 사도성은 곧 교회(천주교)의 정통성을 말한다는 주장에 개신교는 사도성에 대해 침묵하게 된 것이다.

종교 개혁자들이 천주교로부터 분리되어 정체성을 성립할 때 천주교는 사도성에 입각한 선교에 관심을 갖고 예수회, 도미니카회 등 선교에 중점을 둔 수도회를 세워 세계 선교에 집중하기 시작했다. 기독교인의 신앙과 생활을 강조하는 17세기 독일 경건주의 영향으로 개신교 선교가 활발해지기 전까지 교회의 선교적 본질은 많이 퇴보되었고, 선교가 다시 활성화될 때에는 교회와 선교가 이원화되는 아쉬움이 있었다.[1]

---

[1] 교회론의 역사적 변천에 대해서는 크레이그 밴 겔더의 『교회의 본질』 3장을 참고하라. 최동

이제 우리는 니케아-콘스탄티노플 공회에서 정리된 네 가지 속성을 다시 한번 점검하면서, 특히 교회가 사도성을 재발견하고 회복할 때 어떻게 선교적 교회로 변할 수 있는지를 생각해 보아야겠다.

2. 하나 됨의 통일성

첫째, 하나 됨의 통일성(unity)은 교회의 온 성도가 하나가 되어야 함을 강조하는 중요한 개념이다. 성령께서 각 지체에게 주시는 은사는 다양하지만 그 다양함 가운데 하나가 되는 목적으로 교회를 인도하신다. 교회는 그리스도의 몸이고, 그리스도는 교회의 머리가 되심으로 그리스도를 중심으로 교회의 모든 지체는 하나가 되도록 노력해야 한다(엡 1:23; 4:12). 하나 됨은 교회 안의 지체들에게도 강조되지만, 교회와 교회 사이에서도 강조되어야 한다. 모든 교회는 하나님의 가족으로서 하나가 되도록 부르심을 받았다(엡 2:19).

> 성령이 하나 되게 하신 것을 힘써 지키라 … 몸이 하나요 성령도 한 분이시니 이와 같이 너희가 부르심의 한 소망 안에서 부르심을 받았느니라(엡 4:1-4).

성령께서는 모든 성도를 한 소망 안에서 부르셨다. 예수 그리스도를 통해 주시는 구속의 은총과 재림의 소망이 우리를 하나 되게 한다. 그러므로 성도는 평안의 매는 줄로 성령께서 하나 되게 하신 것을 힘써 지켜야 한다. 오래 참음으로 용납하며 하나가 되도록 노력해야 한다.

규 역, 기독교문서선교회, 2015.

교회는 무엇보다도 성령이 하나 되게 하신 것을 힘써 지키려는 노력이 필요하다. "너희가 서로 사랑하면 이로써 모든 사람이 너희가 내 제자인 줄 알리라."(요 13:35)는 주님의 가르침은 교회의 통일성이 세상에서 올바른 증거로 이어진다는 것을 보여주신다.

교회의 통일성을 해치는 주원인은 교만이다. 이런 태도는 남의 생각을 과소평가하고, 자기 생각과 결정을 관철하려고 한다. 이를 위해 당을 짓고 분열을 조성한다. 바울은 빌립보 성도들에게 "마음을 같이 하여 같은 사랑을 가지고 뜻을 합하여 한마음을 품어 아무 일에든지 다툼이나 허영으로 하지 말고 오직 겸손한 마음으로 각각 자기보다 남을 낫게 여기고 각각 자기 일을 돌볼 뿐더러 또한 각각 다른 사람들의 일을 돌보라."고 했다(빌 2:2-4). 다툼과 허영이 있는 곳에 반드시 분열이 있고, 분열이 있는 곳에는 더 경건한 증거는 없다. 그러므로 성도는 모든 힘과 노력을 동원해서 겸손과 섬김으로 교회가 하나 됨을 지켜야 한다.

그런데 교만 외에도 교회의 통일성을 해치는 또 하나의 원인이 있다. 그것은 무지다. 획일성(uniformity)과 통일성(unity)을 혼동하는 무지다. 다양성이 통일성을 이루는 것은 아름답다. 마치 모자이크처럼 각각의 조각이 보이지만 아름다운 조화를 통해 커다란 그림이 나온다. 그러나 다양성이 획일성으로 흡수되는 것은 용납해선 안 된다. 성령께서 모든 지체에게 다양한 은사를 주셔서 교회를 풍성하게 하셨는데, 그 자체를 인정하지 않고 획일성을 고수한다면 궁극적으로 성령의 역사를 막는 꼴이 된다. 획일성이 강조되는 교회에서 볼 수 있는 현상은 과도한 수직적 관계와 중앙 집권제이다. 특히 담임 목사가 마치 기업을 이끄는 총수처럼 여겨질 때 문제는 심각하다. 교회를 이끄는 분은 성령 하나님이신데, 인간의 기준으로 끌어가려고 하면 안 된다. 획일성은 이단적 집단에서 드러나는 공통적인 속성이다.

선교적 교회를 이루어가기 위해서는 각자 성도가 공동체의 중요성을 인지하고, 성령께서 주신 다양한 은사가 적극적으로 활용되도록 수용하는 자세가 필요하다. 한국교회는 유교적 세계관이 아직도 자리를 잡고 있어서 하향식 전달에 익숙하다. 소수 지도자가 정한 내용을 일방적으로 전달하고 관철하려는 데 익숙하다. 그러나 이제는 풀뿌리 생각에 더 관심을 기울여야 한다. 세상을 늘 접하는 성도들이 무슨 생각을 하며 그리스도인으로 살아가는지, 어떻게 해야 좀 더 증인 된 삶을 살 수 있을지를 골고루 생각할 때 교회는 건강한 방향으로 가게 된다.

3. 구별된 삶의 거룩성

둘째는 구별된 삶의 거룩성(holiness)이다. 거룩함은 우리를 성결한 공동체로 부르시는 하나님의 요구다. 에스겔 선지자는 바벨론으로 끌려간 이스라엘 백성에 대한 하나님의 심판을 세 가지 이유로 설명하고 있다. 우상을 섬기고, 삶을 얻을 하나님의 율례와 규례를 무시하고, 거룩하게 하시는 하나님을 알도록 제정하신 안식일을 더럽힌 것이다(겔 20:10-13). 올바른 삶을 살도록 인도하신 하나님을 멀리하고 자신이 믿을 수 있는 물질을 따른 것이다. 물질의 힘은 무서울 정도로 강하다. 얼마나 큰 차를 타는가, 얼마나 넓은 아파트에서 사는가, 얼마나 많은 재산을 모았는가와 같은 질문으로 사람의 행복지수를 정하려 한다. 그래서 어리석게도 사람은 물질의 노예가 되어 주식을 조작하고, 거짓 원서를 작성하고, 논문 표절도 마다하지 않는다. 학자의 자존심도 없다. 물질의 우상은 밀착성이 강하다. 아이러니하게도 공산주의와 사회주의를 외치는 사람마저도 물질의 유혹을 떨구지 못하고 뒷거래를 한다.

오늘날 성도와 교회는 거룩해야 한다. 세상과 구별된 하나님의 백성으로서 성결해야 한다. 성경은 교회를 신랑을 위해 단장한 아름답고 순결한 신부로 비유하며, 다시 오실 그리스도를 맞을 준비를 해야 한다고 가르친다.

> 내가 하나님의 열심으로 너희를 위하여 열심을 내노니 내가 너희를 정결한 처녀로 한 남편인 그리스도께 드리려고 중매함이로다(고후 11:2).

> 우리가 즐거워하고 크게 기뻐하며 그에게 영광을 돌리세 어린 양의 혼인 기약이 이르렀고 그의 아내가 자신을 준비하였으므로 … (계 19:7).

거룩하다는 말의 어원은 '분리하다'에서 나왔다. 하나님 앞에 드려지기 위해 세상으로부터 분리된 백성이 되어야 한다. 그래서 믿는 성도들을 '하나님의 성전'(엡 2:21; 고전 3:16-17)이라고 설명한다. 성도란 '예수 그리스도 안에서 거룩하게 된 자'이다(고전 1:2). 우선은 도덕적으로 순결해야 한다. 영어로 죄가 없는 상태를 'sinless'라고 한다. 어느 누구도 'sinless'한 사람은 없다. 크고 작게 우리는 매일 매일 죄를 지으며 살아간다. 남의 것을 탐내거나 음욕을 품거나 아니면 시기와 질투를 하면서 부끄러운 생각과 행동을 한다. 이런 죄악에서 완전히 자유로워지는 길은 죽는 길밖에 없다. 그렇다고 해서 예수 믿는 사람들이 성결 과정을 포기해서는 안 된다. 비록 'sinless'(결백한)는 어렵지만, sin less(죄를 덜 짓다)해야 한다. 적어도 교회 다니는 사람은 다르다는 인상을 주어야 하지 않겠는가?

지난 20년 사이 한국교회의 대사회적 공신력이 무섭게 추락하는 모습을 보면서 정말 가슴이 아프다. 어떻게 되어 한국교회가 이렇게까지 되었는가? 가장 성스럽게 생각했던 영적 지도자들마저도 성추행, 횡령, 배임, 표절, 위선, 거짓에서 자유롭지 못하다. 평범한 사람들이 저질러도 용납할 수 없는 것을 영적 지도자가 하고 있다. 막장 드라마가 된 셈이다. 지도자들이 무너진 사회는 오래가지 못한다. 영적으로, 도덕적으로 총체적 난국을 맞을 때 이들을 이끌 자가 없기 때문이다. 영적 지도자는 철저히 말씀 아래 살아야 한다. 백성이 잘못할 경우, 그들을 경고하고 옳은 길로 인도할 수 있기 때문이다. 그러나 영적 지도자가 하나님의 말씀으로부터 떠나 있다면 그 민족의 앞날은 불 보듯 뻔한 노릇이다. 영적 지도자의 부재는 결국 말씀의 부재로 이어지고 총체적 난국으로 갈 수밖에 없다.

아모스는 북 왕국 이스라엘의 현실을 보며 경고했다. 겉으로 보기에는 경제적으로 강하고 정치적으로 안정된 듯했지만, 사실은 속으로 많이 썩어 있었다. 여호와의 말씀을 제대로 듣지 못했기 때문이다.

> 주 여호와의 말씀이니라 보라 날이 이를지라 내가 기근을 땅에 보내리니 양식 없어 주림이 아니며 물이 없어 갈함이 아니요 여호와의 말씀을 듣지 못한 기갈이라(암 8:11).

선지자 에스겔의 말씀을 보자. 영적 지도자가 사라진 세상은 어떠한가?

> 그들이 선지자에게서 묵시를 구하나 헛될 것이며 제사장에게는 율법

이 없어질 것이요 장로에게는 책략이 없어질 것이며 왕은 애통하고 고관은 놀람을 옷 입듯 하며 주민의 손은 떨리리라(겔 7:26-27).

더 깊은 진흙탕으로 빠지기 전에 돌아서야 한다. 성도가 거룩해지고 교회가 거룩해지기 위해서는 좀 더 양심적으로 살려는 노력이 필요하다. 윤동주 시인의 표현처럼 '한 점 부끄러움 없이' 살려면, 선한 양심이 우리 마음 안에 자리 잡아야 한다. 선한 양심을 소유한 사람들은 환경에 따라 수시로 생각이 바뀌지 않는다. 유리한 조건을 따라 결정하지 않고, 정직이 우선이라는 마음가짐으로 결정하고 행동한다. 양심적인 행동이라면 결국 많은 사람이 공감하게 되고, 그런 결정은 오랫동안 존경받는 결정이 된다. 선한 양심이란 올바른 선택을 위해서 비록 손해를 볼지라도 정직하게 결정하는 것이다. 에베소 교회의 거짓 교사들은 '양심에 화인을 맞아서 외식함으로 거짓말하는 자'들이었다(딤전 4:2). 문제의 발단은 비양심적인 생각을 가진 것이었고, 그런 발상에서 비양심적 행동이 나온 것이다. 거룩함을 추구하는 성도라면 좀 더 양심적인 삶을 살면 된다.

양심이란 단어는 영어로 conscience로 표기되는데, 옳고 그름에 대한 내적 감각이나 음성을 말한다. 그래서 우리 안에 있는 양심이 가이드가 되어 옳고 그름을 분별하고 행동으로 옮기게 한다. 그런데 이 단어는 '함께'(com)와 '알다'(scientia)라는 두 라틴어의 합성어다. 커먼 센스(common sense)와 비슷한 의미를 갖고 있다. 즉, 대부분의 사람이 동의하는 가치관을 말한다. 하나님의 백성은 믿지 않는 사람들 사이에서 하나님 나라를 선포하며 세상의 빛과 소금이 되어야 한다. 이를 위해서는 무엇보다 양심적인 사람들이 되어야 하고, 말씀이 우리의 양심을 지키도록 전적으로 말씀 중심의 삶을 살아야 한다(시 119:10). 선교적 삶을 사는 성도는 마켓 플레이스에서 믿고 거래할 관계를 만들어야 하고, 믿음과 신뢰가 바탕이 된 비즈니스 환경을 만들어야 한다. 이런 사람들이 함께하는 신앙 공동체는 이웃의 아픔에 진심으로 동참하는 양심적인 교회가 되고 공신력은 올라간다.

교회의 거룩성은 바로 성도의 거룩성을 말하고, 더 많은 성도가 거룩한 삶을 추구할 때 교회는 거룩성을 회복하게 된다. 바울은 '사랑 가운데 참된 것을 말하며'(엡 4:15), 교회가 하나 될 것을 강조했다. 성도는 언행뿐만 아니라 물질과 성적 유혹으로부터 멀리하고, 하나님의 진리와 공의를 우선으로 하는 공동체를 만들 때, 교회의 거룩성을 유지하게 된다.

4. 겸손함을 가르치는 보편성

셋째는 겸손함을 가르치는 보편성(universality)이다. '교회는 보편적이다.'라는 말의 의미는 교회가 농촌 교회이든 대학 캠퍼스 교회이든, 수만 명이 모이는 대형 교회이든, 예수 그리스도를 구주로 시인하는 기본 신앙 고백이 같다면 결국은 다 같은 교회라는 말이다. 교회마다 특수성이 있을 수 있지만, 결국 교회의 신앙 고백은 같기 때문에 어느 한 교회가 자신의 특징을 통해 우월감을 표현할 수 없고, 아무리 작고 힘없는 교회라도 열등감에 빠질 필요가 없다는 말이기도 하다. 이 세상에는 수많은 교회가 자신만의 특성을 갖고 있어 교회마다 분명한 차이가 있다. 하지만 교회는 보편성이 있다. 즉 예수 그리스도를 구주로 시인하는 신앙 고백이 같다면, 어떠한 특성에 상관없이 모든 교회는 같다는 말이다.

이런 점을 우리는 선교지를 가보면 금방 알 수 있다. 언어와 문화의 차이를 느끼며, 예배 형식에 차이가 있다 할지라도, 예수님을 섬긴다는 그 사실 하나로 처음 만나는 사람들에게 쉽게 다가갈 수 있다. 어떤 교회는 열 명도 채 되지 않고, 또 어떤 교회는 수백 명, 수천 명이 예배를 드리지만, 모두 다 주 안에서 교회다. 교회의 보편성은 지역적 언어, 문화, 세대, 민족을 모두 다 초월한다. 그래서 교회는 지역적(local)이면서 동시에 우주적(universal)이다. 교회의 보편성은 우리 모두를 겸손히 그리스도의 성만찬 테이블로 초대한다(고전 11:18, 25). 교회는 만물 위에 세워졌고 만물을 충만케 하시는 그리스도의 몸이다(엡 1:22-23).

교회의 보편성은 교단 사이의 벽을 허물고, 교회와 교회 사이에 협력을 추구하게 만든다. 교단은 인정하지만 교단주의는 부정한다. 교회 연합 운동을 통해 경쟁과 중복을 피한다. 반대로, 교회의 보편성이 무시될 때, 교회는 위험한 길을 가게 된다는 것을 기억해야 한다. 한 교회가 상식과 원칙을 벗어나 자신의 존재감을 드러내려 할 때 복음의 길이 막히고 하나님의 영광이 감추어지게 된다. 한국교회는 그동안 지역 교회로서 보편성을 전혀 살리지 못했다는 지적을 받고 있다. 한 지역에 속한 교회들이 힘을 모아 보내심을 받은 그 지역에서 하나님 나라를 함께 드러내는 일을 해야 하는데, 주변의 교회들과 끊임없는 경쟁을 통해 개인주의 교회를 만들고 지역 사회로부터는 총체적으로 게토화 되었다는 지적을 받는다.[2] 결과는 교회와 지역 사회의 괴리감이고, 교회와 교회의 단절감이다.

모든 교회에 주신 세계 복음화 과제는 교회의 보편성을 각인시켜주

---

2 최형근, "한국교회와 선교적 교회" 「목회와 신학」 2019, 9월호, 118-124쪽.

며, 지역 교회의 성실한 협력을 요구한다. 로잔 언약 6항에 "교회는 하나님의 우주적 목적의 바로 중심에 서 있으며 복음을 전파할 목적으로 그가 지정하신 수단이다."라고 선언한다. 만일 우리가 이 내용을 전적으로 받아들인다면, 모든 교회는 협력하여 이 사명을 함께 잘 감당해야 할 것이다. 복음 전파를 위해 모든 교회가 겸손히 동참할 때 교회의 보편성은 확연히 드러날 것이며, 세상은 예수 그리스도가 교회의 머리가 되시며 모든 지역 교회의 주인이 되심을 알게 될 것이다.

교회의 보편성은 지역 교회들 사이의 경쟁을 거부하도록 가르친다. 교회와 교회 사이의 경쟁은 더 무의미할 뿐만 아니라 비성경적이며 반복음적 행위임을 확인하게 한다. 모든 교회에 속한 성도는 주님의 성찬 테이블에 동일하게 초대되어 주님의 찢기신 살과 흘리신 피를 먹고 마시는 관계다. 언어, 문화, 세대, 지역, 빈부 등 어떤 이유도 한 교회를 다른 교회보다 더 중히 여기거나 차별할 수 없다.

교회의 보편성은 우리에게 겸손함을 가르치며 모든 교회가 유기적 연대 속에 개 교회가 다른 교회를 돌보아야 할 책임을 보여준다. 사도행전에 나오는 안디옥 교회는 곤경에 빠져있는 유대 형제들의 어려운 소식을 듣고 바나바와 바울을 통해 구호금을 보냈다(행 11:27-30). 마게도냐 교회들 역시 극심한 가난 속에서도 어려움에 빠진 예루살렘 성도들에게 풍성한 연보를 보냈다(고후 8:2). 교회의 보편성은 우리가 그리스도 안에서 한 형제자매가 되었음을 깨닫게 하고, 부유한 교회가 어려운 교회를 절대 외면하지 않도록 가르친다.

협력하지 않고 경쟁 구도로 가게 될 때, 교회는 개인주의라는 함정에 빠지고 게토화된다. 그 교회만이 가지는 독특한 문화는 어느새 타 교회와 소통하기 어려운 문화가 되어 버리고, 상식을 벗어난 행동을 하면서 우려를 자아낸다. 여기서 한 발자국 더 나가 '우리 교회의 세례만이 참 세례'라는 이단적 사상을 갖는 교회도 있다. 그러므로 교회의 보편성은 지교회의 특수성을 인정하되, 동일한 신앙 고백 아래 모든 지교회는 서로의 존재를 존중하며, 함께 그리스도의 증인이 되어야 함을 가르친다.

5. 보내심을 강조하는 사도성

넷째는 보내심을 강조하는 사도성(apostolicity)이다. 네 가지 속성 중에서 아마도 가장 적게 알려진 속성이 아닐까? 니케아-콘스탄티노폴리스 신경에서 이해한 이 속성은 사도의 정통성을 의미한다. 즉 참다운 교회는 사도의 권위와 정통 가르침에 바탕을 둔다는 뜻이다. 그리고 사도에게 주어졌던 그 권위와 정통 가르침이 이제는 교회의 지도자들에 의해 계승된다고 믿었다. 그래서 참다운 교회는 신뢰할 만한 가르침에 바탕이 되어야 하는데, 그 가르침은 바로 사도의 가르침에서 나온다는 말이다. 이단이 남발하는 요즘 세상에서 교회의 사도성(사도적 정통성)은 매우 중요하다. 이렇게 사도성을 교회사에서 이해해 왔다. 밴 겔더에 의하면 초기 종교 개혁가들은 로마 가톨릭 교회가 베드로의 권위를 계승 받았다는 주장을 반박했고, 사도적 권위와 정통성을 오용하는 것을 보고 교회의 사도성을 의도적으로 약화시켰다고 했다.[3]

그런데 사도성을 말할 때, 권위나 정통 가르침 외에 또 하나의 중요한 개념이 들어있다. 바로 '보내심'(sent-ness)이란 개념이다. 사도성에서 우리는 보내심을 받은 교회의 속성을 보아야 한다. 즉 사도의 정통적

---

[3] 크레이그 밴 겔더, 최동규 역, 『선교하는 교회 만들기』 (서울, 베다니, 2003), 5장을 보라. Craig Van Gelder, *The Essence of the Church: A Community Created by the Spirit*, Grand Rapids: Baker, 2000.

가르침 아래 교회가 세상으로 보내심을 받았다는 말이다. 예수님께서 12 제자를 부르시고 그들을 '사도라 칭하시며' 더러운 귀신을 쫓아내며 모든 병과 모든 약한 것을 고치는 권능을 주시며 저들을 보내신 주님의 의도는 무엇이었을까?(눅 6:12-13; 막 3:13-16; 마 10:1,5) 여기서 중요한 개념은 보내심을 받았다는 뜻이다. 예수님의 대행자로 세상에 보내심을 받아 하나님의 일에 동참하도록 권세를 주신 것이다.

그러므로 우리가 기억해야 할 것은 사도라는 단어에는 권능과 보내심이란 개념이 모두 포함되어 있다는 것이다. 교회의 사도성을 말할 때, 교회는 성령의 권능을 받아 세상으로 보내심을 받았다는 것이다. 이렇게 중요한 교회의 속성이 그동안 사장되어 있었던 것은 가톨릭 교회에서 이 단어를 사도적 계승에 국한시키며 오용하였기 때문이다. 하나님의 백성(the people of God)이 된 교회는 하나님의 아름다운 덕을 선포하는 사명을 받았고(벧전 2:9) 이를 위해 세상으로 보내심을 받았다(요 20:21).

사도(apostle)란 '보내심을 받은 자들'이란 뜻이다. 그러므로 교회의 사도성이란 온 성도가 세상으로 보내심을 받았다는 뜻이다. 교회 담장을 넘어서 세상으로 가야 할 사명이 있다. 일부 성도가 아니라 온 성도라는 사실도 기억해야 한다.

* 사도 - 보내심을 받은 자
* 교회의 사도성 - 온 성도가 세상으로 보내심을 받음

선교적 교회 운동은 바로 교회의 속성 중의 하나인 사도성을 회복하자는 운동이다. 교회가 교회로서의 모습을 되찾고, 맡겨진 사명을 온전

히 감당하기 위해서는 교회의 사도성을 회복해야 한다. 즉 교회가 일부 열심 있는 성도를 세상으로 파송한 것이 아니라, 교회 자체가, 즉 교회의 모든 성도가 세상으로 보내심을 받았다는 생각의 반전이 요구된다. 사도성이 받아들여지고 생활에 적용된다면, 그에 따르는 교회의 모든 프로그램이 점검될 필요가 있다. 교회의 사도성과 맞지 않는 것들은 과감하게 철회되거나 고쳐져야 한다.

교회를 아는 사람이라면 '교회가 선교사를 파송하다.'에서 '온 성도가 세상으로 파송을 받았다.'는 표현이 매우 획기적이라고 할 것이다. 지구중심설에서 태양중심설로 이동하는 코페르니쿠스의 사고 전환과 비슷한 규모의 충격일 것이다. 그동안 많은 교회가 양적 성장에 전력했다. 총동원 주일을 만들고, 온 성도를 동원해서 '내 아버지 집을 채우라'(눅 14:23)는 말씀으로 교회 성장에 박차를 다했을 것이다. 그러나 교회의 힘을 모이는 숫자에 두지 않고 효과적으로 흩어지는 데 둔다면, 생각이 달라질 것이다. 즉 사도성을 강조하는 교회가 된다면 이제부터는 많이 모이는 그 자체에서 별 의미를 찾지 못하게 된다. 대신 선교적 교회의 목회자는 잘 모이고, 잘 흩어지는 데 진실된 관심이 있다. 어떻게 전략적으로 흩어져서 선교적 삶을 살 것인가? 건강한 교회는 잘 모이고, 모여서 얻은 힘으로 잘 흩어져 세상의 참된 빛과 소금이 되는 것이다. 그런 의미에서 파송(보내심)이란 단어는 더 이상 특별한 사명을 받은 특정 인물에게만(선교사) 해당하는 단어가 아니라, 모든 성도에게 해당하며, 온 성도는 각자 세워주신 자리에서 보내심을 받은 선교사로서 하나님을 증거하는 삶을 살아야 한다.

냉철히 따져보면 그동안 교회는 너무나도 많은 것을 성도들에게 요구했다. 항상 교회 중심으로 살라고 가르쳤다. 성수 주일은 물론이고,

주중에도 새벽 기도, 수요 예배, 금요 철야 예배, 구역 예배, 교회 봉사, 등등으로 일주일에도 여러 번 교회에 나오기가 바쁜 그런 스케줄을 요구했었다. 어느 교회에 집회를 하러 갔는데, 어떤 장로님은 평생 본인의 교회를 떠나 다른 곳에서 주일 예배를 드려본 적이 없다고 했다. 자랑이라면 자랑, 사명감을 보여주는 것이라면 사명감으로 받아들이겠지만, 이것은 단편적으로 지도자가 그동안 잘못 가르쳤다고 본다. 너무도 자기 교회 중심으로 살라고 가르쳤고, 특히 중직자들에게는 교회 - 가정 - 일터를 다람쥐 쳇바퀴 돌 듯 바쁘지만 뻔한 삶을 살도록 했다. 교회에서 보내는 모든 시간을 합쳐보면 더 이상 중직자가 믿지 않는 사람과 의미 있는 관계를 맺을 물리적, 정신적 여유가 없음을 증명한다. 아쉽게도 교회는 성도에게서 더 많은 헌신을 요구할 때, 헌신의 결과 교회 행사나 모임에 더 오길 기대한다. 교회 중심, 특히 교회 건물 중심의 신앙생활이 올바른 모습이라는 결핍된 생각이 은연중에 자리를 잡았다.

이제 사도성을 인정하고 실천하는 교회가 된다면, 온 성도가 월요일부터 토요일까지 각자의 자리에서 증인 된 삶을 살려고 노력하는 체제로 바뀌어야 한다. 온 성도가 세상으로 보내심을 받았다는 확신 속에서 선교적 삶을 살아내야 하는 것이다. 일단 교회는 성도가 선교적 삶을 살아내도록 하기 위해서 교회 안에서 보내는 시간을 줄이고 교회 밖에서 더 많은 시간을 하나님 나라와 그 의를 위해서 의미 있게 보내는 방안을 모색해야 한다. 이 부분이 관철되기 위해서는 교회의 리더십이 먼저 생각의 전환이 있어야 한다. 교회는 건물이 아니고 사람이라는 것과, 교회가 하는 중요한 일은 교회 담장을 넘어서 일어난다는 것이다. 그렇다면 이제 우리는 교회와 세상과의 관계를 재고해야 한다.

이렇게 4세기 교부들은 참된 교회의 기준을 네 가지 교회의 속성으로 말했다. 통일성, 거룩성, 보편성, 그리고 사도성이다. 만일 이 기준을 오늘날 내가 섬기는 교회에 적용한다면 어떤 결과가 나올까? 간단히 점수를 내보자.

대체로 동의한다 - 3점

부분적으로 동의한다 - 2점

동의하지 않는다 - 1점

통일성 - 우리 교회는

1) 성도의 다양한 은사를 인정한다. 은사대로 사역하는 길이 열려 있다.
( )

2) 다양한 연령층과 사회적 배경을 가진 성도들이 서로 쉽게 어울린다.
( )

3) 성도 사이에 갈등을 사랑 안에서 극복하려고 노력한다. ( )

거룩성 - 우리 교회 성도들은

4) 대부분의 경우 이단을 분별할 수 있고 이단을 멀리한다. ( )

5) 성령을 의지하며 거룩하게 살고자 노력한다. ( )

6) 세상에서 하나님의 공의와 정의를 지키려 노력한다. ( )

보편성 - 우리 교회는

7) 교단이나 교파를 초월해서 잘 연합하고 협력한다. ( )

8) 언어와 문화가 다른 그리스도인들과 교제하며 협력한다. ( )

9) 자신을 내세우지 않고 여러 교회와 잘 협력한다. (   )

사도성 - 우리 교회 성도들은

10) 온 성도가 세상으로 보내심을 받았다는 것을 믿고 있다. (   )

11) 세상과 소통하며 세상을 섬기려는 마음이 있다. (   )

12) 복음으로 세상을 바꾸기 위해 구체적인 사역을 한다. (   )

참된 교회에 대한 결과

* 12-20점 참된 모습에서 벗어나 있다

* 21-28점 참된 모습이 부분적으로 보인다

* 29-36점 대체로 참된 교회라고 할 수 있다

대부분의 교회는 중간 점수인 24점에 근접할 것이다. 참된 교회가 되기 위해서 네 속성 중에서 무엇을 시정해야 할지 고민해야 한다.

나눔을 위한 질문

1. 사도성이란 무엇인가? 천주교는 사도성을 어떻게 이해하고 있고, 그동안 개신교에서는 왜 사도성을 제대로 가르치지 않았는가?

2. 사도성에서 강조되지 않았던 부분은 무엇인가?

3. '참된 교회의 기준'을 놓고 내가 섬기는 교회가 좀 더 선교적 교회, 좀 더 건강한 교회가 되기 위해 노력해야 할 부분을 나누어 보라.

변화의 요소들

04. 하나님의 선교를 말하다

싱가포르에서 선교사 훈련을 받을 때의 일이다. 선교회 총책임자가 마침 훈련 센터를 방문 중이어서 질문할 기회가 있었다. 왠지 그런데 엉뚱한 질문을 하게 되었다.

"이렇게 큰 선교 단체에 저 한 사람이 들어오고 나가는 것이 과연 무슨 차이가 있을까요?" 선교지에서 나의 존재감을 나타내고 싶은 생각이 있었던 것 같다. 그분은 나의 의도를 파악했는지, 천천히 답을 했다.

"아마 별 차이는 나지 않을 것입니다." 내가 원하는 답은 아니었지만, 두고두고 곱씹게 했다.

훈련이 끝나고 나는 드디어 선교지인 필리핀에 도착했다. 우선은 새로운 문화와 언어에 적응하려 노력했다. 그리고 파송된 신학교에서 강의를 시작했을 때, 내가 그렇게 대단한 존재가 아니라는 것을 인정했고 다른 사역자들과 비교하려는 마음이 생길 때마다 괴로웠다. 그러던 어느 날 주님은 소중한 것을 깨닫게 하셨다. 진작 선교의 주체가 되시는 분은 나도 아니고 동료 선교사도 아니라 오직 하나님이시라는 것이다. 내가 이 땅에 도착하기 전에 하나님께서는 이미 일하고 계셨고, 또한 내가 이 땅을 떠나도 하나님께서는 계속해서 여기에서 일하실 것이라는 생각이 들었다. 겸손해지지 않을 수 없었다. 얄팍한 영웅심으로 무엇인가를 선교지에서 해낼 수 있다는 생각을 떨쳐버렸고, 조용히 하나님께서 하시는 일에 쓰임 받으면 좋겠다는 생각뿐이었다. 이런 마음가짐은 나의 사역에 커다란 변화를 주었다. 먼저 현지 지도자들을 볼 때마다 이전에는 내가 무엇을 주어야 한다는 관념이 지배적이었는데, 이제는 그들과 협력해서 함께 이루어나가야겠다는 생각이 들었다. 그때 주신 생각은 '선교는 하나님께서 하신다. 나는 단지 하나님의 선교에 작게나마 쓰임 받으면 된다.'는 것이었다.

이 장에서는 하나님의 선교를 다루고자 한다. 이 땅에서 하나님께서 무슨 일을 하시는지, 그리고 하나님의 선교를 감당하는 하나님의 백성은 어떠해야 하는지, 이 두 가지 중요한 개념을 소개하면서 어떻게 서로 연결되는지를 설명하고자 한다. 하나님의 선교를 제대로 아는 것과 하나님의 백성이 어떻게 하나님의 선교에 동참해야 하는지를 반드시 깨닫는 우리의 교회론이 되어야 할 것이다.

1. 하나님의 선교(Missio Dei)

죄로 인해 총체적 난관에 부딪힌 인류를 구하시고 죄로 물든 창조 세계를 구속하시려는 하나님은 교회를 부르시고 세상에 보내시며 이 일에 동참하게 하신다. 여기에서 '하나님의 선교'라는 중요한 개념이 나온다.[1] 이것은 하나님의 본질 자체에서 나오는데 삼위일체 하나님, 즉 보

---

1 하나님의 선교(Missio Dei)라는 개념은 칼 바르트가 1932년 브랜던버그 선교사 대회에서 전통적 선교관을 재조명하면서 급부상했다. 바르트는 교회의 한 사역으로 생각했던 선교를 하나님의 성품에서 시작하는 중요한 개념으로 보았다. 선교의 근거를 교회론이나 구원

내시는 하나님의 속성에서 나온다. 아버지는 아들을 세상 속으로 보내시고, 아버지와 아들은 성령을 보내시고, 성령은 교회를 세상으로 보내심으로 이 사역이 이루어진다. 보내시고, 보냄을 받는 구조다. 그러므로 하나님의 선교라는 개념은 교회론이나 구원론에서 시작되는 것이 아니라 삼위일체 신론에서 시작된다. 하나님의 선교에 동참하는 교회를 선교적 교회(미셔널 처치)라고 부른다.

보내시는 하나님, 선교의 하나님은 성경 전체를 관통하며 나오는 중요한 메시지이다. 성경을 부분적으로만 읽으면 알 수 없다. 오랜 기간 다양한 문화 속에 기록된 성경 66권이지만, 방대한 내용이 결국은 한 방향을 향해 가고 있다는 것이다. 즉 하나님은 타락한 인류와 창조 세계를 구속하시기 위해 열심히 일하고 계신다는 것이다. 성경을 구속적 관점에서 크게 두 파트로 나눌 수 있다. 창세기 1장에서 11장까지는 창조, 타락, 그리고 구속의 섭리를 보여주고, 창세기 12장부터 요한계시록 22장까지는 하나님의 구속 계획이 구체적으로 실천되는 것을 보여준다. 그리고 이 두 파트를 잇는 경첩 같은 부분이 창세기 12장 1-3절에 나오는 아브라함 언약이다. 이 언약을 통해 하나님은 타락한 인류와 창

론에 둘 것이 아니라, 보내시는 삼위일체 하나님의 성품과 행함에 두어야 한다고 주장했다. 이 개념이 1952년 독일 빌링겐 세계 선교대회에서 집중적으로 다루어지면서 보편화되었다. 그 결과 진보 진영에서는 선교를 인간화(humanization)를 위한 복구와 투쟁으로 보고 사회 참여의 중요성을 강조했다. 이에 보수 진영에서는 선교의 목표를 세계 복음화(world evangelization)로 보았고 전도와 교회 개척으로 해석했다. 전자는 선교를 세속화시켰다는 지적을 받고, 후자는 선교를 (복음의 사회적 영역을 무시한) 영혼 구원으로 축소시켰다는 지적을 받는다. 두 진영의 접근 방법 모두가 온전한 복음을 선포하기보다는, 편파적 해석에 치우쳤다. 그래서 복음의 양측을 바로잡고 후 기독교 사회의 선교 패러다임을 제시한 학자로 레슬리 뉴비긴과 데이비드 보쉬를 둘 수 있다. 그들의 저서 중 뉴비긴의 『다원주의 사회에서의 복음』과 보쉬의 『변화하고 있는 선교』는 많은 관심을 받았고, 결과적으로 북미에서 하나님의 선교(미시오 데이)에 중점을 둔 Gospel and Our Culture Network가 결성되었다. 1998년 출간된 데럴 구더(편집)의 『선교적 교회: 북미 교회의 파송을 위한 비전』을 기점으로 선교적 교회 운동이 활발히 진행되었다.

조 세계를 구속하시려는 의도를 분명히 보여주셨다.

먼저 창세기 1장부터 11장까지에는 인간의 원시 역사를 다루며 다섯 가지 중요한 개념을 소개한다. 하나님, 창조, 죄와 타락, 열방, 그리고 구속 계획이다. 성경의 첫 11장이 비록 하나님의 통치를 거부하는 인류는 죄와 반항으로 가득 찬 삶을 살지만, 그럼에도 불구하고 하나님은 인류를 용서하고 다시 회복시키시는 분이라는 것을 보여준다.

* 하나님 - 태초에 계시며 온 우주를 창조하시고 주관하시는 하나님 이시다.
* 창조 - 모든 자연이 창조되고, 그 중심에 인간이 창조되었다.
* 타락 - 하나님의 통치를 거부한 인간은 범죄하여 타락했고, 온 창조 세계가 죄로 인해 오염되고 그 결과는 사망이다.
* 열방 - 하나님을 대적하려고 바벨탑을 쌓았지만, 흩어졌다.
* 구속 계획 - 인간과 창조 세계를 구속하기 위해 아브라함을 부르셨다.

이미 성경의 첫 11장에서 타락한 창조 세계와 인간을 회복하시는 하나님의 구속사를 증거하고 있다. 비록 '사람의 죄악이 세상에 가득하고 그의 마음으로 생각하는 모든 계획이 항상 악할 뿐임'을 보셨지만(창 6:5), 그래도 하나님은 하나님의 선교에 함께 할 사람들을 예비해 두셨다. 대홍수로 인간의 타락을 심판하시기 전, 노아를 부르시고 방주를 만들게 하셔서 보호책을 대비하셨다. 그 이후 계속해서 인간이 하나님을 향해 도전하며 바벨탑을 쌓아 올렸지만, 하나님은 그들을 지면에 흩으셨고(창 11:9) 하나님의 계획 속에 들어 있는 한 사람을 택하셔서 다시 모든 열방을 품을 원대한 계획을 세우셨다. 바로 아브람을 부르신 사건이다. 크리스토퍼 라이트가 말한 대로 창세기 12장 1-3절에 나오는 아브라함과의 언약은 철저히 부패한 인간을 하나님께서는 어떻게 구원하실 것인가?라는 인간의 우주적 질문에 대한 하나님의 우주적 대답이다.[2]

경첩 역할을 하는 창세기 12장 1-3절은 두 명령법 동사가 주를 이루고 있다. '가라'와 '복이 되라'이다. 개역개정판과 영어 NIV 번역에는 미완료 시제인 '복이 될지라'(you will be a blessing)로 되어 있지만, 맛소라 본문에는 명령형으로 되어 있다. 크리스토퍼 라이트의 말을 다시 인용하면 히브리어 문법에서 두 개의 명령형 동사가 나올 때 그 관계를 보아야 한다. 주로 둘째 명령은 첫째 명령의 성취 여부에 따라 결정된다. 즉 '복이 되라'는 '가라'는 명령에 순종할 때 가능하며, 순종할 때 찾을 수 있는 결과이다. 아브라함이 익숙한 환경을 떠나 하나님께서 보여주실 땅으로 가야 하는 이유는 열방의 복이 되고 궁극적으로 열방을 구원하시려는 하나님의 목적 때문이다.

아브라함에게 주시는 두 가지 명령은 아브라함이 지켜야 할 몫이고, 하나님께서 행하실 몫은 아브라함을 향한 하나님의 약속이다.

가라(아브라함의 몫)

너의 고향, 친족, 아버지의 집으로부터 (떠나) 너에게 보여줄 땅에서

---

[2] 크리스토퍼 라이트, 정옥배, 한화룡 역, 『하나님의 선교』(서울: IVP, 2010), 251쪽 이하를 참조할 것.

너를 큰 민족으로 이루고

너에게 복을 주며

너의 이름을 크게 하겠다(하나님의 몫)

복이 되라(아브라함의 몫)

너를 축복하는 자를 축복하고

너를 저주하는 자를 저주하겠다(하나님의 몫)

아브람이 하나님의 명령에 순종해서 부모의 곁을 떠나 지시하는 땅으로 갈 때, 복의 근원이 되는 역사가 일어나게 될 것이며 땅의 모든 족속이 그로 말미암아 복을 받게 된다는 내용이다(창 12:3). 즉 하나님은 아브라함을 통해 열방이 하나님께로 돌아오는 계획을 갖고 있음을 보여주신다. 사도 바울은 열방이 '너로(아브라함) 말미암아 복을 받으리라' 하신 약속의 말씀이 바로 '아브라함에게 전한 복음'이라고까지 표현한다(갈 3:6-9). 아브라함과 바울 사이에 구체적으로 드러난 내용은 물론 예수 그리스도의 오심이다. 이렇게 창세기 12장 1-3절이 커다란 두 섹션을 연결하는 경첩 역할을 하는 것이다.

| 창 1-11 하나님, 창조, 타락, 열방, 구속 계획 | 창 12:1-3 | 창 12-계 22 아브라함, 이스라엘, 메시아, 하나님의 선교 |

이어서, 창세기 12장부터 요한계시록 22장까지는 하나님의 구속 계획이 어떻게 실천되었는지를 보여준다. 하나님은 아브라함을 부르시

고 이삭과 야곱을 통해 이스라엘이라는 나라를 이루고, 이 나라를 통해 열방이 구원을 받는 계획을 갖고 진행하신다. 그러나 이스라엘의 불순종으로 말미암아, 그 계획은 무산되고, 대신 '남은 자'를 중심으로 메시아의 오심을 열망하는 하나님의 백성이 드디어 오심을 기뻐하며 맞이한다(눅 2:25-38). 그리고 메시아를 통해 열방이 주께 돌아오는 역사가 일어난다.

* 아브라함 - 한 개인을 선택하여 그를 통해 하나님의 구속적 계획을 시작하셨다.
* 이스라엘 - 아브라함, 이삭, 야곱을 통해 이스라엘 민족을 이루셨다. 그러나 이스라엘을 통해 열방을 구원하시려는 하나님의 계획은 이스라엘의 불순종으로 이루어지지 않았다.
* 메시아 - 열방을 구속하시기 위해 메시아를 보내셨다.
* 하나님의 백성 - 이스라엘이 아닌 교회가 하나님의 백성으로서 세상에 보냄을 받아 열방과 창조 세계를 구속하도록 하셨다.

창세기 12장 이후, 성경 전체를 관통하는 주요 사건들은 결국 선교의 하나님께서 하나님의 백성을 통해 열방을 돌아오게 하시는 하나님의 선교를 증거하고 있다. 구속사 흐름 속에서 찾아보는 몇 가지 사건을 예로 들어보자.

1) 애굽에서 종살이하는 이스라엘 백성의 신음을 들으시고 방관하시지 않으시는 하나님이시다. "내가 보고 듣고 … 모세를 보내었다."고 말씀하신다(출 3:7-10). 그리고 이어 이스라엘 백성을 애굽에서

인도해 내셨다. 여기서 우리는 우리 삶 속에 개입하시는 구속의 하나님을 만난다.

2) 이스라엘 민족을 하나님의 백성으로 삼으신다. 바로 시내산 언약이다(출 19:5-6). 이스라엘 민족에게 규례를 지키라고 명하시며 그들을 하나님의 소유가 된 백성, 열방의 구원을 위한 제사장 나라로 삼으신다. 그러나 이스라엘의 불순종으로 말미암아 이 말씀은 새로운 하나님의 백성인 교회를 통해 성취된다(벧전 2:9).

3) 성경은 다윗 왕조의 흥왕과 몰락을 기록하고 있다. 우상 숭배의 죄로 예루살렘이 초토화되고 백성은 바벨론으로 끌려간다. 모두 하나님을 배반한 것처럼 보이지만, 하나님은 끝까지 믿음을 지키는 자들을 남겨 두셨다고 했다. '남은 자'들이다(사10:21). 이들은 70년 포로 생활을 마치고 귀환하는 내용을 적고 있다(대하 36:11-23). 이런 와중에서 하나님은 '돌아오는 자'를 기억하고 계시며(사 51:11) 메시아를 통해 이스라엘과 열방을 구원하실 계획을 보여주신다(사 42:6-7).

4) 이스라엘의 적인 니느웨를 회개시키라는 하나님의 명령을 따르지 않고 반대 길로 가던 요나의 이야기가 나온다. 여기서 우리는 니느웨의 회개를 원하시고 이들이 돌아오기를 바라시는 하나님의 선교적 마음이 이를 원치 않는 요나의 불순종과 얼마나 대조적인지를 본다(욘 4).

5) 내 민족만을 위해 드려졌던 아론의 제사장 축복 기도가(민 6:24-25) 이제는 열방을 향한 기도로 변하며 서로 상생해야 함을 강조한다(시 67). 시편 67편의 변화를 보면 "하나님은 우리에게 은혜를 베푸사 복을 주시고 그의 얼굴빛을 우리에게 비추사 주의 도를 땅 위

에, 주의 구원을 모든 나라에게 알리소서."(시 67:1-2) 하며 궁극적으로 우리의 복이 아니라 열방의 구원과 하나님을 향한 열방의 찬양이 가장 중요하다는 것을 강조한다.

6) 장차 오실 메시아는 '고난의 종'이시다. 그는 섬김의 메시아로 오셔서 열방의 빛이 되시고(사 42:1-7), 날카로운 칼같이 말씀하시며(사 49:1-7), 억울하게 고통을 당하시며(사 50:4-9), 열방을 구속하기 위해 죽임을 당하신다(사 53:1-12). 메시아로 오시는 '고난의 종'을 통해 하나님은 구속사 내용을 미리 보여주셨다.

7) 에스겔의 환상 중 성전에서 치유의 생수가 흘러넘쳐 아라바로 흘러 죽은 바다를 살리고 강 좌우에 잎이 시들지 않고 열매가 끊이지 않게 한다(겔 47:7-12). 생명수가 흘러 열방을 치유하는 모습이다(계 22:2).

8) 메시아의 이름을 "예수라 하라 이는 그가 자기 백성을 구원하리라."(마 1:21)고 했지만, 마태복음의 저자 마태는 '자기 백성'이 누구인가를 재조명하며, '자기 백성'은 이스라엘의 혈통을 가진 자가 아니라 하나님 나라의 열매를 맺는 자로 바뀌는 것을 강조한다(마 21:43). 이렇게 함으로써 하나님의 백성이 누구인가에 대한 질문에 유대인과 이방인의 구별보다는 순종과 불순종의 구별을 통해 하나님의 통치의 상속자들이 바로 구원받는 대상이며 이스라엘의 위치를 차지할 '족속'이 된다고 말한다.[3]

9) 제자들에게 사명을 주시며 "너희는 가서 제자 삼으라." "성령이 너희에게 임하시면 땅끝까지 이르러 내 증인이 되리라."(마 28:19-20;

---

[3] 데이비드 보쉬, 김병길, 장훈태 역 『변화하고 있는 선교』(서울: CLC, 2000), 108쪽.

행 1:8) 이 사명은 교회에 주신 전도의 사명이다.

10) 고넬료의 회심과 열방에 문이 열리게 된다(행10). 매우 중요한 사건이다. 또한 유대인 중심의 예루살렘 교회에서 다민족 안디옥 교회로 변화된다(행 13:1-3). 드디어 본격적으로 복음이 열방을 향해 간다.

11) 바울은 최초 선교사로서 예루살렘에서 일루리곤까지 복음을 편만하게 전했다고 고백했다(롬 15:19). 열방을 향한 바울의 전적 헌신을 본다. 그리스도의 죽음과 부활을 증거한 바울이 있고, 그를 인도하신 성령 하나님의 뜨거운 역사가 있다.

12) 마지막 때에 열방이 함께 하나님을 예배하는 장면이다. "각 나라와 족속과 백성과 방언에서…"(계 7:9). 여기 나오는 최종적 그림에는 어린 양의 혼인 잔치에 초대된 풍성한 열방들의 모습이다. 강 좌우에 생명 나무가 있고 '그 나무 잎사귀들은 만국을 치료하기 위하여' 존재한다(계 22:2). 또한 계 21장의 '새 하늘과 새 땅'은 창조 세계의 구속적 회복을 의미한다. 그러므로 하나님은 모든 열방의 구원뿐만 아니라 창조 세계의 구속을 계획하고 계시다.

지금까지 우리는 성경 전체에서 흐르는 핵심 메시지를 보았다. 즉, 하나님은 온 인류를 구원하시고 창조 세계를 회복하시기 위해 일하고 계신다는 것이다. 이것을 우리는 하나님의 선교(Missio Dei)로 이해할 수 있다. '하나님의 선교'란 표현이 너무 추상적으로 이해될까 두렵다. 이것은 반드시 이 세상을 회복시키시려는 하나님의 구속적 의지로 연결되어야 하고, 그 중심에는 예수 그리스도의 십자가가 있음을 분명히 인지해야 한다. 하나님은 하나님의 선교를 감당하시기 위해 피할 수 없는 대가를 치르셨는데, 바로 그리스도의 십자가 희생이다. 왜 불가피한 대가를 치러야 했는지에 대한 이해 또한 필요하다. 십자가 죽음을 통해 무엇을 성취했는지 크리스토퍼 라이트의 해석에 약간의 부연 설명을 붙였다.

* 인간 죄의 죄책을 제거하는 것이다. 오직 십자가 안에서만 죄는 처벌받고, 그리스도의 피 흘리심으로 죄인들은 용서를 받을 수 있다.
* 악의 권세를 격파하는 것이다. 인간을 억압하고 파괴하는 악의 세력을 십자가의 죽음과 부활로 물리치는 것이다.
* 사망을 파괴하는 것이다. 생명의 원수가 되는 죽음 그 자체를 제거한다.
* 유대인과 이방인 간의 증오와 소외의 장벽을 제거하는 것이다. 그리스도의 십자가 아래 모두가 동일한 혜택, 즉 죄 사함의 은총을 입었다. 그래서 십자가는 화해의 장소가 된다.
* 하나님의 모든 피조물을 치유하고 화해시키는 것이다. 하나님의 선교는 우주적이다. 십자가는 장차 이루어질 피조물의 치유를 보증한다.[4]

하나님의 선교(Missio Dei)는 바로 하나님의 구속 사역을 말한다. '구속'(redemption)이란 말은 '구원'(salvation)이란 말과 차이가 있다. 전자는

---

4 크리스토퍼 라이트, 『하나님의 선교』 (2010), 393-398.

'회복하다'라는 의미가 있다. 노예로 팔려 간 사람을 값을 치르고 다시 사서 자유를 회복시켜 줄 때 구속이란 단어를 사용한다. 후자는 '구출하다'라는 의미가 강하다. 풍랑이나 산불의 위험으로부터 구출을 받을 때 '구원하다'라는 단어를 사용한다. 하나님의 선교는 '구원'보다는 '구속'이란 단어가 더 합당하다. 구출의 차원을 지나 우리를 회복시켜주기 때문이다. 죄로 말미암아 무너진 하나님과의 관계를 회복하고, 파괴된 자아상이 회복되고, 더 나아가 인간의 죄로 인해 신음하는 생태계를 다시 회복하는 포괄적인 의미가 들어있기 때문이다.

지금까지 설명한 하나님의 선교를 정리하면 다음과 같다. 하나님은 선교의 하나님이시다. 선교는 보내시는 삼위일체 하나님의 속성에서 나온다. 우리는 성경 전체를 관통하는 메시지를 하나님의 선교, 즉 구속이라는 관점으로 볼 수 있다. 하나님은 하나님의 통치를 거부하는 타락한 인간을 구속하시며, 무너진 창조 세계를 회복하기 위해 일하신다. 이런 원대한 계획을 먼저 아브라함을 통해 보여주셨고, 예수 그리스도의 십자가를 통해 최대의 대가를 치르셨다. 그래서 열방이 돌아와 주를 찬양하며 하나님의 통치 아래로 들어가는 것이 바로 하나님의 선교다. 이제 하나님의 선교에 동참하는 하나님의 백성에 대해 알아보아야 하겠다.

2. 하나님의 백성

하나님께서는 열방을 구속하시기 위해 이스라엘 민족을 부르셨다. 부르심에 대한 내용이 출애굽기 19장 1-6절에 나온다. 애굽에서 종살이하던 이스라엘 백성은 모세의 리더십 아래 애굽을 탈출하면서 하나님의 기적과 능력을 체험했다. 완악한 바로의 마음을 열기 위해 행하신 열 가지 재앙을 보았고, 홍해를 가르며 이스라엘 백성을 안전하게 이동시키시는 하나님의 능력을 체험했다. 이들은 약속의 땅 가나안에 들어가기에 앞서 광야에서 하나님과 언약의 관계에 들어간다. 이제 곧 나라가 탄생할 조짐이다. 나라가 존재하기 위해 필요한 백성, 영토, 그리고 주권이 곧 갖추어질 상황이다. 70명의 식구로 애굽살이를 시작한 야곱의 가족이 어느새 어른과 어린이를 합쳐 2백만 명 정도의 커다란 민족이 되었다. 시내산 아래에서 하나님은 이 민족을 자기 백성으로 삼으시며 분명한 사명을 주신다.

> 세계가 다 내게 속하였나니 너희가 내 말을 잘 듣고 내 언약을 지키면 너희는 모든 민족 중에서 내 소유가 되겠고 너희가 내게 대하여 제사장 나라가 되며 거룩한 백성이 되리라(출 19:5-6).

소위 신학자들이 말하는 시내산 언약이다. 이 언약의 내용을 보면 하나님의 백성이 되기 위한 분명한 조건을 제시하신다. '내 말을 잘 듣고 내 언약을 지키면'이란 표현이다. 이스라엘 민족이 순종하는 백성이 되기를 바라시며, 구체적으로 '내 언약'을 지켜 순종하라고 말씀하신다. 즉 다음 장(출 20장)부터 나오는 십계명을 위시해서 계속해서 주시는 율법을 잘 지키는 백성이 되어야 한다는 것이다. '나 외에 다른 신들을 두지 않고' 오직 하나님만을 예배하는 하나님 사랑과 이웃을 네 몸과 같이 여기는 이웃 사랑을 말한다.

하나님의 명령에 순종할 때 이 백성은 "모든 민족 중에 내 소유가 되리라."고 하셨다. 즉 하나님의 택하심을 받은, 혹은 소유가 된 특별한 위치의 백성이 되며, "너희가 내게 대하여 제사장 나라가 되며 거룩한 백성이 되리라."는 약속의 말씀이 있다. 즉 순종하며 언약대로 산다면 이스라엘 민족은 여러 나라 중에 제사장 나라가 되어 하나님을 경배하며 열방을 하나님께로 인도하는 거룩한 백성이 될 것이라는 말씀이다. 십계명과 율법을 순종할 때 열방을 구속하기 위한 하나님의 소유가 된 백성, 제사장 나라가 된 백성, 거룩한 백성이 될 것이라는 말씀이다.

아쉽게도 이스라엘 민족은 십계명에 나오는 '나 외에 다른 신들을 두지 말며'에서부터 어긋나기 시작했다. 가나안 땅의 바알과 아세라 신을 섬기면서 시내산 언약은 철저히 파기되었다. 더 이상 열방에 도움이 되기 위한 하나님의 소유가 된 백성도 아니고 제사장 나라 백성도 아니고, 오히려 거룩하지 못한 백성으로 바벨론 포로 생활을 가야 했다. 그렇다면 더 이상 하나님의 백성이 존재하지 않는다는 말인가? 베드로는 출 19장 5-6절의 말씀을 소아시아의 그리스도인들을 향해 편지하며 인용한다.

> 그러나 너희는 택하신 족속이요 왕 같은 제사장이요 거룩한 나라요 그의 소유가 된 백성이니 이는 너희를 어두운 데서 불러내어 그의 기이한 빛에 들어가게 하신 이의 아름다운 덕을 선포하게 하려 하심이라 (벧전 2:9).

우선 두 곳을 비교해 보자.

출 19:5-6	벧전 2:9a
	너희는 택하신 족속
모든 민족 중에 내 소유	왕 같은 제사장
제사장 나라	거룩한 나라
거룩한 백성	그의 소유가 된 백성

출애굽기 19장에는 나오지 않지만, 베드로전서에 나오는 내용이 '택하신 족속'이란 수식이다. 그 외에는 출애굽기 19장의 내용과 동일하다. 베드로가 앞부분에 '택하심'이란 단어를 추가한 것이다. 그 이유는 이스라엘 민족의 실패를 재현하고 싶지 않았기 때문이다. 이스라엘 민족이 시내산 언약을 지키지 못하고 하나님의 백성으로서 실패한 원인 중 하나는 '택하심'이란 의미를 제대로 깨닫지 못했기 때문이다. 이스라엘 민족은 자신이야말로 하나님의 택함을 받을 만한 구별된 사람들이라고 생각했던 것이다. 그러나 모세는 그렇지 않음을 분명히 말했다. 하나님께서 이스라엘 백성을 열방 중에서 택하신 이유는 그들의 특별함 때문이 아니라 열방을 향한 여호와 하나님의 신실하심 때문이라고 했다. 즉 조상들에게 하신 맹세를 지키시기 위해서라고 설명했다(신 7:6-11).

조상들에게 하신 맹세는 구체적으로 말해서 "너로 말미암아 모든 민족이 복을 받으리라."는 아브라함과의 약속으로 연결된다. 이스라엘 민족이 선택을 받은 이유는 열방의 복과 연결된다. 즉 택하심은 특권을 부여받는 생활로 이어지는 것이 아니라 사명을 감당하는 삶으로 이어지고, 하나님의 선교에 쓰임 받음으로 이어지는 것이다. 베드로는 이런 차원에서 택하심을 강조하고 있다. 그래서 출애굽기 19장 5-6절에 나오지 않는 "너희는 택하신 족속이요"를 삽입하고 있다. 여기서 뉴비긴은 "택함은 특권이 아니라 섬김이고 사명"이라고 강하게 말한다. 선택의 교리를 잘못 이해하면 마치 다른 사람들과는 차별되는 어떤 특권적 지위나 혜택을 누리게 되었다는 생각을 할 수 있다. 그렇지 않다. 성경에서 말하는 선택이란 하나님의 섭리 가운데 쓰임 받는 것을 말한다. 하나님의 원대한 뜻을 위해 선택받는 것이고, 받는 자의 현재 역량이나 미래 가능성과 전혀 무관하다. 레슬리 뉴비긴은 여기서 우리가 가진 선택의 교리에 대한 잘못된 사상을 지적한다. 사람들은 선택받는다고 말할 때, 선택받은 자는 구원받은 자요 그렇지 못한 자는 멸망한다고 생각한다. 하지만 구약의 이스라엘 백성을 택하실 때 하나님은 자동으로 그 외의 모든 민족을 멸망한다고 말씀하시지 않았다. 이스라엘 민족이 택함을 받은 것은 열방을 향한 하나님의 원대한 계획에 들어가 쓰임을 받기 위해서였다. 그래서 뉴비긴은 기독교인의 정체성을 말할 때 그리스도 예수 안에서 선택을 받는다는 것은 "세상을 향한 그분의 사역에 편입되는 것이요, 온 세상을 향한 하나님의 구원의 목적을 짊어지는 자가 되는 것이며, 만인을 위한 하나님 나라의 표지가 되고 일꾼이 되고 첫 열매가 되는 것을 의미한다."라고 설명한다.[5] 선택은 전적으로 하나님의 은혜이며, 하나님의 섭리다. 오늘날 주님의 몸 된 교회가 다시 이 부분을 재발견해야 한다. 성도가 왜 택하심을 받았는지? 그런 성도가 모인 교회가 왜 지역 사회 속에 존재하는지? 또 그런 교회가 어떻게 열방을 섬길 것인지?

    베드로는 이어서 이스라엘이 받았던 타이틀 '하나님의 백성'이 이제는 교회로 전수되었음을 밝히고 있다. 하나님께서는 출애굽한 이스라

---

5 레슬리 뉴비긴, 『다원주의 사회 속에서의 복음』, 168쪽.

엘 백성에게 명령하셨다. 거룩한 제사장 나라가 되어 열방을 예배하는 자로 인도하라는 것이었다. 그러나 이스라엘 백성은 그 뜻을 제대로 받들지 못했다. 오히려 가나안 신들을 따르는 역행을 했다. 이제 그 사명이 교회로 옮겨진 것이다. 소아시아에 흩어진 교회들을 향하여 '너희는 택하신 족속'이라고 외치고 있다. 그러나 안타깝게도 오늘날 많은 교회가 이 사명을 깨닫지 못하고 있다. 택하심의 교리를 자신의 영적 특권으로 생각하는 오류를 범하고 있는 것이다. 그러나 교회는 분명히 하나님의 백성이다. 하나님의 선교를 위해 부르신 하나님의 백성이다. 본문에서 하나님 백성의 정체성과 사명을 다루고 있다.

3. 하나님의 백성의 정체성(Identity)

너희는 택하신 족속이요	특권을 누리기 위해서가 아니라 열방을 섬기기 위해서
왕 같은 제사장들이요	왕 같은 권세를 가진 천국 시민으로서 제사장의 직분을 감당해야
거룩한 나라요	하나님의 계명을 순종하는 도덕적 성품을 지닌
그의 소유가 된 백성이니	하나님의 직속 관심 속에 하나님의 보호와 인도를 받는 사람들

하나님의 백성이 갖는 정체성에는 네 가지 분명한 요소가 있다고 베드로는 말하고 있다. 택함을 받은 족속, 제사장의 직분, 거룩한 나라, 하나님의 소유된 백성이다.

첫째, 택함을 받은 족속이다. 택하심에 대해서는 충분히 앞에서 언급하였다. 중요한 포인트는 택함을 받았다는 안도감에서 끝나면 안 된다는 것이다. 택함은 끝이 아니라 시작이다. 우리를 택하셔서 이루시고자 하는 일이 있고, 우리를 택하심은 어떤 자격이 갖추어져서가 아니라, 오로지 하나님의 선하신 목적과 섭리 가운데 우리를 사용하시려는 이유 때문이다. 택함의 원형(prototype)은 예수 그리스도이시다. 사람에게는 버림을 받았지만, 하나님의 택함을 받으시고 보배로운 산 돌이 되셨다. '건축자들이 버린 그 돌이 모퉁이의 머릿돌'이 된 것이다(벧전 2:4, 7).

택하심의 교리는 우리를 더욱 겸손하게 만든다. 아무 공로 없는 우리는 오직 하나님의 뜻에 따라 쓰임 받기 위해 택함을 받았다. 그러므로 우리는 하나님 앞에서 부족함을 시인하고 겸손해야 한다. 비록 부족하지만 하나님의 뜻대로 쓰임 받도록 기도해야 한다.

나 주의 도움 받고자 주 예수님께 빕니다
그 구원 허락하시사 날 받아주소서
내 모습 이대로 주 받아 주소서
날 위해 돌아가신 주 날 받아 주소서

내 주님 서신 발 앞에 나 꿇어 엎드렸으니
그 크신 역사 이루게 날 받아 주소서
내 모습 이대로 주 받아 주소서
날 위해 돌아가신 주 날 받아 주소서
(찬송가 214:1, 4절)

왜 부족한 나를 택하셨는가? 결코 다른 사람보다 더 거룩하고 잘나서가 아니다. 왜 우리를 그리스도의 몸된 공동체로 삼으시고 교회로 부르셔서 다시 세상으로 보내실까? 예수 믿지 않는 사람들보다 월등히 더 나아서도 아니다. 오직 하나님의 메시지를 전하며 하나님의 선교에 동참하기 위해서다.

택함의 논리를 깨달았다면, 먼저 우리는 이사야 선지자가 성전 안에서 자신의 추한 모습을 보며 두려워 떨었던 것처럼, 두렵고 떨리는 마음으로 하나님 앞에 나와 '나를 보내소서'라는 믿음의 기도를 드려야 할 것이다(사 6:1-9).

둘째, 왕 같은 제사장이다. 하나님의 백성은 왕 같은 권위를 갖고 제사장의 역할을 감당해야 한다. 구약에서는 철저하게 레위 지파 중에서도 아론 계열만 제사장이 되었는데, 더 이상 지파와 신분의 구별이 없게 되었다. 이스라엘과 열방의 구분도 없다. 그리스도 안에서는 모두 다 한 형제가 되며, 누구나 하나님 앞에 나가 예배드릴 수 있게 되었다. 그래서 베드로는 소아시아에 흩어져 있는 형제자매들에게 편지하면서(주로 이방인들임), 그들을 '왕 같은 제사장'이라고 거리낌 없이 말하고 있다. 유대인이든 이방인이든 상관없이 영적 제사장 직무를 감당하라고 권고한다. 그러므로 하나님의 백성으로서 갖는 제사장 신분은 더 이상 특정 민족이나 지파에 국한된 것이 아니라 그리스도 안에서 부르심을 받은 모든 지체에 해당된다.

더는 성직자와 평신도의 구별도 있을 수 없다. 보배로운 산 돌이신 예수 그리스도가 교회의 초석이 되시며, 모든 성도 역시 "산 돌 같이 신령한 집으로 세워지고 예수 그리스도로 말미암아 하나님이 기쁘게 받으실 신령한 제사를 드릴 거룩한 제사장이 될지니라."고 했다(벧전 2:4-5). 제사장의 직무는 무엇인가? 하나님과 직접 소통하며, 또한 하나님과 인간 사이를 연결하는 사명을 받은 것이 아닌가?(고후 5:18-19)[6] 이제 우리 자신만을 위한 제사를 드리는 제사장이 아니라, 열방을 주께로 인도하여 예배자로 세우도록 부르심을 받은 것이다. 시편 여러 곳에 열방이 하나님을 찬양하는 모습이 기록되어 있다.

- 땅의 모든 끝이 여호와를 기억하고 돌아오며 열방의 모든 족속이 주의 앞에 경배하리니(시 22:27)
- 땅의 열방들아 하나님께 노래하고 주께 찬송할지어다(시 68:32)
- 주여 주의 지으신 모든 열방이 와서 주의 앞에 경배하며 주의 이름에 영화를 돌리리이다(시 86:9)
- 여호와께서 그 구원을 알게 하시며 그 의를 열방의 목전에 명백히 나타내셨도다(시 98:2)

이 일에 우리는 왕 같은 권위를 갖고 성실히 임해야 한다. 제사장은 자신만을 위해 제사드리는 자가 아니다.

그는 다른 사람들의 제사를 돕는 자리에 있다. 마찬가지로 하나님의 백성은 자신이 하나님 앞에 예배자로 나오는 것뿐만 아니라, 주위 사람들 특히 열방들을 예배하는 사람들로 인도해야 한다. 이미 우리는 시편 67편에서 "열방이 주를 찬송케 하소서."라고 기도하는 이스라엘 민족의 변화를 보았다. 바로 이것이다. 우리는 열방을 향한 뜨거운 관심과

---

6 Craig Ott & Stephen Strauss (eds.) *Encountering Theology of Mission*, 2010, 51쪽.

그들을 예배자로 인도하려는 노력을 멈추지 말아야 한다. 열방의 예배가 바로 하나님 백성의 예배가 된다.

셋째, 거룩한 나라다. 하나님의 백성은 거룩한 나라라고 칭함을 받는다. 이스라엘 민족이 하나님의 법을 제대로 지키지 못했을 때 그들은 도덕적으로 타락했다. 그중 가장 중심에 있었던 죄악은 우상 숭배다. 가나안 땅의 잡신들을 섬기며 기복 신앙을 갖고 살아계신 하나님으로부터 멀어졌다. 오늘날 하나님의 백성(교회)이 경계해야 할 제일의 우상은 맘몬이다. 돈이 가장 우선이 되는 세상이다. "돈 없이는 못 산다."는 말이 너무 쉽게 성도의 입에서 나온다. 돈이 다가 아니다. 돈은 우리가 하나님의 영광을 위해 사용하는 도구에 불과하다. 그런데 돈이 중심이 되고 돈이 힘이라고 생각하는 세상이 되었다. 교회 성장, 교회 부흥을 이런 맥락에서 접근하면 우상 숭배와 다를 바 없다. 교회가 세습을 감행하는 배후에 돈의 세력이 없다면 세상이 그렇게 주목하지 않는다. 아니, 산골이나 농촌 어려운 교회에서 세습을 한다면 박수를 칠 것이다. 왜? 사명감이 보이기 때문이다. 그러나 수십억, 수백억의 재력이 있는 곳에서의 세습은 맘몬주의와 결부해서 생각하지 않을 수 없다. 하나님의 백성은 거룩한 나라가 되어야 한다. 하나님의 백성이 거룩한 나라가 되기 위해서는 성품이 변해야 한다. 예수님은 "나는 마음이 온유하고 겸손하니 나의 멍에를 메고 내게 배우라."(마 11:29a)고 말씀하셨다. 선교적 교회 성도들은 먼저 예수님의 성품을 본받아야 한다. 팔복강해에 나오는 심령이 가난한 자, 애통하는 자, 온유한 자, 의에 주리고 목마른 자, 긍휼히 여기는 자, 마음이 청결한 자, 화평하게 하는 자, 의를 위하여 박해를 받는 자가 되어야 한다(마 5:3-10).

하나님의 백성이 거룩해지기 위해서는 산상 수훈(마 5-7장)의 가르침을 깊이 깨닫고 실천해야 한다. 예수님은 이 가르침을 통해 하나님 나라 백성의 참된 모습을 보여주셨고, 우리가 어떤 성품을 갖고 살아야 하는지를 가르쳐 주셨다. 하나님의 백성이 세상을 향해 선한 영향력을 발휘하는 데 필요한 것은 무엇인가? 특별한 구제 활동이나 눈에 띄는 행동보다는 예수님을 따르는 삶의 양식에서 볼 수 있는 구별된 모습일 것이다.

> 세상을 향한 가장 탁월한 선교는 교회 공동체가 행하는 어떤 행위와 활동이 아니라 성품 자체로부터 나오는 구별된 존재 방식 또는 삶의 방식이다.[7]

그러나 너무나 안타까운 것은 최근 코로나19 방역에서 보여준 일부 교회와 선교 단체의 기만과 이기적 행동이다. 자신의 모임을 고집하다가 한국교회 전체의 이미지를 또 다시 추락시켰다. 교회가 세상을 위해 희생하는 모습을 보여주어도 부족한 이 시국에 오히려 교회로 인해 세상이 피해를 보는 모습을 보여줌으로 전도의 길을 더 어렵게 했다. 하나님의 백성은 선한 양심을 가진 거룩한 공동체로 세상의 빛과 소금이 되어야 한다. 주님께서 가르치신 산상 수훈(마 5-7장)의 말씀대로 살려고 노력하는 사람들이 되어야 한다.

마지막으로 '그의 소유가 된 백성'이라고 했다. 여기서 '소유'라는 단어는 출애굽기 19장 6절에서도 나오는 단어다. 히브리어로 '세굴라

---

[7] 최동규, 『미셔널 처치』, 135쪽.

(קְגֻלָּה)'라는 단어다. 재산을 말하는데 집이나 땅처럼 움직이지 못하는 부동산의 개념이 아니라 돈이나 보석처럼 쉽게 이동할 수 있는 동산의 개념을 가지고 있다. 즉 우리는 하나님의 손안에 있는 보석 같은 동산이다. 그래서 하나님의 보호를 기대할 수 있다. 한편 부동산이 아니라 동산이기 때문에 언제나 움직일 준비가 되어 있어야 한다. 가라 하시면 가고 멈추라 하시면 멈추어야 한다. 이는 우리가 홀가분한 삶, 심플 라이프를 살아야 할 것을 말씀하시는 것이다.

4. 하나님의 백성의 사명(Mission)

이는 너희를 어두운 데서 불러내어 그의 기이한 빛에 들어가게 하신 이의 아름다운 덕을 선포하게 하려 하심이라	주요 사역은 하나님의 덕을 선포하는 것! 교회 안에서의 선포는 예배가 되고 교회 밖에서의 선포는 선교가 된다

여기에 하나님 백성의 정체성과 사명이 정확하게 나와 있다. 성도가 반드시 이해하고 마음에 새기고 살아가야 할 내용이다. 특히 사명을 말하는 부분에서는 1) 어두운 데서 불러내셨다는 것과 2) 선포하게 하셨다는 내용이 있다. 어둠 속에 살았던 이전의 삶을 돌아보고 이제는 어둠 속에 살고 있는 자들에게 돌아가 선포하라는 것이다. 세상과 등지거나 타협하며 살아가는 것이 아니라 의미 있는 개입을 통해 세상을 변화시키는 성도의 삶을 말하고 있다.

또한 하나님 백성의 사명을 보면 '왜 선교가 존재하는가?'라는 질문에 존 파이퍼가 답한 대로 "선교가 존재하는 이유는 아직 예배가 존재하지 않기 때문이다."는 의미를 잘 설명하고 있다.[8] 하나님의 아름다운 덕을 경험한 사람들은 그분을 찬양한다. 교회 안에서의 선포다. 그리고 그 찬양의 열기가 넘쳐흘러 담장을 넘어간다. 찬양이 없는 곳에 찬양이 있도록 한다. 교회 밖의 선포는 바로 선교의 열매라고 할 수 있다. 곧 그곳의 찬양이 넘쳐흘러 또 다른 곳의 찬양으로 이어진다. 이렇게 찬양, 선교, 찬양, 선교는 끊임없이 진행되어야 한다.

지금까지 우리는 하나님은 선교의 하나님이시며, 선교는 그분의 속성에서 나온다는 것을 보았다. 하나님의 백성은 하나님의 선교에 동참하기 위해 택하심을 받고 또한 세상으로 보내심을 받았다. 그러므로 하나님의 백성은 세상으로 나가 하나님의 아름다운 덕을 선포하는 귀한 사명을 실천하며 살아갈 때 가장 아름답고 보람된 삶을 살게 된다. 이것이 바로 교회의 정체성이고 사명이다.

---

8 존 파이퍼, 김대영 역, 『열방을 향해 가라』(서울: 좋은씨앗 2004). John Piper, *Let the Nations Be Glad*, Grand Rapids: Baker Books, 1993.

─────── 나눔을 위한 질문

1. 하나님의 선교(Missio Dei)의 의미를 묵상하며 단기 선교를 떠나는 팀이 마음에 두어야 할 것은 무엇인가?

2. 뉴비긴이 한 말 중에서 "택함은 특권이 아니라 섬김이다."에 담겨있는 깊은 의미는 무엇인가?

3. "선교가 존재하는 이유는 아직 예배가 존재하지 않기 때문이다."라는 존 파이퍼의 말을 나의 말로 표현해보자. 선교에 관심이 없는 교회는 예배를 제대로 드리지 못하고 있다고 말할 수 있을까?

05. 하나님 나라의 관점으로 보다

이제 우리는 하나님 나라와 교회의 중요한 관계에 대해 말해야 한다. 놀라울 정도로 예수님은 교회가 아니라 하나님 나라에 대해 집중적으로 가르치셨다. 예수님의 사역은 하나님 나라가 가까이 왔다는 말씀을 선포하심으로 시작했다. 그리고 이어서 하나님 나라는 어떤 모습인지를 이적을 통해 보여주시고 비유로 말씀하셨다. 또한 제자들에게 어떻게 하나님 나라에 들어가는지에 대해 가르치셨다. 이에 비해 오늘날 우리가 중요시하는 교회에 대한 가르침은 거의 전무했다고 볼 수 있다. 정확히 말해서 예수님은 '교회'를 세 번 직접 언급하셨는데, 그것도 마태복음 두 곳에 나오는 것이 전부다. 물론 복음서 이후 사도행전과 바울의 서신, 공동서신, 그리고 요한계시록에서는 교회라는 단어가 자주 언급되지만, 예수님의 생애를 기록한 사복음서에서는 극히 제한적으로 사용되었음을 인정하지 않을 수 없다.

첫 번째 사용은 마태복음 16장에 나온다. 제자들의 신앙 고백을 점검하시면서 베드로의 답에 "내가 반석 위에 내 교회를 세우리니…"(마 16:18)라는 말씀을 하셨다. 사람들이 예수님에 대해 일부는 세례 요한,

엘리야, 혹은 예레미야나 선지자 중 하나라고 했는데, "너희는 나를 누구라 하느냐?"고 베드로에게 물어보셨다. 그때 베드로는 "주는 그리스도이시요 살아계신 하나님의 아들이시나이다."라는 고백을 했고, 주님은 '이 반석 위에' 내 교회를 세우시겠다고 하셨다. '반석'이란 단어가 헬라어로 페트로스이며 베드로를 가리키지만, 주님은 베드로보다는 베드로의 고백 위에 주님의 교회를 세우시겠다는 뜻으로 해석된다. 여기서 주님이 뜻하는 교회는 신앙 공동체를 말한다. 살아계신 하나님을 믿고 그 아들 예수 그리스도를 믿는 공동체다.

두 번째 사용은 마태복음 18장이다. 형제가 죄를 범하고 증인들의 말을 듣지 않을 때, 가해자를 "교회에 말하고 교회의 말도 듣지 않거든 이방인과 세리와 같이 여기라."는 말씀이 나온다(마 18:17). 여기서 '교회'를 헬라어로는 에클레시아라고 한다. 이 단어는 'ek'(밖으로)와 'caleo'(부르다)의 합성어로서 아테네 민회에서 유래되었다. 시민들이 중대한 사안을 놓고 결정할 때 부르심을 받고 나왔다는 데서 유래되었다. 그러므로 여기서 교회는 건물이 아니라 하나님의 백성의 모임을 말한다.

이렇게 두 번 사용된 것 외에 주님은 교회에 대해 직접적으로 가르치신 적이 없다. 대신 하나님의 나라에 대한 가르침은 수도 없이 많다는 것을 우리는 주목해야 한다. 한국교회는 이 부분을 심각하게 놓치고 성도들에게 지나칠 정도로 교회를 가르치고, 올바른 신앙생활은 곧 교회 중심 생활이라고 가르쳤다.

그러나 예수님은 하나님 나라(천국)에 대해 집중적으로 가르치셨다. 주님의 '복음 선포의 주제가 줄곧 하나님 나라였음을 확고히 증언해 준다.[1] 마태복음을 예로 들어보자. 공생애를 시작하시며 "회개하라 천국이 가까이 왔느니라."고 선포하셨고(마 4:17), 천국 복음을 전파하시며 모든 병을 고쳐주셨다(마 4:23, 9:35). 천국 시민의 훈장인 산상 수훈의 중심 부분에서 "너희는 먼저 그의 나라와 그의 의를 구하라."는 말씀을 하셨고(마 6:33), 씨 뿌리는 자의 비유를 통해 천국 말씀을 깨닫고 열매 맺는 것이 무엇인지를 설명하셨다(마 13:23). 계속해서 겨자씨와 누룩의 비유로 천국이 어떻게 드러나는지를 보여주셨고(마 13:33), 천국을 발견한 것을 마치 밭에 감춰진 보화를 찾은 사람처럼 설명하셨다(마 13:44). 포도원의 품꾼들 비유를 통해 일꾼에 대한 천국의 보상은 우리가 생각하는 것과 다름을 보여주셨고(마 20:1-16), 회개하고 진실되게 믿는 세리들과 창녀들이 대제사장들과 장로보다 먼저 하나님의 나라에 들어갈 것이라고 경고하셨다(마 21:31). 천국을 혼인 잔치로 비유하시면서 청한 사람들이 오기를 싫어하자 길에 가서 사람을 만나는 대로 혼인 잔치에 청하여 오라고 하셨다(마 22:9). 천국 복음이 모든 민족에게 증언되기 위하여 온 세상에 전파될 것인데, 그때서야 비로소 세상의 끝이 올 것이라고 말씀하셨다(마 24:14). 열 처녀의 비유와 달란트의 비유, 그리고 양과 염소의 비유를 통해서 천국의 심판이 어떻게 전개될지를 보여 주셨다. 언제나 준비하고 재림 주를 기다릴 것과, 주신 달란트를 최대한 활용할 것, 어려운 자들을 섬길 것을 가르치셨다(마 25:1-46). 이렇게 주님은 하나님 나라의 관점에서 모든 것을 해석하시고 제자들에게 가르치시는 것을 볼 수 있다. 그럼에도 불구하고 우리에게 '하나님 나라'

---

1 양용의, 『하나님 나라: 어떻게 이해할 것인가?』 (서울: 성서유니온 2005). 저자에 의하면 사복음서에서 '하나님 나라' 또는 '하늘나라'라는 표현이 113회 나온다(15-16쪽).

라는 개념이 아직도 생소한 이유는 무엇일까? 왜 하늘나라(천국)이라는 개념을 죽어서 구원받은 영혼들이 가는 일종의 공간으로 이해하고 있을까? 하늘나라라는 개념이 대부분 성도들에게 혼동을 일으키고 있다. 우리는 구약과 신약 성경에서 의도한 하늘나라가 공간적 개념이 아니라 통치적 개념이라는 것을 깊이 깨닫고 시정해야 한다.

1. 하나님 나라를 강조하신 주님

우리는 물어야 한다. 예수님은 교회보다 하나님의 나라(천국)를 집중해서 가르치셨는데, 왜 우리는 하나님의 나라보다 교회에 집중하고 있는가? 그동안 한국교회는 성도들에게 교회 중심적 신앙생활을 하라고 가르쳐왔다. 성수 주일, 십일조 생활, 제직의 본분, 성도의 교제, 구역 생활, 남전도회, 여전도회 활동, 새벽기도회, 철야기도회 등을 잘 수행하며 교회 중심으로 살라고 가르쳤고, 교회 문화가 무엇인지를 성도들이 잘 배워 익히도록 했다. 교회가 든든히 세워진 것은 감사한데, 하나님의 백성으로 각자 맡은 분야에서 어떻게 살아야 할지를 제대로 가르쳤는지, 하나님의 나라가 이 땅에 임한다는 것이 무슨 뜻인지, 주님의 초림과 재림 사이를 어떻게 살아야 할 것인지 등을 제대로 가르쳤는지 물어야 한다.

오늘날 우리는 이백만 이상의 가나안 성도를 걱정하고 있다.[2] 그들을 다시 교회로 돌아오게 할 길은 없을까? 아니, 왜 그들은 교회를 떠났을까? 한국교회의 신뢰도가 심각하게 추락하고, 급기야 이런 위기를 자초한 가장 큰 원인은 한국교회가 성도들에게 하나님 나라에 대해 바로 가

---

[2] '가나안 성도 200만, 어떻게 이해하고 접근할 것인가?' Gospel Today, 2018. 7. 6.

르치지 못했기 때문이라고 생각한다. 80년대와 90년대만 해도 한국교회 목회자들은 교회 성장과 교회 부흥을 생명처럼 부르짖었다. 그런데 문제는 교회 성장에 집중하는 동안 하나님 나라에 대한 가르침은 거의 찾아볼 수 없었고, 오히려 두 가지 오류를 범했다고 말할 수 있다. 첫째는 교회 성장을 하나님 나라의 확장과 동일시했다는 점이고, 둘째는 하나님 나라는 죽어서야 가는 일종의 영적 공간(천당)으로 가르쳤다.

먼저 교회 성장과 하나님 나라의 확장을 직결시키는 것에 대해 말해 보자. 여기서 가정하는 것은 한 영혼이라도 전도해서 예수를 믿게 하면 교회가 성장하고 그만큼 하나님 나라가 확장된다고 믿는 것이다. 그런데 과연 그 말이 맞는가? 열심히 전도해서 마을 곳곳에 교회가 들어섰다고 가정하자. 심지어 중대형 교회가 들어섰다고 하자. 그렇다고 해서 주민들이 하나님 나라를 더 선명하게 볼 수 있을까? 이것에 대한 답은 부흥한 교회가 어떤 모습으로 이웃과 더불어 살아가느냐에 달려 있다. 가정과 교회와 마을이 복음으로 인해 어떤 역동적인 관계 속에서 아름다운 변화를 일으키고 있으며, 이로 인해 하나님의 왕권이 어떻게 존중되느냐에 달려 있다.

시온의 딸아 크게 기뻐할지어다
예루살렘의 딸아 즐거이 부를지어다
보라 네 왕이 네게 임하시나니
그는 공의로우시며 구원을 베푸시며
겸손하여서 나귀를 타시나니
나귀의 작은 것 곧 나귀 새끼니라
내가 에브라임의 병거와 예루살렘의 말을 끊겠고

> 전쟁하는 활도 끊으리니
>
> 그가 이방 사람에게 화평을 전할 것이요
>
> 그의 통치는 바다에서 바다까지 이르고
>
> 유브라데 강에서 땅끝까지 이르리라(슥 9:9-10).

앞으로 오실 메시아의 활동을 예언하는 이 부분에서 무엇이 강조되는지를 살펴보자. 바다에서 바다까지 이르는 메시아의 통치로 인해 공의로운 구원과 더 이상 전쟁이 없는 화평을 말하고 있다. 그렇다면 교회 성장을 통해 이웃과 마을에 전해지는 기쁜 소식은 반드시 하나님과의 관계 회복뿐만 아니라, 이웃과의 회복, 그리고 나가서는 이방 사람과의 화평까지 이루어져야 한다. 교회 성장으로 인해 이런 일들이 일어난다면 하나님 나라를 올바로 선포하고 있다고 볼 수 있다.

그런데 지금까지 진행된 교회 성장을 보자. 교회가 성장하면서 이웃과 소통하고, 이웃을 섬기며, 그리스도의 복음으로 이웃을 변화시켜 하나님의 통치가 더 확연하게 드러나는 결과가 있었는가?라는 질문 앞에서 솔직한 답을 해야 한다. 교회가 성장하면서 물질적 여유가 생기고, 담장을 넘어 이웃을 섬기기보단 물질의 풍요로움을 즐기기 시작했을 때, 세상 사람들의 지탄을 받는 스캔들이 일어나기 시작했다. 아무리 많은 교회가 세워져도, 자신의 생존만을 위해서, 그리고 생존 문제를 해결하고 난 다음에는 자신의 만족을 위해서 노력하는 교회였다면 교회 성장과 하나님 나라의 확장을 직결시키는 것은 매우 위험하다.[3] 감

---

[3] 하나님 나라의 '확장'이란 단어도 사실은 바람직한 표현이 못된다. 성경적으로 엄격히 말해서 하나님 나라는 우리가 담대히 선포하고, 겸손히 받고, 또 은혜로 들어가는 영역이지, 우리의 노력으로 확장하고 발전시키는 것이 아니다.

사하게도 한국교회나 한인 이민교회를 보면 많은 교회가 그동안 하나님께서 주신 복을 여러 민족과 나누어 왔다. 그래서 기독교 역사상 거의 유례를 찾아볼 수 없을 정도로 복음 수혜국이 가장 먼저 복음 전달국이 되었다. 그렇지만, 나는 다시 묻고 싶다. 그동안 우리가 많은 선교를 하면서도 선교를 교세의 확장으로 생각하지는 않았는지? 모든 민족이 하나님의 통치 아래 살아가야 한다는 하나님 나라의 관점이 얼마나 강하게 역사했는지를 물어야 한다.

그뿐만 아니라, 하나님 나라는 죽어서야 가는 곳이라고 잘못 가르쳐 왔다. 그 결과 대부분 성도가 가진 하나님 나라에 대한 이해는 이생이 아니라 내생에 관한 것이다. 즉 내가 '죽어서 가는 곳'을 천국으로 이해하고 있다. 성도의 대화 속에서, 지도자의 공중 기도에서도 잘 들어보면 이런 생각이 너무나도 지배적이라는 것을 알 수 있다. 하나님 나라는 앞으로 갈 곳, 죽어서 드디어 가게 되는 곳이다. 심지어 성도의 입관예배를 '천국 환송 예배'라고 한다. 여기서 '천국'이란 말을 너무 쉽게 쓰고 있지 않은가? 여기에는 찬송가의 오역도 한몫을 했다. 작사자가 생각한 사후의 세계를 엉뚱하게도 '천국' 개념으로 주지시킨 경우가 종종 있다. 찬송가 606장 '해보다 더 밝은 저 천국'을 예로 들어보자.

해보다 더 밝은 저 천국 믿음만 가지고 가겠네
믿는 자 위하여 있을 곳 우리 주 예비해 두셨네
며칠 후 며칠 후 요단강 건너가 만나리
며칠 후 며칠 후 요단강 건너가 만나리

정말, 작사자가 '천국'이란 단어를 사용했을까? 그리고 '천국'이란 단어를 사용했을 때, 마태가 의도한 천국, 즉 하나님 나라를 의도했을까? 여기에 대한 답은 둘 다 '노'(No)다.

> There's a land that is fairer than day, and by faith we can see it afar;
> For the Father waits over the way to prepare us a dwelling place there.
> In the sweet by and by, we shall meet on that beautiful shore;
> In the sweet by and by, we shall meet on that beautiful shore.

이 찬송가의 원문을 직역해 보았다.

> 낮보다 더 밝은 땅이 있네, 믿음으로 우린 멀리 보네
> 거할 곳을 준비하신 아버지께서 우릴 기다리시네
> 그 아름다운 물가에서 우리는 반갑게 만나리
> 그 아름다운 물가에서 우리는 반갑게 만나리

이 찬송은 사후의 세계를 말하고 있음이 분명하다. 그렇지만, 어디에도 '천국'이란 표현은 찾아볼 수 없다. 문제는 '낮보다 밝은 땅'으로 묘사된 그 '땅'을 '천국'으로 번역하면서 오해가 생긴 것이다. 마치 천국은 죽어서 가는 곳으로 이해를 하게 만들었다. 사후에 펼쳐질 세계와 천국을 동일시함으로써 천국은 죽어야만 갈 수 있고, 또 죽어서 가 보아야 그때야 제대로 이해가 되는 곳으로 생각하게 만들었다. 이것은 심각한 오류다!

또 찬송가 610장을 보자.

고생과 수고가 다 지난 후
광명한 천국에 편히 쉴 때
주님을 모시고 나 살리니
영원히 빛나는 영광일세

When all my labours and trials are o'er
and I am safe on that beautiful shore
Just to be near the dear Lord I adore
Will through the ages be glory for me

여기에도 문제가 있다. '광명한 천국'으로 번역된 영어 원문은 'on that beautiful shore'이다. 죽어서 갈 곳을 아름다운 물가(바닷가나 강가)처럼 묘사했다. 그런데 한글 번역은 하나님 나라를 의미하는 천국을 사용하고 있다. 원저자는 전혀 그런 개념을 갖지 않았는데, 이렇게 '천국'을 사용하다 보니 막상 주님께서 가르치셨던 천국(하나님 나라)의 개념은 희석되고, '천국'이란 성도가 죽어서 가는 곳, 영원한 쉼이 있는 곳으로 바뀌었다.

그렇다면 주님은 죽어서 가는 곳을 설명하실 때 어떤 단어를 사용하셨는가? 갈보리 산 위에 주님 옆에 달렸던 강도에게 "오늘 네가 나와 함께 낙원에 있으리라."고 하셨다(눅 23:43). 낙원은 헬라어로 파라다이스이지 천국이 아니다. 만일 죽어서 가는 곳이 천국이었다면 파라다이스라는 단어를 사용하시지 않았을 것이다. 주님께서 '하늘나라' 혹은 '천국'이란 표현을 사용하실 때는 사후의 세계를 염두에 두신 것이 아니라 하나님 나라를 생각하셨던 것이다.[4] 엄연히 낙원과 천국은 구별되었어야 한다. 낙원이야말로 우리가 죽어서 가는 곳이고, 천국은 사후의 세계와 전혀 상관이 없는 하나님 나라를 말하는 것이다. 그런데 안타깝게도 이런 오역으로 인해 성경에 나오는 천국과 죽어서 가는 낙원을 하나로 혼동시켜 버렸다. 그러다 보니 천국은 지금이 아니라 미래에 갈 곳이고, 성도는 지금의 삶보다는 사후의 세계를 준비하는 것이 마땅한 것으로 여겨지게 되었다. 내가 하나님의 임재와 통치를 인정하는 바로 이곳에 천국, 즉 하나님의 나라가 임하고 있다는 사실은 별로 중요하지 않고, 내가 죽어서 낙원에 가는 것이야말로 중요한 신앙인의 질문이 된 것이다. 이런 미흡한 하나님 나라에 대한 가르침으로 말미암아 성도는 교회 중심의 신앙생활을 벗어나지 못하고, 교회 일과 세상 일을 철저히 분리했으며, 세상을 바꾸는 일과는 무관하다는 생각을 갖게 된 것이다.

2. 하나님 나라란?

그렇다면 정확하게 하늘나라, 천국(the Kingdom of Heaven), 하나님 나라(the Kingdom of God)란 무엇인가? 교회와는 어떤 관계인가?

첫째, 하나님 나라는 하나님의 임재, 권위, 통치가 인정되고 실행되는 영역이다. 공간의 개념보다는 통치의 개념으로 이해해야 한다.[5] 죽고 나서 간다고 통상적으로 말하는 '하늘나라'와는 분명히 구별되어야 한다. 하나님 나라는 바로 이곳 여기에, 즉 하나님을 왕으로 인정하고

---

[4] '하늘나라'와 '천국'(天國)은 사실상 같은 헬라어 표현이다. 헬라어로 τῇ βασιλείᾳ τῶν οὐρανῶν, 영어로 the kingdom of heaven이다.

[5] 조지 래드, 박미가 역, 『하나님 나라의 복음』(서로사랑, 2009), *The Gospel of the Kingdom*. (Grand Rapids: Eerdmans), 1959 을 보라.

모시는 사람들이 모인 곳이다. 예수님의 초림으로 시작되었고(막 1:15), 교회의 복음 전파를 통해 더 편만히 선포되어 많은 사람들이 들어오고 있으며(마 13:25-30), 주님의 재림 시 완성된다(마 13:38-43).

도표로 그려보면,

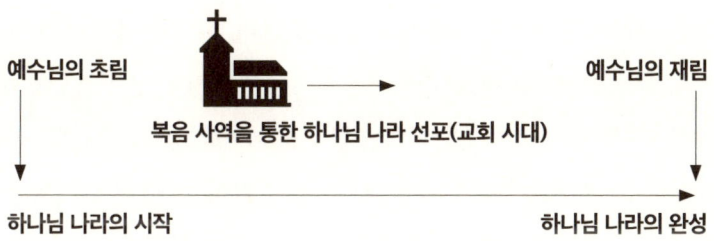

하나님의 나라는 지금, 여기에, 하나님의 주권을 인정하고, 그분의 통치를 받는 곳에 있다.

둘째, 하나님 나라는 회개하고 들어가는 것이다. 하나님 나라가 바로 하나님 통치를 의미한다면 어떻게 우리가 하나님의 통치를 건설하고 확장할 수 있는가? 그것은 마치 우리가 전쟁에 나가서 모든 것을 다 이루고 하나님을 왕으로 모시는 것과 같다. 이것은 옳지 못한 표현이다. 하나님 나라는 우리가 건설하는 것도 아니고 확장하는 것도 아니다. 하나님 나라는(하나님의 통치는) 겸손히 받아들이고 들어가는 것이다.[6] 주님께서는 흑암의 권세 아래 있던 우리를 그리스도의 십자가로 하나님

---

[6] 이 부분에 대해서는 대럴 구더 편저, 『선교적 교회: 북미 교회의 파송을 위한 비전』 4장을 보라.

나라로 옮겨 주셨다(골 1:13). 하나님 나라는 회개하는 자들의 것이다. 그들이 감사함으로 받고 들어간다(막 1:15). 진정한 회개는 반드시 하나님의 주권과 통치를 인정하고 받아들일 때 일어난다. 세상으로 보내심을 받은 성도는(교회는) 회개를 촉구하는 메시지를 전해야 한다. 하나님께서는 세상의 다른 어떤 방법보다, 하나님의 교회를 사용해서 하나님 나라를 선포하신다. 예를 들어, 소비주의 정점에 있는 한 그리스도인은 자신도 모르게 구매에 매료된 삶을 살며, 쇼핑 자체를 삶의 목적으로 살아간다면, 그의 삶 속에서는 하나님의 통치가 전혀 이루어지지 않고 있다. 여기서 진정한 회개는 탐욕을 제어할 영원한 가치를 찾는 것이다. 즉 길이요 진리요 생명 되시는 예수 그리스도를 친밀히 알아가는 것이다. 그러므로 하나님의 통치를 우리는 건설하거나 확장할 수 없다.

셋째, 하나님 나라는 교회의 증거를 통해 선포되고 드러난다. 예수님께서 이 땅에 오셔서 교회를 세우는 목표를 두신 것이 아니라, 하나님 나라를 선포하시는 데 모든 에너지를 쏟으셨다. 예수님의 제자들 역시 하나님 나라를 선포했지 교회를 선포하지 않았다(마 13:44; 행 8:12). 교회의 사명은 하나님 나라를 증거하고 드러내는 것이지, 자신의 존재를 선포하며 양적으로 커지는 데 있지 않다. 교회가 하나님 나라를 올바로 증거할 때, 믿지 않는 영혼이 흑암의 나라에서 하나님 아들의 나라로 옮겨진다(골 1:13). 그러므로 하나님 나라와 교회를 동일시해서는 안 된다.

뉴비긴의 개념을 인용해서 설명하면, 교회는 이 땅에서 '하나님의 구속 은혜를 보여주는 표지(sign), 도구(instrument), 그리고 맛보기

(foretaste)가 되어야 한다.[7] 표지란 구속의 은혜로 인해 하나님 나라가 임하고 있음을 알리는 사인이다. 하나님 나라를 찾는 사람이 멀리서부터 내가 섬기는 교회를 보고 찾아와 '아, 이쪽을 가는 것이 하나님 나라로 가는 길이구나.' 하고 감동을 받을 수 있는 표지 혹은 증표의 역할을 해야 한다. 그러므로 교회는 숨겨진 단체도 아니고 은밀히 활동하는 단체도 아니다. '산 위에 있는 동네'처럼 세상의 빛이 되고(마 5:14), 하나님 나라의 사랑, 평강과 희락을 나누어주는 가이드가 되어야 한다. 도구는 하나님 나라의 임재가 이 땅에 드러나도록 직간접적으로 쓰임 받는 매개체가 되는 것이다. 교회의 개입을 통해 하나님 나라가 소개되고 드러나는 것이다. 마지막으로, 맛보기란 하나님 나라가 과연 어떤 모습이며 어떤 경험일까 의아해하는 사람들이 교회에 와서 그 기쁨을 미리 맛보도록 하는 것이다. '아, 하나님 나라는 이런 곳이 되겠구나.' 하며 소망을 주는 공동체가 되어야 한다.

3. 하나님 나라의 복음

여기까지 우리는 주님께서 선포하신 하나님의 나라에 대해서 자세히 알아보았다. 이제 하나님 나라의 복음에 대해서 알아보자. 복음은 기쁜 소식이다. 예수 그리스도를 구주로 믿고 영접하는 모든 사람을 죄의 형벌에서 구원해 주신 기쁜 소식이다. 그런데 복음은 여기서 그치지 않는다. 아니, 여기서부터 시작이다. 이 복음을 나의 관점만이 아니라, 하나님 나라의 관점에서 생각해 보아야 한다. 이사야 선지자는 '좋은

---

[7] 뉴비긴, 『다원주의 사회에서의 복음』, 428쪽. 또한 하나님 나라와 교회의 관계에 대해서는 202-209쪽을 보라.

소식'(복음)을 "네 하나님이 통치하신다."라고 풀어서 설명한다(사 52:7, 9-10). 복음이 기쁜 소식이 되는 이유는 이 세상을 더 이상 죄 많은 인간이 통치하는 것이 아니라, 공의와 사랑의 하나님께서 통치하시기 때문이라는 것이다.

여기서 우리는 하나님의 복음, 혹은 하나님 나라의 복음에 대해서 생각해 보아야 한다.

> 요한이 잡힌 후 예수께서 갈릴리에 오셔서 하나님의 복음을 전파하여 이르시고 때가 찼고 하나님의 나라가 가까이 왔으니 회개하고 복음을 믿으라 하시더라(막 1:14-15).

하나님의 복음은 하나님 나라의 통치를 인정하는 복된 소식이다. 우리가 구원받고 하나님의 통치 아래 살도록 인도한다. 하나님의 통치 아래에서, 하나님으로부터 멀리 떠났던 영혼의 치유뿐만 아니라, 분열된 이웃과의 화해, 그리고 나가서 파괴된 창조 세계의 회복이 일어난다. 죄의 형벌에서 구원(구출)받음을 시작으로, 만물을 회복시키시는 하나님의 구속 사역 속으로 들어가야 한다. 그래서 구원받은 성도는 이제 구속적 삶을 살며, 모든 관계 속에(하나님과 인간, 인간과 인간, 인간과 창조 세계) 회복을 가져오는 하나님의 선교에 동참해야 한다. 하나님 나라의 복음은 '하나님께서 통치하신다.'는 기쁜 소식이다. 그래서 관점을 바꾸어야 한다. 더 이상 나의 관점에서 나의 구원만을 생각하기보다는 하나님 나라의 관점에서 구속적 삶으로 인도하시는 하나님의 손길을 경험하며 동참해야 한다.

최근 한국교회를 흔들고 있는 이만희의 신천지 사이비 종교를 보면 얼마나 그들의 구원론이 하나님 나라의 복음으로부터 멀어져 있고, 복음을 철저히 개인 전유물로 변질시켜 놓았는지 알 수 있다. 그들은 요한계시록 20장 4절에 나오는 '목 베임'을 당한' 자들이 14만 4천 명 순교자들의 영이라며, 신천지 성도 14만 4천 명의 몸과 합일되면 영생불사체가 된다는 교리를 만들어 미혹하고 있다. 신천지 멤버로 14만 4천 명 안에 들어가면 '보혜사'이자 '이긴 자'인 이만희를 통해서만 하나님 앞으로 인도된다며 절대 복종, 절대 충성을 요구한다.

이런 허황되고 심각한 해석의 오류가 있는 교리를 그대로 믿고 신천지에 빠지는 사람들의 심리를 보면, 무엇인가 인생의 돌파구를 찾다가 신천지가 주는 해답에 푹 빠져들어 가는 모습이다. 지금까지 방황하며 목적 없이 살았던 인생을 한순간 reset 단추를 누르고 취소하고, 신천지가 주는 새로운 기회를 얻는다고 생각하는지. 이들의 목표는 14만 4천 명 안에 들어가는 것이다. 그렇게만 되면 제사장이 되어 영원히 죽지 않고 열방이 가져다 바치는 좋은 것들을 누리며 살 수 있다고 세뇌를 받는다.

이것은 한마디로 극단적 도피주의다. 한참 세상을 바라보며 꿈을 가져야 할 젊은이들이 이런 사이비 집단에 빠진다는 것은 그만큼 저들이 기성 사회에서 온전한 삶의 목적이나 소망을 찾지 못하고 있다는 뜻이다. 가슴 아픈 현실이 아닐 수 없다. 신천지의 성경 해석 중 가장 심각한 것을 고르라면 여러 가지가 있겠지만, 복음을 지극히 이기적인 관점에서 14만 4천의 비밀을 푸는 것으로 국한함으로 성경을 아주 개인적이며 이기적인 문서로 바꾸어 놓았다는 점이다. 복음에 대한 이들의 가르침에는 어느 곳에서도 하나님의 공의와 자비, 죄로 물들어 있는 창조 세계의 회복과 치유에 대한 내용을 전혀 찾아볼 수 없다. 한국일 교수는 복음의 우주성을 강조한다.

> … 복음은 개인으로서의 내가 접촉하기 이전에 전 인류와 피조 세계의 구원과 회복을 향한 내용을 담고 있다는 점을 주목해야 한다. … 복음의 내용은 전 우주적이며 이 세상 전체를 통치하고 다스리는 하나님 나라에 관한 것이다.[8]

성경은 결코 한 개인의 구원만을 다루는 책이 아니다. '너희는 먼저 그 나라와 그 의를 구하라.'(마 6:33)는 원대한 하나님의 뜻을 가르친다. 나의 구원은 하나님의 선교에 동참하기 위한 시작이지 끝이 아니다.

하나님의 복음은 하나님 나라의 통치를 인정하는 복된 소식이다. 복음을 들고 세상으로 가는 성도는(교회는) 하나님 나라의 실재를 삶으로 나타내야 한다. 월요일부터 토요일까지 삶의 현장(market places)에 있는 성도들이 하나님 나라의 실재, 즉 하나님의 통치를 인정하는 삶을 통해 드러나는 모습을 세상에 보여야 한다. 즉 기독교 윤리와 공공생활을 분리할 수 없다. 성도의 삶에서 공적 영성이 나타나야 한다. 선교적 교회는 소수의 정예 멤버를 먼 선교지로 파송하고 지원하는 교회가 아니라, 온 성도를 세상으로 파송해서 그들이 있는 자리에서 하나님 나라를 삶으로 보여주는 교회다.

교회가 하나님 나라의 관점을 상실할 때, 복음의 역동성을 잃고 자신의 생존을 위해 제도권 속으로 갇히고 만다. 마이클 프로스트와 앨런 허쉬가 『새로운 교회가 온다』에서 지적한 대로, 서구 교회는 복음의 역

---

8 한국일, 『선교적 교회의 이론과 실제』(서울: 장로회신학대학교출판부, 2016), 25쪽.

동성을 제도화(institutionalized)와 바꾼 것이다. 간신히 연명은 하고 있지만, 미래가 보이지 않는다는 비관적인 책을 썼다. 그들은 제도화된 교회를 세 가지 모습으로 표현했다.[9]

- 제도화된 교회는 끌어모으는 교회이다(attractional church). 소외되고 변방에 있는 자들을 찾아가기보다는 교회로 오게 해서 교회를 채우는 데 목적을 둔다. 교회가 커질수록 좋고, 방주의 역할을 제대로 한다고 착각한다. 세상은 변화의 대상이 아니라, 죄악으로부터 성도를 구출해야 하는 위험한 곳으로 이해한다.
- 이원론적인 교회다(dualistic church). 교회와 세상을 구분하고 공적 예배가 이루어지는 영역만이 거룩하다고 가르친다. 그 결과 교회 안에서의 활동이 부각되고 세상에서의 활동은 별로 주목받지 못한다.
- 계급적인 교회이며(hierarchical church) 그 리더십은 수직적이다. 성직자와 평신도가 분명히 구별된다. 평신도의 존재는 수동적이며 소극적이다. 사역은 평신도가 하는 것이 아니라 성직자(프로)가 하는 것으로 이해한다. 세상을 섬겨야 할 성도가 오히려 사역의 대상이 되고 영적 소비자로 남는다. 세상으로 나가 세상을 바꾸어야 할 성도의 영성은 너무 무기력하기만 하다.

대부분의 교회가 개척 단계를 넘어 성장과 안정기로 가면 역동성을 잃어버리고 예외 없이 제도화의 길을 걷는다는 것이 안타깝다. 한국교

---

9 마이클 프로스트 & 앨런 허쉬, 지성근 역, 『새로운 교회가 온다』(서울: IVP 2009).

회는 어떨까? 이민교회는? 별 차이 없이 보편적으로 일어나는 현상이다. 늘 교회를 중심으로 신앙생활을 하는 성도는 '세상으로 보냄을 받은' 성도의 삶을 제대로 감당하지 못한다. 물리적으로 시간이나 에너지가 절대적으로 부족하기도 하지만 더 중요한 것은 하나님 나라의 관점을 제대로 갖지 못한다는 것이다. 우리에게 필요한 것은 교회 중심의 생활보다는 하나님 나라 중심의 생활이 되어야 한다. 교회 스케줄에 매인 신앙생활보다는 성령의 인도하심을 받는 신앙생활이 중요하다. 그 가운데에서 바른 균형을 잡고 하나님의 선교에 동참하는 것이다.

그동안 우리는 교회의 관점으로 세상을 바라보는 데 익숙했다. 충성을 말할 때도 먼저 내가 섬기는 교회에 충성해야 함을 배웠다. 내가 몸담은 교회를 충성되게 섬기는 것이 바로 주님을 섬기고 하나님 나라를 섬기는 것으로 생각했다. 반면 '하나님의 나라와 그 의를 구하는 일'은 추상적이고 감동을 주지는 못했다. 그러다 보니 우리의 충성도는 어느덧 한 교회를 향해 너무나도 절대적으로 향해져 있다. 성도의 삶에 있어서 지역 교회가 너무나도 절대적인 위치를 차지한 것이다.

결과적으로 하나님 나라의 관점에서 보려는 의도가 약하다. 일단은 내 교회가 잘되고 보아야 한다. 교회의 결정은 주로 교회에 이익이 되거나 교회의 발전을 위해서 우선적으로 내려진다. 만일 우리가 하나님 나라의 관점에서 세상을 바라보기 시작한다면 이제는 교회의 결정이 자신만을 위한 결정이 아니라, 가정과 마을, 그리고 지역 사회와 하나님 나라를 위한 결정이 될 것이다. 교회가 중요한 결정을 내릴 때, 자신만을 위한 결정이 아니라, 그 마을을 위한 결정, 그리고 나가서는 지역 사회와 나라를 위한 결정으로 생각하기에는 시야가 너무 좁았다. 그러나 이제는 다르다. 우리는 하나님 나라를 올바로 생각해야 한다. 그 나라는 죽어서 가는 곳이 아니라, 지금 바로 우리가 살고 있는 이곳에 존재한다. 하나님의 치리가 인정되고 받아들여지는 영역이 바로 하나님 나라다. 그곳에는 하나님의 공의와 자비가 드러나고, 하나님의 영광을 위해(지교회의 성장만을 위함이 아닌) 고민하는 모습이 역력히 드러날 것이다.

──────── 나눔을 위한 질문

1. 왜 주님은 교회보다 하나님 나라를 더 강조하셨을까?

2. 한국교회는 어떤 면에서 하나님 나라를 잘못 가르쳤는가? 그 결과는?

3. 하나님 나라를 올바로 가르친다면 성도들의 삶 속에서 어떤 변화가 일어날까?

06 . 선교적 교회를 정의하다

얼마 전 대형 교회에서 수천 명의 성도와 함께 주일 예배를 드렸다. 설교자의 메시지는 매우 강력했다. 창세기에 나오는 내용을 현대인의 삶에 잘 적용한 내용이었다. 성경을 깊이 묵상한 결과물이라는 생각이 들었다. 듣는 성도들 역시 설교자의 수준에 맞는 성숙한 모습이었다. 누구 하나 지루함으로 하품을 하거나 스마트 폰을 만지작거리는 사람 없이 설교자와 일심동체가 되어 순간순간 '아멘'으로 화답했다. 예배가 끝나자 그 많은 사람이 물 밀리듯 예배당을 빠져나갔다. 주보에 보니 이런 예배가 두 시간마다 온종일 드려지는 큰 교회였다. 이 교회의 성도들이 월요일부터 토요일까지 각자의 자리에서 믿는 자의 본분을 다하며 세상의 빛과 소금이 된다고 생각하니 마음이 뿌듯했다. 아마도 대부분의 성도는 하나님의 말씀대로 공명정대하게 살아가려고 노력할 것이다. 적어도 이 교회만큼은 그럴 것이라는 생각이 들었다.

그러나 한국교회 전체를 놓고 볼 때, 통계의 현실은 다르다. 2015년 통계청 발표에 의하면 대한민국 기독교 인구는 967만 6천여 명으로 불교를 제치고 1위가 되었다고 한다. 기독교는 전체 인구의 19.7%, 불교는 15.5%, 천주교는 7.9%이다. 10년 전인 2005년 통계에서는 불교가 22.8%, 기독교가 18.2%, 그리고 천주교가 10.8%였는데, 불교와 기독교의 순위가 바뀐 것이다.[1] 기독교인이 20%가 되는 나라인데, 하루가 멀다 하고 부정부패에 관한 뉴스가 끊일 날이 없다. 국민의 20%가 올바로 살려고 노력한다면 사회가 바뀌어야 하는 것이 아닐까? 문제는 구원받은 성도가 세상으로 나가 어떻게 구속적 삶을 살아야 할지 제대로 교육을 받지 못했다는 것이다. 구원의 확신을 갖는 것은 매우 중요한 일이다. 그런데 거기에 머물지 말고, 이제는 내가 살아가는 세상에 하나님의 나라가 도래하도록 증표의 역할을 해야 한다.

1. 구원의 목적

성경은 성도의 구원을 끝이 아니라 시작으로 가르친다. 사도 바울은 에베소서 2장 8-10절에서 구원과 선행의 관계를 이렇게 설명한다.

> 너희는 그 은혜에 의하여 믿음으로 말미암아 구원을 받았으니 이것은 너희에게서 난 것이 아니요 하나님의 선물이라. 행위에서 난 것이 아니니 이는 누구든지 자랑하지 못하게 함이라. 우리는 그가 만드신 바라 그리스도 예수 안에서 선한 일을 위하여 지으심을 받은 자니 이 일은 하나님이 전에 예비하사 우리로 그 가운데서 행하게 하려 하심이라.

줄여보면 '너희는 은혜로 구원받았는데 … 그리스도 예수 안에서 선한 일을 위하여 지으심을 받은 자니 …'라고 했다. 구원과 선행이 연결

---

[1] '기독교, 불교 제치고 한국 최대 종교로 부상' 크리스천투데이, 2016년 12월 19일자.

되어 있다. 선행이 구원을 위한 조건은 아니지만, 구원을 받았다면 선행으로 이어져야 한다는 말이다. 그 일을 위하여 '지으심을 받은 자'라고 했다. 포이에마라는 단어를 사용하고 있는데 걸작품(master piece)이라는 뜻이다. 그리스도 예수 안에서 새롭게 탄생한 걸작품이다. 왜? 계획하신 분명한 목적이 있기 때문이다. 디도서 2장 14절에서도 비슷하게 설명하고 있다.

> 그가 우리를 대신하여 자신을 주심은 모든 불법에서 우리를 속량하시고 우리를 깨끗하게 하사 선한 일을 열심히 하는 자기 백성이 되게 하려 하심이라.

우리를 속량(구속)하신 이유는 우리로 하여금 선한 일을 하는 하나님의 백성이 되기 위해서라고 했다. 개인의 구원에서 끝나는 것이 아니라 반드시 새로운 삶은 선행으로 이어져야 함을 강조하고 있다. 그렇다면 우리가 쉽게 사용하는 전도용 표현을 재고해야 한다.

'오늘 밤 하나님께서 부르시면 천국에 갈 준비가 되었습니까?'
'예수 믿고 천국 가셔야지요?'

이런 표현은 복음을 사유화하고 성도의 삶을 자기중심으로 만든다. 그러나 우리는 하나님의 영광을 위해 존재하지 않는가? 이런 질문에 익숙하다 보면 마치 구원이 최종 목적인 것으로 오해하기 쉽다. 전혀 그렇지 않다. 구원받은 성도는 하나님 나라 관점에서 세상을 바라보며 살아야 한다. 예수님께서 이 땅에 오셔서 교회보다는 하나님 나라를 강조하셨다는 점을 기억해야 한다.

하나님 나라를 계속해서 말하면 우리의 대화는 하나님 중심으로 가기 마련이다. 그러나 구원에 초점을 두고 계속해서 말하고 교회를 구원의 유통 기관으로만 생각하면 사람 중심으로 갈 수밖에 없다. 그래서 우리는 교회보다는 하나님 나라에 초점을 맞추어야 한다. 자칫하면 인본주의 신앙으로 갈 수 있기 때문이다. 특히 이민교회는 정체성이 중요하다. 하나님 나라에 대한 관점을 잃어버리면, 문화적으로 괴리감을 느끼는 주류 사회로부터 쉽게 단절되어 자신만을 위한 친목 단체로 축소될 위험이 있다. 이민교회뿐만 아니라 어떤 교회라도 자기 성장만을 위해 복음을 사유화할 때, 성경적 본분을 지키지 못한다는 것을 기억해야 한다. 소위 말하는 '잘 되는 교회'의 위험은 성공주의다. 성공주의 아래 교인들이 소비자적 마인드를 갖게 되면 교회도 마트처럼 빈익빈 부익부 현상을 경험하게 된다. 대형 마트에 가면 모든 것을 한 번에 해결하는 편리함이 있듯이, 큰 교회가 주는 편리함을 위해 소형 교회의 불편함을 뒤로하는 것이다. 세상을 바꾸는 영적 야성을 가진 성도보다는 소비자 마인드를 가진 종교적 고객으로 안주할 위험이 항상 존재한다.

그러므로 대형 교회는 늘 자신을 경계해야 한다. 큰 교회가 주는 편리함이 세상을 변화시키는 야성을 삼키지 않도록 늘 경계하며, 성도를 각성시켜야 한다. 목회자는 교인 수가 늘어난다고 좋아할 것만이 아니라, 모여드는 성도를 올바로 훈련해서 세상으로 파송해야 하는 사명을 바로 인지해야 한다. 소형 교회 역시 늘 자신을 경계해야 한다. 마치 교회가 어느 정도 숫자를 가져야 주의 일을 할 수 있다는 생각보다는 숫자와 상관없이 주님께서 부르신 사역에 최선을 다하는 모습이 필요하다. 결론적으로는 양적 질적 성장 모두 중요하다. 그런데 더 중요한 것은 분명한 사명감을 가진 주님의 제자를 만드는 것이다. 이를 위해 교회 지도자들은 성경적 교회론에 입각해서 온 성도가 세상으로 보내심을 받았다는 점을 분명히 가르치고 파송해야 한다. 궁극적으로 선교적 교회는 모이는 숫자가 아니라 보내는 숫자로 그 교세를 측정하기 때문이다.

2. 선교적 교회의 정의

선교적 교회를 이해하기 위해서는 먼저 교회와 선교의 관계를 알아야 한다. 그동안 선교적 교회에 대한 많은 언급이 있었음에도 불구하고 일부 목회자들 가운데는 아직도 선교적 교회 운동을 선교의 활성화로 이해하고 있다. 물론 선교적 교회론이 제대로 관철되면 선교의 활성화가 일어나는 것은 사실이다. 그러나 선교적 활성화보다 더 중요한 것은 선교적 교회론이 올바른 뿌리를 내리는 것이다. 선교를 많이 하는 것보다 더 중요한 것은 온 성도가 세상으로 보내심을 받았다는 교회의 사도성을 회복하는 것이다. 그래서 일부 성도가 뜨겁게 선교에 헌신하는 모습보다는 온 성도가 건강한 모습으로 선교적 삶을 사는 것이다.

선교적 교회는 선교를 많이 해서 얻은 이름이 아니다. 또한 앞으로 선교를 많이 하자는 것도 아니다. 일반적으로 선교를 강조하고 선교사 후원을 많이 하는 교회를 일컬어 선교 지향적 교회(mission-minded church)라고 한다. 교회가 선교의 주체가 되어 열심히 선교를 위해 헌신한다. 교회 예산을 세울 때도 매년 선교 예산을 늘리려고 노력한다. 그래서 어떤 교회는 매년 믿음으로 선교 예산을 늘린다. 만일 전년도 선교예산이 전체의 10%라면, 올해는 15%, 내년에는 20%로 올리는 목표를 세운다. 이런 교회는 전형적인 선교 지향적 교회라 할 수 있다. 교회의 여러 부서가 선교를 위해 서로 희생하며 협력한다. 이렇게 열심히 선교를 하는데 왜 선교적 교회가 아닌가? 그 이유는 엄격히 말해서 선교에 큰 비중을 두고 있기는 하지만 선교가 교회의 여러 사역 중의 하나로 인식되기 때문이다. 선교의 주체가 교회라는 인식이 강하면 강할수록, 교회는 선교를 통제하게 된다. 필요에 따라 선교에 들어가는 수고를 늘리거나 줄일 수 있다고 생각한다. 성도들의 시간은 선교를 위해 직접적으로 쓰이기보다 대리적 선교가 되고, 대신 성도들은 교회 담장을 넘기보다 교회 안에서 대부분의 시간을 보내며 봉사한다.

반면, 선교적 교회(missional church)는 선교의 주체가 교회가 아니라 하나님이심을 분명히 한다. 삼위일체 하나님은 교회를 세상으로 보내신다(요 20:21). 그리고 죄로 타락한 이 세상을 구속하기 위해 교회를 보내서서 사용하신다. 교회를 위해 선교가 있는 것이 아니라, 선교를 위해 교회가 있다는 것을 분명히 한다. 만일 선교가 없다면 교회가 존재할 이유가 없는 것이다. 그래서 '선교적 교회'라는 표현 자체가 중복적이고 불필요하다고 여긴다. 왜? 교회는 선교이기 때문이다. 신학자 에밀 브루너의 말처럼 "불이 타오르며 존재하듯, 교회는 선교함으로 존재한다."는 말이다. 그렇다면, 반대로 선교에 대한 관심이 적거나 개념조차 없는 교회는 무엇인가? 이런 교회는 엄격히 말해서 교회라고 볼 수 없다는 뜻이다. 선교 지향적 교회(mission-minded church)의 선교를 대리적 선교라고 본다면, 선교적 교회(missional church)의 선교는 참여적 선교라고 말할 수 있다. 즉 선교적 교회는 헌신된 자를 파송하고 온 성도가 후방에서 기도와 물질로 후원하는 것으로 만족하는 것이 아니라, 온 성도가 세상으로 파송을 받아 선교적 삶을 살도록 훈련하고 돕는 것이다. 선교적 교회는 교회의 모든 일을 선교라는 프리즘을 통해 조명한다. 교회 안에서의 사역으로 그치는 것이 아니라 교회 밖의 사역으로 반드시 연결되도록 한다.

선교적 교회란

**온 성도가
세상으로 보내심을 받아
구속적 삶을 살며
하나님의 선교(Missio Dei)에
동참하는 믿음의 공동체다.**

먼저, **온 성도가** 선교적 삶에 함께하는 교회다. 일부 헌신된 성도만이 아니라 온 성도가 참여하는 교회를 말한다. 온 성도가 건강한 영성을 갖고 이 세상에서 선교적 삶을 살아가도록 인도하는 것이야말로 지도자의 책임 있는 역할이다. 성도 한 사람 한 사람이 복음으로 세상을 섬기는 이타적인 마인드를 갖도록 훈련하여 파송하는 일이다. 교회사에 보면 모라비안 공동체가 그랬다. 모라비안 공동체는 엄청난 숫자의 선교사를 파송했고, 온 성도가 세계 선교를 위해 백 년 이상 끊이지 않는 중보 기도를 했다. 가는 이가 있으면, 보내는 이가 있고, 중보하는 이가 있었는데, 온 성도가 자기 일로 여기고 감당했기에 가능했다. 대부분의 성도가 자신의 종교적 욕구만을 위해 모이는 교회라면 결코 건강한 교회가 아니며 교회 차원에서는 그만큼 할 일이 많은 교회인 것이다.

세상으로 보내심을 받았다는 말은 교회의 사도성을 회복함을 말한다. 성도의 본 사역은 교회 담장 밖에서 이루어진다는 고백이기도 하다. 물론 교회 담장 안에서 우리는 살아계신 하나님을 예배하고 성도의 교제를 나누며 서로를 격려한다. 교회 안에서도 섬기는 일이 많다. 그러나 실전은 담장 밖이다. 예배가 끝나면 성도는 교회 담장을 넘어 세상으로 다시 들어가야 한다. 그곳에서 일하시는 하나님의 선교에 동참하는 것이다. 오늘날 많은 교회가 이 부분에서 약하다. 열심을 품은 성도들은 끊임없는 교회 안에서의 사역으로 대부분의 시간과 에너지를 소비하다 보니 진작 사역을 해야 할 일터와 마을에서는 역부족인 경우가 있다. 이 점을 개선하는 길은 교회의 예배와 모임 횟수를 줄이고, 교회 안에 필요한 사역을 모든 성도가 십시일반 나누어서 하는 것이다. 좀 더 합리적인 접근이 필요하다. 심각히 고려해 보아야 한다.

구속적 삶을 살며란 회복의 삶을 말한다. 하나님의 창조 세계는 인간의 죄로 물들어 있고 타락한 인간은 하나님의 창조 질서를 파괴했다. 그래서 구속적 삶(redemptive life)을 산다는 것은 파괴된 하나님의 창조 세계의 모든 관계를 회복시키는 삶을 사는 것을 말한다. 먼저는 하나님과 인간 사이의 회복, 그리고 인간과 인간 사이의 회복, 마지막으로 인간과 모든 피조물 사이의 회복을 말한다.

구속의 총체적 모델로 이스라엘의 출애굽 사건을 들 수 있다. 하나님의 도우심으로 이스라엘은 정치적, 경제적, 사회적, 영적 등 모든 차원에서 애굽의 속박에서 벗어났다. 그들은 속박 상태에서 벗어난 정도가 아니라, 하나님과 깊은 언약 관계로 들어갔다(출 19:5-6). 그렇게 함으로써 단순히 노예의 삶에서 벗어난 것이 아니라, 하나님의 백성으로서 분명한 목적과 사명을 가지게 되었다. '출애굽은 노예 상태에서 자유로

이동하는 것이 아니라 노예 상태에서 언약으로 이동하는 것이었다.[2]

모든 화해의 중심에는 예수 그리스도가 계시다. 그리스도께서 십자가 선상에서 베푸신 죄 사함의 은총을 올바로 깨닫고 받아들일 때, 진정한 회개가 일어나며 하나님과의 진정한 관계 회복이 일어난다. 하나님께서 우리를 용서해 주셨기 때문에 일곱 번씩 일흔 번이라도 용서하라는 주님의 말씀을 쉽게 간과하지 않는다. 화해와 회복을 놓고 진지하게 고민할 때 비로소 우리는 이 땅에서 구속적 삶을 살기 시작한다. 성경에서 화해와 회복의 삶을 가장 잘 보여준 인물은 요셉이다. 비록 형들이 그를 애굽의 종으로 팔아넘겼지만, 그는 형들을 원망하지 않고 오히려 하나님께서 훗날의 목적을 위해 사용하셨다고 믿었다(창 45:5-8). 그는 형들을 다 용서하고 무너진 관계를 다 회복했다(창 50:19-21). 그래서 우리가 요셉의 삶을 무엇으로 설명할 것인가를 놓고 볼 때 가장 자연스럽게 떠오르는 단어는 화해와 회복의 삶이다. 그러므로 선교적 삶을 살려고 노력하는 성도라면 계속해서 당을 짓고 파를 가르는 일을 중단하고 그리스도 안에서 먼저 용서하고 귀하게 여기는 길을 택해야 한다.

구속적 삶을 산다는 것은 화해를 통한 회복된 삶을 사는 것뿐만 아니라, 환대의 삶을 통해 새로운 관계 속으로 들어가며, 섬김을 통해 복음의 진정성을 나타내는 삶을 말한다.

환대(hospitality)는 조건 없는 대접이다. 많은 문화 속에 이미 환대의 정신이 있다. 객지에서 뜻밖의 정성스러운 대접을 받았다면, 익숙한 환경에서 받은 대접보다 훨씬 더 고맙게 여기게 될 것이다. 구속적 삶을 사는 성도라면 도움이 필요한 사람들(방문자, 난민, 유학생, 실업자, 노숙자

---

2 크리스토퍼 라이트, 『하나님 백성의 선교』, (서울: IVP 2012), 139쪽.

등)을 그리스도의 사랑으로 대하며 환대를 베푸는 것이 마땅하다. 이렇게 조건 없는 그리스도의 사랑을 나눌 때, 하나님께서는 우리를 이 전에 경험해보지 못한 새로운 세계와 관계 속으로 부르신다. 그리고 복음을 전하는 길을 열어주신다. 삶으로 이미 복음의 능력을 보여주었기에 이제는 말로 복음을 선포하게 하신다.

구속적 삶에서 나타나는 또 한 가지는 특징은 섬김이다. 특히 믿음의 식구들을 진심으로 섬길 때 그 안에서 진정한 치유와 회복이 일어나고 복음의 진정성이 더욱 드러난다. 관대한 마음으로 물질을 나누며 세상에서 말하는 소유자의 권리보다 청지기의 마음을 보인다. 섬김은 그리스도를 따르는 공동체의 특징이며 무너진 관계를 회복하는 구속적 삶의 원천이 된다.

하나님의 선교 - 선교의 주체가 되시는 성삼위일체 하나님께서는 이미 세상에서 회복의 일을 하고 계신다. 그러므로 교회가 스스로 일을 찾아 주도하는 것이 아니라, 하나님께서 하시는 일에 겸손히 참여하여 쓰임받는 것이다. 여기에서 강조되는 두 가지 포인트가 있다. 첫째, '무엇보다 선교가 우리의 활동이 아니라는 것이다.'[3] 그렇다. 선교는 교회의 프로그램이 아니다. 개인의 프로젝트도 아니다. 선교는 철저히 하나님의 일이고 그분이 세상에서 일하고 계신다. 둘째, 철저히 '선교는 삼위 하나님의 활동이다.'

성부 하나님은, 사람들이 자신을 인정하든 하지 않든, 그들의 마음과 생각 가운데, 그리고 모든 피조물 가운데 쉬지 않고 일하고 계시며, 은

---

3 뉴비긴, 『다원주의 사회에서의 복음』, 255쪽 이하.

혜로운 손길로 역사를 그 목표점까지 이끌고 계시고, 성자 하나님은 성육신을 통하여 이 피조물의 역사의 일부가 되셨고, 성령 하나님은 종말의 맛보기로서 교회에 능력을 주고 교회를 가르치기 위해, 그리고 세상에 대해 죄와 의와 심판에 관한 잘못된 생각을 깨우치기 위해 친히 오셨다. 그래서 우리의 말과 행위로 하는 선교 사역을 논하기 전에, 무엇보다 먼저 하나님의 사역을 중심으로 생각하는 것이 중요하다.[4]

그러므로 교회는 아들을 이 세상에 보내신 아버지의 마음을 깨닫고, 또 이 땅에서 성육신적으로 사신 아들의 겸손함을 가지고, 성령의 음성을 따라 인도하심대로 순종해야 한다(행 13:1-3). 선교란 교회에 주신 하나님의 명령이라고 생각하는 선교 지향적 교회의 선교관과 선교란 삼위의 하나님께서 직접 행하시는 일이나 사역이라고 생각하는 선교적 교회의 선교관의 근본적인 차이를 도표로 정리하여 비교해 보았다.

	선교 지향적 교회 Mission-minded Church	선교적 교회 Missional Church
선교의 주체	교회 지상 대명령을 수행하기 위해 세상을 향해 가는 교회	삼위일체 하나님 하나님의 선교를 위해 교회를 세상으로 보내시는 하나님
선교 방법	대리적 선교사를 후원 교회가 사역의 장소	참여적 성도의 DNA가 선교 세상이 사역의 장소
선교와 교회의 관계	교회를 위해 선교가 존재함 선교는 교회의 여러 사역 중 하나	선교를 위해 교회가 존재함 선교는 교회의 본질이며 사역 그 자체

---

4 같은 책, 256쪽.

도표를 통해 우리는 교회와 선교의 역학 관계를 분명히 볼 수 있다. 다시 말하지만 선교적 교회 운동은 선교를 더 하자는 말이 아니다. 선교를 더 하고 덜 하는 것은 이차적인 문제다. 선교적 교회 운동의 주요 포인트는 교회의 DNA를 바꾸어 선교가 교회의 본질임을 각인시키는 것이다. 세상으로 보내심을 받은 교회는 이제 예외 없이 모두가 하나님의 선교에 동참해야 한다는 기본적인 패러다임의 전환을 요구한다.

최근 선교적 교회 운동이 정체성을 잃고 혼란 속에 빠져 있는 교회를 구출하기 위한 대안으로 야기되고 있지만, 엄격히 말해서 그보다 더 근본적인 목적과 의도가 있다. 성경적 교회관의 참된 모습을 회복하자는 것이고, 교회가 선교적 교회라는 패러다임을 가질 때 교회는 좀 더 교회다운 모습으로 변할 것이다.

> 아버지께서 나를 보내신 것과 같이 나도 너희를 (세상으로) 보내노라(요 20:21).

이미 언급한 것처럼 '선교적'(missional)이란 단어는 신생어다. 라틴어 missio(보내심)에서 나왔다. 즉, '보내심을 받은' 교회란 뜻이다. 그래서 '선교적 교회'에 담겨 있는 가장 중요한 개념인 '보내심을 받았다'는 교회의 사도성(sent-ness)을 올바로 이해하는 것이다. 사실 '선교적' 혹은 '미셔널'이란 단어를 굳이 사용할 필요는 없다. 어떤 단어를 사용하느냐가 중요한 것이 아니라, 사용되는 그 단어 안에 얼마나 성경적 개념이 분명히 존재하느냐가 중요하다. '미셔널' 같은 일정한 단어를 택해서 그것으로 선교적 교회를 표현한다는 것이 지금은 좋지만, 나중에는 지나간 시대처럼 여겨질 수도 있다. 중요한 것은 단어가 아니라 개념이다.

단어는 형편에 따라 바뀔 수 있겠지만, 성경적 개념을 끝까지 감안한다면 미셔널이나 선교적이란 단어 외에 또 다른 단어를 사용하더라도 크게 문제시 되지는 않을 것이다.

3. 교회와 세상과의 관계

이제 우리는 교회와 세상과의 관계를 유심히 살펴보아야 할 필요가 있다. 그동안 많은 교회가 건강하지 못한 모습을 보인 이유를 알 수 있는 좋은 분석이 될 것이다. 교회가 세상과 갖는 관계는 세 가지 유형이 있다.

1) 세상 속으로 흡수된 무기력한 교회

교회가 세상을 바꾸어야 하는데, 실상은 교회가 전혀 세상을 바꿀 힘이 없는 것을 말한다. 그 이유는 세상의 가치관이 교회 안에서 너무나도 발견되기 때문이다. 교회는 세상과 공존하기 위해 타협이라는 카드를 사용하며 적응한 경우가 된다. 히틀러의 독재와 침략을 옹호했던 독일 교회, 일제 치하에 신사 참배를 종교 의식이 아닌 국가 의식이라며 복종했던 한국교회, 세습이 옳다고 눈을 감는 교회를 말한다. 교회가 복음을 들고 세상의 변화를 주도해야 하는데 세상을 바꾸기보다는 오히려 세상의 가치관에 동화되고 흡수되어 무기력해진 교회를 말한다.

교회를 제도나 조직으로만 보지 말고, 각 성도가 이루는 유기적 공동체로 보면서 생각해야 한다. 예를 들어, 주일 예배를 마친 성도들이 월요일부터 토요일까지 삶의 현장(market place)에서 믿지 않는 사람들과 더불어 살아갈 때 어떤 변화를 주고 있느냐이다. '보물을 하늘에 쌓아두라', '비판하지 말라', '원수를 사랑하라' 등, 마태복음 5-7장에 나오는 예수님의 산상 수훈대로 살면서 세상을 바꾸어가고 있는지? 아니면 세상 사람들과 동일한 가치관을 가지고 정치, 경제, 문화, 교육, 예술 등 모든 영역에서 별 차이 없이 살아간다면, 그들이 모인 교회는 이 세상에서 복음의 효력을 전혀 발휘하지 못하는 무기력한 교회라고 말할 수 있다.

내가 필리핀 선교사로 있을 때 부정부패에 대해 많은 생각을 하게 만드는 일을 경험했다. 그런데 안타까운 것은 개신교 교회 지도자들이 이런 부분에 대해 깊이 각성하며 사회를 바꾸어야겠다는 조짐을 보지 못했다는 것이다. 한번은 운전하는데 교통경찰이 차를 세우라고 지시했다. 아무런 법규를 어긴 것 같지 않아 의아해했는데, 유턴을 잘못했다는 것이다. "아니, 바로 지난주에도 바로 이 자리에서 유턴했는데 무슨 말입니까?" 하고 물었더니 그사이에 교통법이 바뀌었다는 것이다. 일이 안 되려고 했는지, 그 경찰은 바뀐 표시를 공개하는 사인판 앞에 서 있었으니 내가 볼 수 없었던 것이다. 경찰은 나에게 면허증을 보자고 하더니 잠시 후, "성의를 표하라."고 했다. 아니, 무슨 성의를 표시하라는 말인지, 의아해하며 "모르고 했으니 한 번만 봐 달라."고 간청을 했다. 경찰은 다시 "성의를 표할 수 없겠느냐?"고 물었다. 비로소 경찰이 나에게서 뇌물을 요구하고 있다는 것을 알아채곤 그러면 경찰의 뜻대로 하라고 했다. 면허증을 압수하고 대신 딱지를 주었다. 3일 후 이곳 경찰서에 와서 과태료를 내고 찾아가라는 것이었다.

그래서 정확하게 3일 후 나는 집에서 한 시간이 넘는 그 경찰서까지 버스를 타고 갔다. 과태료를 지불하려고 경찰서 문을 열고 들어갔더니 아직 오후 4시도 채 되지 않았는데 오늘 더 이상 업무를 보지 않는다고 했다. 아니 분명히 불이 켜져 있고 내가 들어오기 전에 일을 보고 있었는데 무슨 말인가? 외국인인 것을 안 경찰은 "성의를 표시하라."는 말을 했다. 이번에는 그 뜻을 단번에 알아챘다. 그렇다면 내일 아침 9시에 다시 오겠다고 문을 열고 나갔다. 다시 한 시간 이상 버스를 타고 그 무더운 마닐라 거리를 지나면서 이 나라에 대해 많은 생각을 했다. 개신교도 꽤 많고 대부분 자신을 천주교인이라고 하는데 왜 이렇게 부정부패가 심한지. 결국 나는 그다음 날 다시 경찰서를 찾아갔다. 이제는 다른 이유를 찾지 못했는지 과태료를 받고 순순히 면허증을 돌려주었다.

과태료를 내면서 지프니(소형 버스) 운전기사 몇 명이 모여서 수군거리는 것을 보았다. 무엇인가 심상치 않다는 생각이 들었다. 그중 한 명이 매우 상기된 표정으로 어젯밤 운전면허증을 뺏어간 경찰관에게 언젠가는 보복하겠다는 것이었다. 교통법을 어겼다며 면허증을 뺏고 돈을 요구했는데, 돈이 없어 어젯밤 아내가 어쩔 수 없이 술집에 나가 일을 해야만 했다는 것이다. 외국인인 나만 당하는 것이 아니라, 힘없는 운전기사도 당하고 있었다. 그러면서 나는 왜 필리핀의 수많은 개신교 교회가 부정부패에 대해 체계적인 교육과 캠페인을 벌이지 않는지 의아해했다. 오히려 천주교 신부들 가운데는 이런 사회적 문제를 말하고 정부에 대항하는 경우가 있었는데, 개신교는 거의 전무했다.

따갈로그어에 부정부패와 관련된 부정적인 단어가 여러 개 있다. 그중 루소트(lusot), 라카드(lakad), 라가이(lagay)가 삼총사를 이룬다. 루소트는 구멍이나 갈라진 틈새로 들어간다는 뜻인데 마약을 밀반입하거나 어려운 과정을 불법적으로 통과할 때 사용한다. 라카드는 우리말로 학연, 지연, 혈연 등과 비슷한 개념으로, 문자적으로는 '걷다'라는 뜻이다. 연줄 관계를 잘 이용해서 곤란한 상황을 잘 넘어가는 시도를 표현한 완곡 어구이다. 또 라가이는 일이 잘 풀리도록 뇌물을 주는 행동, 즉 기름

칠하는 돈을 의미한다. 이렇게 필리핀 사회에서 공용되는 단어들을 보면 정상적인 방법보다는 잘못된 방법으로 일을 해결하는 것이 얼마나 만연한지를 보게 한다.[5]

필리핀에서 사역할 때 목회자들의 많은 설교를 들어보았지만, 구체적으로 성도들에게 부정부패에 동참하지 않고 공의롭게 살아가라는 내용의 설교를 하는 목회자를 제대로 만나보지 못했다. 특히 필리핀에서 영향력을 발휘하는 몇몇 대형 교회 예배를 참석해 보았는데, 안타깝게도 대부분의 설교는 개인의 영적 성장에 관한 내용이어서 참 아쉬웠다. 이런 기독교 환경에서 아무리 은혜로운 설교를 들어도 성도가 세상으로 나가 어떻게 세상을 변화시켜야 할지를 모르기 때문에 사회가 변한다는 것을 기대하는 자체가 무리가 아닐 수 없다. 결국 교회는 세상의 가치관으로 흡수되어 세상을 바꾸기에는 무기력한 성도들을 배출하게 된다. 필리핀뿐만 아니라 한국 사회에서도 하루가 멀게 뉴스를 통해 부정부패 소식을 듣는다. 크게는 정경유착이라는 말을 하지만 작게는 일상생활에서 너무나 많은 일이 합법적인 방법보다는 편법이나 불법적인 방법으로 일어나고 있다는 점이다. 돈이든 정보든 가진 자는 더 갖게 되고 없는 자는 더 없게 되는 불공평한 사회를 만들어가는 것이다. 선교적 교회를 심각하게 고려한다면 성도를 교회 안에서만 순응적인 성도가 되도록 훈련하는 것이 아니라, 담장을 넘어 세상으로 나갔을 때 공의로운 사회를 만드는 하나님의 사람으로 만들어야 한다. 그동안 우리가 해왔던 제자 훈련이 개인의 영성을 넘어 공공 영성으로 이어가

---

5 필리핀에서 이런 문제를 기독교 관점에서 다룬 사람은 신학자도 목회자도 아닌 평신도 작가 미란다 펠리시아노이다. Evelyn Miranda-Feliciano, *Filipino Values and Our Christian Faith*. Manila: OMF Literature, 1990.

도록 다루는 주제도 많이 바뀌어야 한다. 그렇지 않고서는 아무리 교회 안에 많은 성도를 만들어도 그 성도가 사는 세상은 불의한 세상이요, 교회는 세상을 바꾸기에 너무도 무기력해질 뿐이다.

2) 세상과 단절한 무관심한 교회

교회사에서 보면 경건을 위해 세상과 단절한 사람들이 있다. 4세기 경 이집트에서 시작한 수도주의가 그렇다. 사막 교부들은 세상의 유혹을 멀리하고 하나님 앞으로 더 나가기 위해 문자 그대로 사막으로 나가 기도에 전력했던 사람들이다. 그들은 주님의 말씀을 문자적으로 받아들였다. 수도주의의 창시자인 성 안토니오는 18세 때 "네가 온전(완전)하고자 할진대 가서 네 소유를 팔아 가난한 자들에게 주라 그리하면 하늘에서 보화가 네게 있으리라 그리고 와서 나를 따르라."(마 19:21)는 말씀을 듣고 무소유의 삶을 선언하고 가난한 자들에게 베푸는 삶을 시작했다. 집 근처 무덤 옆에서 시작된 격리 생활은 빈 성채로 옮겨졌고 그곳에 뜻을 같이하는 사람들이 공동체를 만들자, 그는 사흘 밤낮을 걸어 입산하고 한 동굴에서 홀로 죽을 때까지 독거했다. 수도주의는 그 당시 나일강을 따라 발달했고 팔레스타인과 소아시아로 퍼져서 나갔다. 수도사들은 절제된 음식을 섭취하며, 기도와 노동이란 단순한 삶을 선택했다. 기도를 통해 자신의 허영심과 탐심, 교만이 없는지 늘 성찰하며 '내적 고요'를 위해 무단히도 노력했다. 경건을 추구하는 의지는 대단했지만, 문제는 그들은 세상과 등진 삶을 살았다는 것이다. 세상이 어떻게 돌아가든 무관했다. 세상은 나와 전혀 상관없는 매체로 여기는 정도가 아니라, 세상은 나의 경건을 위협하는 피해야 할 존재로 여기고 격

리 생활을 한 것이다.[6]

성경은 성도가 세상으로부터 격리된 생활을 살라고 가르치지 않는다. 오히려 온 성도가 세상으로 보내심을 받았다고 가르친다. 그런데 일부 교회들은 경건한 삶을 위해 세상과 동떨어져 살아가는 것이다. 이런 교회는 세상에 돌아가는 일에 대해 대체로 비관적이거나 아니면 아예 무관심한 태도를 갖는다. 근본적 성향의 교회일수록 이런 패턴이 심하다. 또한 세대주의적 종말론을 가진 경우, 도피주의에 빠지기 쉽다. 악을 제거하고 선한 세상을 함께 만들어가기보다는, 악한 세상에서 한 영혼이라도 더 건져내는 데 총력을 기울이게 된다. 대환란이 일어날 때 어차피 교회는 '들림'(rapture)를 받게 될 것이니까 세상이 어떻게 변해 가든지 크게 걱정할 필요가 없다는 논리다. 이런 교회는 자연히 복음의 양 축인 영혼 구원과 사회 참여 중에서 영혼 구원만을 택한다. 공의롭지 못한 사회를 바로잡는 것을 하나의 사회적 책임이라고 볼 수는 있겠지만, 그 일을 성경이 가르치는 교회의 사명이라고 보지는 않는다.

교회와 세상은 철저히 분리되어야 한다는 사고의 배후에는 신성한 영역과 세속적인 영역이 따로 존재한다는 이원론적 사고가 한몫을 하고 있다. 하나님은 우리가 거룩한 예배를 드릴 때 임재하신다고 믿는다. 그 자체는 좋은데 문제는 거룩한 예배가 아닌 일상에서는 하나님의 임재를 기대하지 않는다는 것이다. 예배를 드릴 때 우리 곁에서 영광을 받으시는 하나님은 우리가 스마트폰을 보거나 버스를 기다리고 있을 때는 어디에 계실까? 내가 준비한 헌금을 기뻐 받으시는 하나님께서 헌금을 드리기 위해 일터에서 일하는 나의 모습은 기뻐 받지 않으실까?

---

6 물론 수도주의가 나중에는 변천하여 구제와 선행을 베풀면서 세상과 소통하게 된다.

교회에서 헌금을 드릴 때만 하나님의 임재가 있고 그 헌금을 위해 일하는 일터에는 안 계신다는 논리는 있을 수 없다. 그런데 이원론적 사고에는 안타깝게도 하나님의 임재가 신성한 영역에서만 느낀다고 생각하고 그 외의 영역은 상관할 바 아닌 셈이 되는 것이다. 여기서 파생되는 개념은 더 심각하다. 신성한 영역과 세속적인 영역이 있다 보니 신성한 영역에서 드려지는 예배만이 영적으로 가치 있는 것이고, 세속적인 영역에서 일어나는 활동은 신령한 것과 무관하기 때문에 다른 기준이 적용된다고 생각하는 것이다. 즉 하나님이 계신 곳에서는 하나님의 법을, 하나님이 안 계신 곳에서는 그 영역의 법을 따르면 된다는 이상한 논리가 작동한다. 세상은 성도가 부득불 나가서 돈을 벌어 와야 하는 험악한 곳이고, 교회는 성도를 보호하고 지켜주는 안전한 곳이라는 생각에 빠지고, 결국 교회와 세상은 서로 결별해야 할, 소통해서는 안 될 영역이 되는 것이다.

그러면 세상과 분리된 교회는 세상에서 무슨 일을 하는가? 영혼 구원을 위한 전도만이 세상을 향한 교회의 유일한 사명이 될 것이다. 인도주의적인 차원에서 교회가 선한 일을 할 수는 있겠지만, 결국 선한 일도 영혼 구원을 위한 과정이나 수단으로 여기게 되지 그 자체가 교회의 사회적 사명이라고 보지는 않는다. 예를 들어, 세상과 고립된 교회의 성도들이 지구 온난화에 대한 뉴스를 접하면, 지구촌의 일원으로서 함께 걱정하며 국가가 세우는 대책에 협력할 수는 있지만, 환경 문제를 하나님의 창조 섭리와 주권의 관점에서 해석하고 접근하지는 않는다. 결국 교회가 세상으로부터 받는 평가는 '자신을 위해 존재하는 집단'이다. 교회 건물이 더 높게 올라가고 교회는 더 커질지 모르지만, 세상 사람들은 교인들을 향해 '그 교회 사람들'이라고 말한다.

3) 세상으로 보내심을 받은 교회

지금까지 우리는 세상으로 흡수된 교회와 세상과 분리된 교회를 보았다. 세 번째 옵션은 세상으로 보내심을 받은 교회다. 여기에는 먼저 세상으로부터 나왔다는 개념이 존재한다. 세상으로부터 나와 다시 세상으로 들어간다. 여기에는 의도성이 있고 분명한 전략도 있다. 미식축구에서 플레이가 끊어질 때, 쿼터백은 팀원을 소집한다. 허들을 통해 전술을 지시하는 시간이다. 누가 앞으로 뛰어가며 쿼터백의 패스를 받을지, 이전에 연습한 대로 전술을 말하며 포메이션을 결정한다. 모였다가 흩어진다. 바로 그 개념이 선교적 교회에서 말하는 세상으로 보내심을 받은 교회다. 이런 교회는 주일 예배가 매우 중요하다. 마치 쿼터백이 허들을 소집하는 것과 같다. 주일 예배를 통해 새로운 힘을 얻는다. 말씀으로 무장하고 성도의 교제로 위로를 받으며 세상으로 나갈 준비를 한다. 월요일부터 토요일까지는 세워주신 자리에서 하나님의 백성으로서 증인 된 삶을 살아간다. 믿지 않는 사람들 사이에서 하나님의 주권을 인정하는 삶이 무엇인지를 보여주려고 노력한다.

이런 삶에는 분명한 움직임(movement)이 있다. 그리스도를 향한 내적 움직임과 세상을 향한 외적 움직임이다. 성도는 하나님의 은혜로 어두움에서 나와 밝은 빛으로 들어갔다. 이제 성도는 다시 그 빛을 가지고 어두움 속으로 들어가야 한다. 의도적인 침투이자 개입이다. 선교적 교회는 이런 성도들을 훈련하고 무장시킨다. 복음으로 세상을 변화시키도록 돕는다. 이런 교회는 세상과의 단절을 원하지 않는다. 단절보다는 소통을 위해 노력한다. 이를 위해 세상을 더 공부하고 이해하려 한다. 궁극적으로 세상 사람들이 살아가는 목적을 이해하고, 세상 사람들의 가치관을 파악해서 그리스도의 복음으로 그것을 바꾸고 채워주는 것이다.

세상으로 보냄을 받은 교회는 사명감이 무엇인지 이해한다. 교회가 존재하는 이유는 자신의 안정과 평안함을 위해서가 아니라 사명을 감당하기 위해서다. 로잔 언약(1974)은 이 부분을 잘 설명하고 있다.

> 하나님 아버지가 그리스도를 세상에 보내신 것같이, 그리스도 역시 그의 구속받은 백성을 세상으로 보내신다는 것을 우리는 믿는다. 이 소명은 그리스도가 하신 것같이 세상 깊숙이 파고드는 희생적인 침투를 요구한다. 우리는 우리 교회의 울타리를 헐고 비그리스도인 사회에 스며 들어가야 한다. 교회가 희생적으로 해야 할 일 중에서 전도가 최우선이다. 세계 복음화는 온 교회가 온전한 복음을 온 세계에 전파할 것을 요구한다. 교회는 하나님의 우주적인 목적의 바로 중심에 서 있으며, 복음을 전파할 목적으로 하나님이 지정하신 수단이다(제6항 상반부).

여기서 우리는 그리스도께서 교회를 세상으로 보내신다는 것과, 그 보내심에 응하기 위해서는 희생적 침투를 단행해야 한다는 것을 확인한다. 복음을 들고 세상으로 의도적인 개입을 하려면, 먼저 교회가 비장한 각오를 하고 교회 울타리를 헐고 세상으로 깊이 침투해 들어갈 각오를 해야 하며, 이 일을 위해서 십자가의 흔적을 스스로 져야 한다.

- 이런 교회는 복음적(evangelistic)이면서 동시에 상황적(contextual)이다. 즉 복음의 본질을 항상 지키면서, 상황적 이슈를 상세히 파악하며 복음으로 세상을 바꾸려고 노력하는 교회다.

- 이런 교회의 성도는 복음과 상황에 대한 깊은 이해가 있다.
- 이런 교회의 성도는 세상에 있지만, 세상에 속하지 않는다(in the world but not of the world).

과연 오늘날 얼마나 많은 교회가 이런 관점을 가지고 있을까? 얼마나 많은 교회가 교인을 무장시켜 의도적으로 세상으로 파송하는가? 안타까운 것은 우리 주위에 존재하는 신천지나 하나님의 교회(안상홍) 같은 이단들은 이미 그들의 믿음과 방법으로 이런 일을 하고 있다는 것이다. 얼마 전 지하철 앞에서 한 여자 성도가 나에게 말을 걸어왔다.

하나님 어머니에 대해 들어보셨어요?
저와 함께 이야기를 나누어 보실래요?

여자가 모르는 남자에게 서슴없이 다가와서 말을 거는 것도 이례적이지만, '하나님 어머니'라는 생소한 주제를 나름대로 소화해서 자신 있게 대화(논쟁)하자는 것은 대단한 일이다. 배후에는 필연 오랜 시간의 훈련이 있었을 것이고, 나름대로 분명한 '파송' 절차가 있었을 것이다. 이단은 이렇게 거짓된 내용을 가지고도 의미 있게 세상으로 침투해서 자기들의 영역을 확장해 나가고 있다.

세상으로 보냄을 받은 교회의 성도들은 자신의 정체성을 분명히 알고 있다. 왜 교회가 존재하는지, 그리고 그 교회 안에서 나의 역할이 무엇인지를 분명히 알고 있다. 교회를 나의 종교적 필요를 채워주는 곳으로 여기거나, 자신을 종교적 소비자로 보지 않는다. 그러면 그들에게 있어서 교회란 무엇인가? 교회는 편안하고 안전한 곳이라기보다는 사명감으로 불타는 곳이다. 세상으로 보냄을 받은 성도들이 모여 서로 격려하며 위로하고, 또다시 힘을 얻어 세상으로 출발하는 곳이다. 물론 여기서 나는 독자의 이해를 돕기 위해 '곳'이라는 장소의 개념을 사용하였지만, 엄격히 말하면 '곳'이 아니라 모임이고 사람들이다.

그동안 나는 선교적 교회의 이론을 많이 배웠지만, 실제로 그렇게 이행하고 있는 교회들을 많이 보지 못했다. 2004년 토론토영락교회에 부임할 때 이론을 반드시 실천해야 한다는 사명감으로 불타 있었다. 그리고 16년이 지났다. 우리 교회가 어떤 길을 걸었는지는 앞으로 더 설명하겠지만, 한 가지 분명한 것이 있다. 아무리 좋은 이론이라고 해도 실천이 없으면 아무런 소용이 없다. 벤치마킹을 할 만한 좋은 모델 교회를 찾지는 못했지만, 간헐적으로 커다란 감동을 주는 교회들을 만나게 되었다. 그중 하나가 워싱턴 DC에 위치한 세이비어 교회다. 나는 그 교회를 세 번 방문하며 궁금한 부분을 물었다. 1947년 고든 코스비 목사와 아내 메리, 그리고 처제와 함께 시작한 이 공동체가 애덤스 모르건(Adams Morgan)이라는 낙후된 지역을 그리스도의 사랑으로 변화시켰다. 노숙자, 마약중독자, 미혼모, 에이즈 환자, 저소득자 등등 온갖 도움이 필요한 사람들에게 정말 귀한 해결책을 제공했다. 이 교회에서 배운 것 중에 한 가지 특별한 것은 교회 멤버들에게 요구하는 사항이다. 이 교회 멤버가 되기 위해서는 반드시 세상으로 나가 믿지 않는 사람들을 섬겨야 하는 조항이다. 물론 그 외에도 하루 한 시간 하나님과 함께하는 말씀과 기도, 십일조, 교육 과정 등등이 있지만, 나의 시선을 끈 것은 반드시 교회 밖의 사역을 해야 한다는 것이었다. 정말 신선한 충격이 아닐 수 없다. 코스비 목사는 이 교회를 60년 넘게 목회하면서, 선교적 교회(미셔널 처치)라는 단어가 태어나기도 전에 철저하게 선교적 교회를 섬긴 것이다. 그는 모든 성도가 세상으로 보내심을 받았다는 교회의 사도성을 인지했고 그대로 실천한 것이다.[7]

교회와 세상과의 관계를 정리해 보면, 세 가지 관계가 존재 가능하다. 첫째는 세상으로 흡수된 교회다. 세상의 가치관에 성도들이 완전히 녹아져서 세상을 변화시킬 힘이 없는 교회를 말한다. 둘째는 세상과 분리된 교회다. 세상과 타협하지 않은 나름의 경건을 유지할지는 모르지만, 세상과는 상관없는 길을 걷기에 세상을 바꾸지는 못한다. 아니, 세상일에는 너무나 무관심한 교회다. 셋째는 세상으로 보내심을 받은 교회다. 의미 있는 개입을 통해 복음으로 세상을 변화시키려는 꿈을 가진 성도들이 모인 신앙 공동체를 말하고, 우리가 나가야 할 방향을 보여주는 바람직한 교회다.

우리가 지향하는 교회는 세상과 소통하고 세상을 섬기며 예수 그리스도의 복음으로 세상을 변화시키는 선교적 교회다. 온 성도가 세상으로 보냄을 받았다는 확신 아래 세상 속으로 의미 있게 들어가 하나님의 통치를 삶으로 보여주는 교회가 되어야 한다. 이제 우리는 선교적 교회의 실제, 즉 선교적 교회를 이루는 주요 요소가 무엇인지, 그리고 그런 요소들이 모여서 어떤 선교적 교회의 특징을 만들어내는지를 보아야 하겠다.

---

7 유성준, 『미국을 움직이는 작은 공동체 세이비어 교회』 (서울: 평단, 2005)를 보라.

──────── 나눔을 위한 질문

1. 선교적 교회와 선교를 많이 하는 교회의 다른 점을 설명해 보라.

2. 교회와 세상의 관계를 세 가지로 설명했다. 내가 섬기는 교회는 지금 어떤 모델에 가까운가?

3. 세상과 좀 더 소통하기 위해 지역 교회가 할 수 있는 일은 무엇인가?

07. 선교적 교회의 요소를 말하다

그렇다면 우리가 지향하는 선교적 교회의 모습은 어떠해야 할까? 이 장의 전반부에서는 선교적 교회가 되기 위해 필요한 다섯 가지 요소에 대해서 알아보기로 한다. 이 요소들이 아름다운 시너지를 일으키며 선교적 교회를 성장시켜 나갈 때, 주님의 교회는 이 땅에서 하나님 나라의 표지, 맛보기, 그리고 도구가 될 것이며, 소망 없는 사람들에게 그리스도의 참 소망을 줄 수 있을 것이다.

다섯 가지 요소는 1) 성령의 인도하심 2) 선교적 리더십 3) 세상을 섬기는 건강도 4) 온전한 (축소되지 않은) 복음, 그리고 5) 사역자를 세우는 제자화 과정이다. 이 다섯 가지가 골고루 역사할 때 선교적 교회로서 출범할 수 있다고 본다. 후반부에서는 다섯 가지 요소가 녹아진 선교적 교회와 그런 교회를 이루는 성도들의 삶에서 찾아볼 수 있는 속성에 대해 다룰 것이다.

선교적 교회의 다섯 가지 요소

1. 성령의 인도하심

교회를 선교적 공동체가 되도록 만들고 지속하게 하는 분은 성령 하나님이시다.[1] 마가의 다락방에서 약속하신 성령을 기다리며 열심히 기도했던 예수님의 제자들이 드디어 성령의 임재를 체험하는 순간(행 2:1 이하), 교회가 시작되었다고 말할 수 있다. 그리고 사도행전 전체를 놓고 볼 때, 교회가 새로운 상황을 맞을 때마다 교회를 지속적으로 인도하신 분은 성령 하나님이셨다. 성령께서 예루살렘의 초대 교회를 시작하셨고(행 2:4, 38), 복음을 증거하던 제자들이 환란과 핍박을 받을 때 저들과 함께하셨고(행 4:31; 5:3; 6:10; 7:55), 다메섹상에서 회심한 사울에게 임하셨고(행 9:17), 이방인 고넬료를 받으라고 보여주신 베드로의 환상 중에 함께하셨으며(행 10:19, 44; 11:12, 15), 이방인들 사이에 최초로 세워진 안디옥 교회와 함께하셨고(행 11:24, 28; 13:1-3, 4), 이방인들의 영입을 위해 할례를 강요할 것인가를 놓고 고심할 때 예루살렘 회의에 참여

---

[1] 데럴 구더 편저, 『선교적 교회: 북미 교회의 파송을 위한 비전』, 216쪽.

한 제자들에게 임하셨고(행 15:28), 바울이 소아시아에서 마게도니아 지방으로 선교 방향을 바꾸는 데 결정적인 역할을 하셨으며(행 16:6-7), 바울이 예루살렘에서 담대히 하나님의 말씀을 증거하도록 인도하셨으며(행 20:23; 21:4,11), 바울이 로마로 압송되어 갈 때도 험한 풍랑 중에 하나님의 사자를 보내 함께하셨고(행 27:23-24), 로마에 머무를 때도 담대히 하나님 나라를 전파하도록 인도하셨다(행 28:25, 30-31). 이 모든 과정과 배후에 성령 하나님께서 전적으로 주관하셨다는 것을 기억해야 한다.

선교적 교회로의 전환을 원하는 교회라면 당연히 성령의 인도하심을 구해야 할 것이다. 안디옥 교회를 보자. 성도들이 금식하며 기도할 때 바나바와 사울을 파송하라는 성령의 음성을 들었고, 이에 온 교회가 다시 금식하고 기도하며 두 사람을 안수하여 파송했다(행 13:2-3). 안디옥 교회는 우리에게 좋은 샘플이 된다. 그 교회 성도들은 이미 금식과 기도에 익숙했기 때문에 기도 중에 성령의 음성을 분별하는 성숙한 영성을 가지고 있었다. 안디옥 교회 성도들은 바울과 바나바를 더 이상 의존하지 말고 세계 선교를 위해 그들을 파송하라는 성령의 음성을 듣고 즉시 순종했다. 그들을 1년 이상 가르쳤던 기둥 같은 지도자 둘을 파송한다는 것은 두렵고 떨리는 결정이었지만, 교회는 기꺼이 순종하며 나갔다. 이런 면에서 안디옥 교회는 참으로 성숙한 교회였다.

오늘날 우리가 선교적 교회를 향해서 나아갈 각오가 되어 있다면, 전적으로 성령 하나님의 인도하심을 구해야 한다. 선교적 교회로 가는 길의 성도라면 성령 안에서 기도하기를 힘써야 하며(엡 6:18; 유 1:20), 성령께서 거룩한 부담을 주실 때, 기꺼이 그 음성을 따라 순종하며 나가야 한다. 부활하신 주님께서 제자들에게 "평강이 있을지어다."라고 말쏨하신 후, "그들을 향하사 숨을 내쉬며 이르시되 성령을 받으라."고 하신 것처럼(요 20:21-22), 선교적 교회는 성령의 역사를 믿고 담대히 나가면 된다.

그러므로 선교적 교회를 이루는 첫 번째 요소는 당연히 성령의 인도하심이다. 선교적 교회로 가기를 희망하는 믿음 공동체라면 먼저 성령께서 그 공동체의 앞길을 전적으로 주도하신다는 확신을 가져야 하며, 성령의 인도하심에 민감해야 한다. 이것은 공동체가 함께 기도하며 성령의 음성을 듣는 준비가 되어 있어야 하며, 한 개인의 주장이나 소수의 목소리가 커서는 안 된다는 말이기도 하다. 인간의 결정이 최종적으로 될 수 없음을 의미한다. 우리가 때론 기도할 바를 알지 못하고 방황할 때가 있다. 그때 성령께서는 공동체를 위해 중보하심으로(롬 8:26), 필요에 따라 적절한 일꾼과 은사를 보내 주신다. 그래서 우리는 성령의 역사를 기대할 수 있다(고전 12:4-11).

성령의 인도하심을 인정하는 선교적 공동체는 당연히 성령의 지배 아래 살아간다. '평안의 매는 줄로 성령이 하나 되게 하신 것을 힘써 지키며'(엡 4:3), '사랑 안에서 참된 것'을 행한다(엡 4:15). '성령으로 살며 또한 성령으로 행하며, 성령을 위하여 심고 성령으로부터 영생을 거둔다'(갈 5:25; 6:8). 이런 공동체는 성령의 역사에 대한 이해가 갈수록 더 선명해진다.

> 성령은 '사랑으로 역사하는 믿음'(갈 5:6)의 공동체를 가르치고, 유지시키며, 안내하는 하나님의 생명을 주는 존재이다.[2]

---

2 구더, 『선교적 교회』, 223쪽.

성령의 인도하심을 받는 공동체는 하나님의 통치 아래 거하는 기쁨과 자유를 누리며 다시 오실 예수님을 준비하는 종말론적 공동체로서 생명을 주는 존재로 거듭나게 된다.

2. 선교적 리더십

성령의 인도하심에 순응할 합당한 리더십이 필요하다. 그 리더십은 철저하게 선교적 리더십이 되어야 한다. 이런 교회를 꿈꾸는 리더라면 왜 선교적 교회가 필요한지, 전통적 교회의 한계가 무엇인지, 그리고 앞으로 선교적 교회가 되기 위해 어떤 희생과 노력이 필요한지를 생각해야 한다. 확고한 의지와 결단 없이 쉽게 뛰어들 만한 것이 못되기 때문이다. 선교적 리더십에서 필요한 것은 제도적 교회가 가지고 있는 한계성을 잘 파악하는 것이다. 특히 변화에 빠르게 대처하지 못하는 제도권 교회의 한계성을 인내로 감당하며 회중을 이끌 지도력이 필요하다.

전통적 교회에서 선교적 교회로 전환한다는 것은 변화를 요구하는 발상이다. 그래서 변화가 무엇인지, 변화를 어떻게 주도하는지를 많이 생각해야 한다. 자신도 변화에 적응해야 하지만 회중이 잘 적응하도록 도와야 하기 때문이다. 변화를 주도하는 과정에서 두려워하지 말아야 한다. 다만 무의미하거나 불필요한 변화를 최대한 줄이고, 그 힘과 자원을 꼭 필요한 본질의 변화에 써야 한다. 변화가 요구되는 것이 본질적인 것(the essentials)인지 아니면 비본질적인 것(the non-essentials)의 차이를 분명히 알아야 한다. 성령께서 주시는 지혜로 무엇이 본질인지, 또 본질이 아닌지를 잘 분별하여 공동체가 한마음 한뜻으로 맡겨진 사명에 충실할 수 있도록 도와야 한다. 선교적 교회로 나가는 과정에서 의견이 서로 맞지 않을 수 있다. 본질적인 부분과 비본질적인 부분의 차이를 가늠하기 위해 사용하는 질문이 있다.

이 일이 얼마나 소중한가? 생명을 걸 만한 것인가?
나의 (목회) 생명을 걸고서라도 반드시 이 일을 해야 하는가?

온 성도가 선교적 교회에 대해 제대로 배우고 깨닫기까지는 많은 인내와 시간이 필요하다. 오랜 기간 동안 의도적인 교육과 훈련을 통해 선교적 교회가 무엇인가를 가르치는 선교적 리더십이 필요하다.

온 성도가 선교적 교회를 이해하기까지는 많은 인내와 가르침이 필요하다. 그 몫은 역시 리더십에 달려 있다. 알란 록스버그는 북미 사회에서 선교적 공동체를 세우는 리더십에 대해 이렇게 설명한다.

> 이러한 리더십은 성경적으로, 신학적으로 빈틈이 없을 것이며, 북미 사회를 만들고 있는 변화들을 이해하는 데 능숙하고, 하나님의 사람들을 선교적 공동체로 이끄는 일에 있어서 용기와 인내를 소유한 재능을 가진 리더십일 것이다. 우리의 현장과 시간은 선교적 교회로의 회복의 길을 보여주면서, 최전선에서부터 이끄는 리더를 요구한다.[3]

동감하는 내용이다. 중요한 것은 선교적 리더십이다. 선교적 교회로의 전환을 위한 목회자의 철저한 준비에 대해서는 9장에서 자세히 언급하기로 하고, 여기서는 선교적 교회의 리더십이 당면한 두 가지 도전에 관해 설명하고자 한다.

---

3 대릴 구더, 『선교적 교회』, 272쪽.

첫째는 선교적 문화를 만들어내는 리더십이 필요하다. 선교적 교회로 변화하기 위해서는 새로운 환경이 조성되어야 한다. 말씀을 배우고 실천하는 교회, 가족처럼 하나가 되어 치유를 경험하는 교회, 타인을 환대하고 새로운 관계를 맺어가는 교회, 이웃을 섬기는 희생적 마음을 갖는 교회, 각 성도가 하나님으로부터 받은 소명을 감당할 수 있도록 준비시키는 교회가 되어야 한다. 이렇게 교회가 변해가도록 선교적 문화를 조성하는 리더십이 필요하다.[4] 선교적 문화가 조성되면 한 가지 달라지는 것이 있다. 성도가 더 이상 교회에만 남기를 원하지 않는다는 것이다. 대신, 자연스럽게 교회 담장을 넘어 세상으로 나가는 이타적인 성도가 된다.[5]

그러므로 선교적 문화 만들기를 주도하는 목회자의 생각이 달라져야 하는 것은 두말할 필요가 없다. 그동안 목회자가 교회 성장과 부흥에 목표를 맞추었다면, 이제는 한발 더 나가서 온 성도가 세상으로 보냄을 받았다는 분명한 확신을 갖도록 돕는 일이 우선이 되어야 한다. 선교적 리더십을 가진 지도자라면 '어떻게 세상과 소통하고, 세상을 섬기며, 세상을 그리스도의 복음으로 변화시킬 것인가'를 고민하게 된다. 탁상공론으로 끝나지 않고, 록스버그가 말한 것처럼 '최전선에서부터 이끄는 리더가 되려고' 노력할 것이다.

둘째는 세속화된 사회에서 성도를 강하게 훈련하는 리더십이 필요하다. 오늘날 북미 교회이건 한국교회이건 예외 없이 세속적 문화가 성도들의 삶을 강하게 지배하고 있다. 선교적 리더십은 모더니즘이 가져

---

[4] J.R. Woodward, *Creating a Missional Culture*, Downers Grove, IL: IVP, 2012, 45-54쪽.
[5] J.D. 그리어, 『담장을 넘는 크리스천』을 보라.

온 물질주의와 포스트모더니즘이 주는 혼합주의로부터 현대 성도를 구출해 내야 한다. 모더니즘에서 포스트모더니즘으로 이어지는 서구 문명은 복음을 사적 진리로 몰아냈고, 복음이 다시 공적 진리로 선포되기 전까지는 수많은 성도가 서구 문명 아래 혼합적 믿음을 갖고 있다. 레슬리 뉴비긴은 바로 이점을 지적하며 세속화된 서구 문명이 기독교의 최대 강적이라는 것을 여러 번 피력했다.[6] 서구 문화의 포로가 된 오늘날의 북미 교회와 한국교회의 성도들은 개인주의, 물질주의, 소비자 주의와 심각한 전쟁을 치러야 한다.

선교적 리더십을 가진 목회자와 교회 지도자들은 밀려오는 세속화 파도를 잘 헤쳐나가도록 성도를 교육하고 훈련해야 한다. 급변하는 세상의 가치를 복음적 관점에서 예리하게 분석하여 온 성도가 각자의 자리에서 '이 세대를 본받지 말고 오직 마음을 새롭게 함으로 변화를 받아 하나님의 선하시고 기뻐하시고 온전하신 뜻이 무엇인지 분별하도록' 도와야 한다(롬 12:2). 즉, 각자 세워주신 자리에서 구속적 삶(화해, 환대, 섬김)을 살도록 돕는 것이다. 결국, 선교적 리더십은 사도 바울이 디모데에게 요구한 솔선수범적이며 희생적인 리더십이 될 수밖에 없다(딤전 4:12, 16).

3. 세상을 섬기는 건강도

선교적 교회가 되려면 우선적으로 교회가 건강해야 한다. 건강해서 말씀과 기도로 무장해야 교회 담장을 넘어 세상으로 갈 수 있다. 건강

---

[6] Michael Goheen, *The Church and Its Vocation: Lesslie Newbigin's Missionary Ecclesiology*, Eerdmans, 2018, 163-166.

하지 못한 교회는 내부의 분열이나 외부의 공격을 견디지 못하고 힘없이 쓰러진다. 한참 밖으로 나가서 복음의 선한 영향력을 발휘해야 할 때, 교회가 모든 에너지를 자신의 생존을 위해 사용한다는 것은 말이 안 된다. 그런데 현실은 녹록치 않다. 안타깝게도 너무나 많은 교회가 성장이 둔화되거나 하향길을 걷고 있다. 존재하기 위해 존재하는 교회는 주위에 아무런 도움을 줄 수 없다. 그런 면에서 선교적 교회는 맡겨진 사명을 감당하기 위해서 우선적으로 건강한 교회를 추구한다. 건강한 사람을 보면 세 가지 공통점이 있다. 영양 섭취를 잘하고, 정기적으로 쉼을 가지며, 열심히 활동하는 것이다. 마찬가지로 건강한 교회를 이루는 성도라면 기본적으로 말씀과 기도 안에서 영적 힘과 안식을 누리며, 섬김과 나눔의 활동을 열심히 할 것이다.

그러나 우리 주위에는 건강하지 못한 교회들을 본다. 여러 가지 이유가 있겠지만, 그중에서도 대체로 성경적 리더십과 비전의 부재로 인한 기득권 싸움이 주를 이루고 있다. 특히 이는 담임 목사와 장로 혹은 평신도 지도자들 사이의 분쟁으로 일어나기도 하고, 오래된 교인과 새로 유입된 교인들 사이의 다툼이 되기도 한다. 주로 다음과 같은 질문이다.

- 누가 이 교회의 주인인가? 누가 장로가 되고, 누가 권사가 될 것인가?
- 어떻게 교회의 전통을 지키며 이어나갈 것인가?
- 누가 재정을 관리할 것인가? 누가 교회의 주요 사항을 결정할 것인가?

한번은 단기팀을 인솔해서 브라질 북부의 작은 마을을 방문한 적이 있다. 도시에서 약 8시간 버스를 타고 들어가서 그런지 모두들 더위와 싸우며 녹초가 된 상태였다. 그런데 우리를 기쁘게 받아줄 것이라고 생각했던 교회와 그 교회 목사님의 표정이 싸늘했다. 이상했다. 신속히 상황 판단을 해 보니까 지금 이 교회의 집사들과 담임 목사 사이에 심각한 갈등이 있음을 발견했다. 이 마을 복음화를 위해 팀을 초청해 놓고는 사탄의 역사가 있었다. 도저히 팀 사역을 할 수 있는 상황이 아니었다. 목사님도 미안하지만 함께 사역을 할 수 없으니 마을을 떠나달라는 것이었다. 아니, 이 시골 한복판에서 언제 다시 버스가 올지도 모르는데 우리는 참 난감했다. 일단 교회 바닥에라도 좀 앉아서 기도하게 허락을 받고 우리 팀은 하나님의 인도하심을 구했다. 얼마나 뜨겁게 기도했는지 눈을 떠보니까 40분 정도가 지났는데, 그동안 줄곧 그 목사님은 기도하는 우리 곁을 떠나지 않고 지켜보고 있었던 것이다. 꽤나 미안했을 것이다. 그리곤 우리에게 가지 않아도 되겠다는 말을 했다. 성령님의 역사가 있었던 것이 분명했다.

그날 우리는 목사님 댁으로 초대를 받아 브라질 특유의 콩과 노란색 밥을 먹으며 전도 계획을 나누었다. 다음날 교회 마당에 그 교회 청년들이 모여들었다. 나는 그들에게 "여러분, 우리가 에너지를 분출할 곳은 교회 안이 아니라 교회 밖입니다. 성령의 인도하심에 맡기십시오."라고 말했다. 그리고 2박 3일에 거쳐 그 마을 복음화를 위해 최선을 다했다.

무엇이 문제였는지 모르지만, 그 교회 집사들과 목회자가 갈등의 소지를 잘 해결하고 다시 연합해서 복음을 전했던 것이다. 마을 경찰까지 우리의 복음화 운동에 협조해 주었다. 길을 막아 〈예수〉 영화를 수백 명이 볼 수 있게 해주었고, 그날 TV 인터뷰가 지역 방송국에까지 나가는 전화위복이 일어났다. 사탄이 물러가는 순간이었다.

세상에는 이렇게 싸움이 그치지 않는 교회가 있고, 소수의 무리가 교회를 마치 자신의 영토로 생각하며 사유화하는 교회도 있다. 그러나 우리가 추구하는 교회는 건강한 교회다. 상식이 통하고, 온 교인들이 합당한 절차를 통해 리더를 뽑고 그 리더들이 하나님의 음성을 들으며 올바른 길로 인도하는 교회다.

만일 교회가 건강하다면 그 교회는 특별한 경우를 제외하고는 자연히 성장하게 되어 있다. 오히려 성장하지 않는 것이 이상할 것이다. 왜냐하면 교회는 조직체이기 전에 유기체이기 때문에, 올바른 성장 조건을 갖췄다면 반드시 성장하게 되어 있기 때문이다. 교회 연구가 크리스천 슈바르츠는 건강한 교회의 요건을 8가지 질적 특징으로 보았다.

1) 사역자를 세우는 지도력이다. 일 중심보다는 사람 중심으로 사역자를 세우고 권한과 기회를 올바로 부여해서 스스로 헌신할 수 있도록 인도하는 것이다. 교회 지도자들은 훈련과 위임에 시간을 효율적으로 사용한다.

2) 은사중심적 사역이다. 그리스도인이 무슨 사역을 할 것인가에 대한 답으로 하나님께서 필요한 일을 위한 합당한 은사를 주심으로 주권적으로 정하셨다고 믿는다. 교회 지도자들은 성도들이 받은 은사가 제대로 쓰임을 받도록 도와주고 인도한다.

3) 열정적 영성을 말한다. 성도들이 열심히 기도 생활을 하며 담대히 하나님 앞으로 나아간다. 하나님과의 열정이 자연히 믿음과 헌신의 삶으로 이어진다.

4) 기능적인 조직을 말한다. 즉 교회가 전통에 얽매어 있지 않고, 교회 발전을 위해서는 효율적인 조직을 선호하고 추구하는 것이다. 조직을 위한 조직이 아니라 기능을 위한 조직이 되기 위해 항상 평가를 통해 개선하려고 노력한다.

5) 영감있는 예배다. 성도들은 마치 주일 예배가 처음 드려지는 예배처럼 정성을 다해 준비한다. 주일 예배를 통해 성도들이 큰 은혜를 받고 힘을 얻는다. 예배에는 성령의 불을 끄지 않는 감동적인 말씀과 찬양이 있다.

6) 전인적 소그룹으로 나누어진다. 소그룹 활동을 통해서 진솔한 신앙적 대화를 나누고, 삶을 나눈다. 성도 하나하나가 소그룹에 속해 있음으로 분명한 책무 관계가 가능하고, 실제로 서로 도와준다. 교회가 커지면 커질수록 소그룹 만남을 통해 더 작아지는 교회이다.

7) 필요를 채워주는 전도가 있다. 복음을 무조건 명제적으로 전하는 것이 아니라, 듣는 이의 사정을 파악하고 필요를 채워주면서 전도한다.

8) 사랑의 관계로 이루어져 있다. 교인들은 서로를 사랑으로 섬기고 있다. 사랑으로 이어진 관계이기 때문에 교회 생활에 기쁨과 행복이 넘친다.

이렇게 8가지 질적 특징을 놓고 각각의 분야에서 최소한 65점 평점을 받으면, 그 교회는 건강하고, 성장한다고 말한다.[7] 8가지 질적 특징

---

[7] 크리스티안 슈바르츠가 그동안 여러 나라의 수백만 성도를 대상으로 수집한 자료를 통해 내

은 매우 중요하다. 나름대로 나도 건강한 교회를 추구하며 여기까지 왔다고 고백하지만 여덟 가지 중 어느 한 가지도 쉽지 않다는 것을 깨닫는다. 이런 특징이 보이는 교회는 복된 교회다. 건강한 교회를 꿈꾸는 목회자라면 반드시 참고해야 할 좋은 가이드라인이다.

그런데 선교적 교회 운동의 관점에서 볼 때, 자연적 교회 성장의 8가지 질적 특징을 잘 살려서 교회 성장을 이루는 것만으로는 만족할 수는 없다. 왜냐하면 자연적 성장이든 인위적 성장이든, 선교적 교회 운동은 교회 건강이나 교회 성장이 최종 목표가 될 수 없기 때문이다. 아무리 교회가 성장한다 해도 주위에 있는 건강하지 못한 교회 성도들이 이동해서 수평 성장을 이룬다면, 그것은 하나님의 관점에서 볼 때 별 이득이 없는 일이다. 실제로 최근 한국의 어느 지역을 방문해 보니까 그 지역의 모 교회라고 할 수 있는 교회가 한때는 수천 명이 모였는데, 거듭되는 분규로 지금은 천 명도 채 되지 않는다. 아이러니컬하게도 한 교회의 아픔이 주위 교회들에게는 숫적 성장이란 기쁨을 주었다. 그나마 건강한 교회가 있어서 분규 중에 있는 성도들이 갈 곳이 있다는 것은 감사하지만 이런 성장을 우리가 기뻐할 수만은 없다. 수평 성장이 아니라 필요를 채워주는 전도로 지속적인 성장을 이룬다 해도, 그런 교회는 세상과 별 상관이 없는 교회가 될 수 있다. 교회가 성장하면서 더 큰 건물을 짓고, 더 좋은 분위기에서 신앙생활을 할 수 있지만, 이웃을 위한 교회보다는 자체 멤버들을 위한 교회가 될 위험이 크다. 실제로 많은 교회가 대부분의 에너지를 자체 멤버들을 위해 쓰고 있다.

바람직한 교회는 8가지 특징이 있는 건강한 교회이면서 동시에 끊임

린 결과다. 『자연적 교회 성장』 정진우 역 외, (서울: NCD, 2006).

없이 자신을 내어주는 선교적 교회가 되어야 한다. 자신을 위한 건강한 교회가 아니라 세상을 위한 건강한 교회가 되어 이웃을 진심으로 섬기고 복음으로 세상을 변화시키는 교회가 되어야 한다. 이를 위해 늘 그리스도를 향한 내적 여행과 세상을 향한 외적 여행이 균형 있게 강조되어야 한다.

4. 온전한 (축소되지 않은) 복음

선교적 교회는 무엇보다도 복음에 대한 열정이 있다. 누구나 교회에 들어와서 복음을 듣지 못한다면 문제가 심각한 것이다. 짜장면이 먹고 싶어 짜장면 집에 갔는데 주인이 "아, 미안합니다. 오늘 짜장이 다 떨어졌습니다."라고 한다면 어떤 느낌이 들까? "손님, 고추장으로 대신 비벼서 드리면 안 될까요?" 한다면 어떻게 할까? 말도 안 된다며 다른 짜장면 집을 찾아 갈 것이다. 마찬가지로 우리는 물어야 한다. 만일 누가 1년, 2년 이상 교회를 다녔는데 어느 누구도 진지하게 복음의 진리를 나누지 않는다면, 복음을 제대로 설명하는 설교나 강의를 듣지 못했다면, 성도들과 삶을 나누면서도 복음이 무엇인지를 제대로 체험하지 못했다면? 말도 안 되는 황당한 이야기 같지만, 아쉽게도 세상에는 별다른 목적 없이 자신의 종교적, 사회적 욕구를 채우기 위해서 존재하는 교회들이 부지기수다.

부산 근처에 있는 어느 한 교회는 전형적인 친교 중심의 어촌 교회였다. 목회자가 부임해서 처음 남전도회에 출석해 보니까, 강아지 이야기를 하고 있더라는 것이다. 전도회 임원들의 최고 관심사는 봄에 회비를 거두어 산 강아지가 얼마나 성장하고 있느냐였다. 잘 키워서 남전도 연중 최고 행사인 여름 피크닉에 잡아먹을 것인데, 남전도회가 모일 때마다 강아지 체중이 궁금했다고 한다. 이번에는 여전도회에 갔는데, 회원들이 김과 해산물을 팔고 수금을 제때 해오지 않아 서로 언성을 높이더라는 것이다. "왜 여전도회가 장사를 하고 있느냐?"고 물었더니, "그래야 숟가락 하나라도 사서 교회 집기가 늘어난다."는 답이었다. 새로 부임한 목회자는 자기 목회 생명을 걸고 남전도회와 여전도회를 없애 버렸다. 복음 전파와는 아무런 상관이 없는 일을 하고 있었기 때문이다. 그리고 그때부터 전도하는 교회로 체질을 바꾸기 시작했다. 지금은 '좋은 이웃, 감동을 주는 사람들!'이라는 표어로 매해 많은 사람들을 주님께로 인도하고 있다. 전도를 위해 늘 베풀고 나누는 삶을 살아왔다고 고백한다. 처음엔 마을 주민이 경조사에 다 참석해도 백 명이 안 되는 작은 마을의 28평 교회였지만, 이런 곳을 지금은 대형 교회로 탈바꿈시킨 것이다. 교인의 대부분이 20km 이상을 운전해서 올 정도로 강한 흡인력을 가진 교회가 되었다. 그 이유는 무엇일까? 복음이 중심된 교회로 바뀌었기 때문이다.[8]

놀라운 것은 복음이 중심이 되지 못하는 교회가 너무나 많다는 것이다. 일 년을 다녀도 단 한 번도 복음 제시를 받지 않는 경우가 있다. 또한 세례식을 자주 보지 못하거나 예수 믿고 거듭나는 모습을 보지 못하는 성도들이 너무 많다. 생동감 넘치는 교회가 되려면 내가 전도한 사람이 예수 믿고 죄의 사슬을 끊어 새사람이 되는 것을 보면 된다. 그런데 그런 일들이 더 이상 일어나지 않는다면? 그런 교회는 비본질적인 것을 찾아다니게 된다. '다음엔 누가 장로가 되지?, 누가 권사가 되지?' 실제로 카펫 색깔을 놓고 서로 싸우고, 강대상을 바꾸다가 싸우고, 나

---

8 손현보, 『목사님, 전도가 쉬워요』 (서울: 도서출판 누가, 2010).

무를 잘랐는데 돌아가신 분의 헌물이라고 해서 싸운다. 오늘날 많은 교회가 사도성을 회복해야 하고, 그 중심에는 복음 선포를 회복하는 것이다.

로잔 언약에는 교회와 전도의 관계에 대하여 잘 정리했다. 1974년에 스위스 로잔에서 빌리 그레이엄의 리더십 아래 전 세계의 지도자들이 모여 세계 복음화라는 중요한 과제를 놓고 하나님 앞에 헌신한 내용이다. 로잔 언약 제 6항에 보면,

> 우리는 교회적 울타리를 트고 넘어서 비기독교 사회에 침식해 들어가야 한다. 교회가 희생적으로 해야 할 일 가운데 전도가 최우선이다. 세계 복음화는 온 교회로 하여금 온전한 복음을 온 세계에 전파함을 요한다. 교회는 하나님의 우주적 목적의 바로 중심에 서 있으며 복음을 전파할 목적으로 그가 지정하신 수단이다. 그러나 십자가를 설교하는 교회는 스스로 십자가의 흔적을 지녀야 한다.

선교적 교회 성도들은 교회 담장을 넘어 믿지 않는 세상으로 침투해 들어간다. 그곳이 사역의 장이 된다. 복음을 전하는 일을 위해 불편함을 감수하며 희생적 삶을 산다. 선교사가 오지에서 복음을 전하는 것이 불편하고 어려운 것처럼, 후방의 교회들도 그렇게 해야 한다는 것이다. 자신의 편의를 위해 존재하는 교회가 아니라, 부르심에 응답해서 희생을 감수하는 교회가 되어야 함을 강조한다.

나는 로잔 언약을 참 좋아한다. 교회, 복음, 세상의 관계에 대해 간단명료하게 잘 정리되어 있기 때문이다. 그런데 읽을 때마다 막중한 책임감을 느낀다. 교회는 하나님의 우주적 목적의 중심에 서 있다고 말한

다. 그 이유는 교회가 중요한 것이 아니라 교회가 해야 할 일이 중요하기 때문이다. 교회가 해야 할 일은 복음을 전파하는 것이다. 하나님은 교회, 즉 구속받은 성도들을 통해 복음을 전파하기를 원하신다. 문제는 십자가를 선포하는 교회가 스스로 십자가의 흔적을 지니고 있지 않는다는 것이다. 이런 의미에서 오늘날 일부 한국교회가 욕을 먹고 있는 이유를 깊이 생각해 보아야 한다. 상식이 통하지 않는 일을 교회가 하고 있지는 않는지? 자신의 치장을 위해서는 엄청난 예산을 투입하지만 이웃의 아픔에는 관심이 없다면 어떻게 십자가의 흔적을 보여줄 수 있겠는가?

선교적 교회는 복음에 대한 열정이 있다. 믿지 않는 이웃을 위해 기도하고 미전도 종족을 위해 중보한다. 그런데 한 가지 중요한 것이 있다. 우리가 선포하는 복음이 축소되지 않은 복음이 되어야 한다는 것이다. 곧 온전한 복음을 전해야 할 사명을 가지고 있다. 로잔 언약에서 말하는 '온 교회가 온전한 복음을 온 세상에' 선포해야 한다. 그러면, 축소되지 않은 복음이란 무엇인가?

1) 축소되지 않은 복음은 사유화 되지 않는 복음을 말한다.

타락한 인간은 복음마저도 변질시킨다. 바로 복음이 개인의 기복적 욕구를 위해 사용되거나 개 교회의 성장을 위해 수단으로 사용될 때이다. 복음은 사유화되어서는 안 된다. 즉, 나의 어젠다를 위한 복음이 되어서는 안 된다. 내가 예수 믿고 구원받아 천국에 간다는 정신적 안정을 누리고 또한 물질의 축복을 받기 위해 예수를 믿는다면 그것은 복음을 사유화한 것이다. 그런 성도들이 모여서 내 교회 위주로만 신앙생활을 한다면 이것 역시 복음을 사유화한 것이다. 이런 이기적인 생각을 가질 때 복음은 사회성을 상실한다. 변질된 복음은 하나님의 나라가 이 땅에 선포되고 드러나는 것에 대해 전혀 관심이 없다. 사회가 점점 더 피폐해져도, 복음은 교회 안에만 머무는 현상이 일어난다. 복음의 공공성이 상실되는 것이다. 복음의 공공성이란 복음은 나만을 위해 존재하는 것이 아니라 온 세상을 구속하시기 위한 하나님의 은혜의 방편이며 구체적인 해결책이라는 것이다. 복음과 공의, 복음과 진리, 복음과 사랑을 분리할 수는 없다. 복음은 나의 구원만을 위한 것이 아니라, 하나님의 모든 창조 세계를 구속하시는 하나님 나라의 기쁜 소식이다.

2) 축소되지 않은 복음은 타협하지 않는 복음을 말한다.

복음 외에 '기쁜 소식'을 전하는 타종교가 있다. 타종교를 향해 우리는 세 가지 중 하나의 자세를 취할 수 있다. 첫째는 배타주의(Exclusivism)다. 예수만이 길이요 진리요 생명임을 확신하며 다른 종교의 구원을 인정하지 않는다. 배타적이기 때문에 부정적인 느낌을 주지만, 노선은 분명하다. 둘째는 포괄주의(inclusivism)이다. 비록 종교가 다를지라도 선한 의도로 살아가는 사람들이라면 하나님께서 그들에게 구원의 은혜를 주신다는 것이다. 즉 타종교 안에도 하나님께서 택하신 무명의 그리스도인들이 있다고 믿는다. 마지막으로 다원주의(pluralism)는 구원이 기독교에만 존재하지 않는다고 믿고, 타종교의 구원을 인정한다. 각 종교마다 절대적인 진리를 가지고 있다고 믿으며 기독교의 유일성을 부인한다.

복음주의자라면 복음만이 인간의 죄를 해결하고, 복음만이 하나님의 창조 세계를 구속하며, 복음만이 우리를 죄와 사망의 권세에서 구원한다는 확신을 갖는다. 그런데 여기서 한 가지 조심해야 할 것이 있다.

엄격한 배타주의(extreme exclusivism)는 자칫 우리를 율법주의자로 몰아갈 수 있다는 것이다. 하나님의 구원을 수학 공식에 넣듯이 접근하면 안 된다. 하나님만이 아시는 것을 우리가 미리 심판석에 앉아 판결하는 상황이 되어서는 안 된다. 그러나 포괄주의와 다원주의는 이미 타협한 복음이다. 선을 넘어간 것이다.

3) 축소되지 않은 복음은 분열되지 않는 복음이다.

복음을 영혼 구원으로만 축소하거나 사회 참여로만 해석할 때 우리는 다시 한번 복음을 변질시킨다. 복음은 전인적이다. 하나님께서 창조하신 인간의 몸과 영과 혼 모두가 구속의 대상이 되며, 인간뿐만 아니라 하나님의 창조 세계 전체가 구속의 대상이 된다. 이 대상을 축소할 때, 복음은 더 이상 전인적인 복음이 아닌 것이다.

물론 사람과의 화해가 곧 하나님과의 화해는 아니며 또 사회 참여가 곧 전도일 수 없으며 정치적 해방이 곧 구원은 아닐지라도, 전도와 사회 정치적 참여는 우리 그리스도인의 의무의 두 부분임을 인정한다. 이 두 부분은 모두 하나님과 인간에 대한 교리와 이웃을 위한 사랑, 그리고 예수 그리스도에 대한 우리의 순종을 나타내는 데 필수적이다. 구원의 메시지는 모든 소외와 억압과 차별에 대한 심판의 메시지를 내포한다(로잔 언약 5항, 그리스도인의 사회적 책임).

영혼 구원과 사회 참여 양축을 다 심각하게 고려하고 접근하는 교회야말로 전인적 복음을 믿고 선포하는 것이다. 영혼 구원의 대상은 예루살렘과 유다만이 아니라 사마리아와 온 땅끝이라는 것을 기억해야 한다. 또한 그리스도인의 사회 참여는 깊은 사고와 통찰을 요한다. 무분별한 정치적 참여나 한 정당을 향한 일방적인 지지는 결코 바람직하지 않다. 윌리엄 인게(William Inge)의 말처럼 "이 세대의 정신과 결혼하는 자는 다음 세대에 홀아비가 된다."는 것을 명심해야 한다. 복음적 가치관에 입각해서 공의와 사랑, 자비와 양선의 챔피언이 되어야 한다. 선교적 교회는 변질되지 않은 복음을 충실히 전한다. 항상 우리가 전하는 복음이 인위적으로 축소된 복음이 되지 않도록 주의해야 한다.[9] 이를 위해서는 철저한 훈련 과정이 필요하다. 하루아침에 세상을 바꾸는 주의 용사들이 일어나지 않기 때문이다.

5. 사역자로 세우는 제자화 과정

선교적 교회는 제자 훈련 과정이 분명하다. 새로 들어오는 교우들을 위한 멤버십 과정부터 성도들의 계속 교육에 이르기까지 선교적 교회가 무엇인지, 그리고 앞으로 교우의 삶에서 어떤 것들을 기대하는지를 분명히 가르치고 동역자가 되도록 한다.

앞서 언급한 워싱톤 DC의 세이비어 교회는 엄격한 멤버십 과정으로 유명하다. 그 이유는 간단하다. 세이비어 교회의 교인이 된다는 것은 자신의 삶을 드려 세상을 섬기는 일에 몰입한다는 뜻이기 때문에 멤버십 과정을 통해서 그런 마음가짐을 재확인하고 훈련시키는 것이다. 세이비어 교회는 1947년 고든 코스비 목사와 아내 매리에 의해 시작되었다. 비록 그 당시 '미셔널 처치'라는 용어 자체가 없었지만, 이 교회의 철학은 미셔널 처치의 DNA와 비슷하다. 창립자 코스비 목사는(1918-2013) 이 교회에서 60여 년간의 목회를 하면서 이 교회가 세상을 바꾸

---

[9] 축소주의의 위험을 경고한 데럴 구더의 『교회의 선교적 사명에 대한 신선한 통찰』, 조범연 옮김, (서울: 미션툴, 2005), Darrell Guder, *The Continuing Conversion of the Church*, (Grand Rapids: Eerdmans, 2000) 을 보라.

어야 한다는 일관성 있는 비전을 나누었다. 그래서 워싱턴 DC의 저소득 지역인 애덤스 모르건(Adams Morgan) 주변을 중심으로 활발한 구제와 봉사 사역을 진행해 왔다.

코스비 목사는 남침례 교단 신학교를 졸업한 후, 2차 대전 당시 군종으로 노르만디 상륙 작전에 참가해 신앙 없이 죽음을 맞은 전우들을 보면서 큰 아픔을 겪는다. 그리고 그는 모든 성도들에게 온전한 믿음을 심어 주는 교회를 세우기로 작정한다. 특히 그는 라쉬 공동체를 세운 장 바니에(Jean Vanier)가 들은 하나님의 음성, "심령이 가난한 자들 가운데 가서 그들과 함께 살아라. 그러면 그들이 네 심령을 치유할 것이다."에 매료된 것이다. 그래서 주님을 닮아가는 삶을 살기 시작하고, 주님의 긍휼한 마음으로 지역 사회를 섬기는 삶을 살도록 성도들을 가르쳤다. 특히 가난한 자, 버림받은 자, 소외된 자를 섬기는 삶을 살아야 하고, 용기와 희생을 통해 세상을 변화시키는 삶을 살아야 한다고 가르쳤다. 그는 성도들에게 사역 공동체(mission group)의 한 멤버가 되어 구체적으로 그리스도인의 삶을 실천하는 삶을 살도록 권장했다. 그 결과 세이비어 교회는 의료, 교육, 주택, 고용의 네 영역에서 약 70여 개의 굵직굵직한 사역을 펼쳐나갔다. 그중에 몇 가지만 소개하면 다음과 같다.

- 희년의 집(Jubilee Housing) - 주민들에게 저렴한 가격의 집을 마련하기 위해 시작됨.
- 그리스도의 집(Christ House) - 노숙자들을 위한 24시간 의료 센터(입원 & 치료), 침상 34개가 있는 병원.
- 사마리아인의 집(Samaritan Inn) - 마약, 알코올 중독자들의 중독 치료 센터, 28일 집중 회복 프로그램(1단계)을 통해 중독을 치료하고

이어서 6개월의 사회 적응 기간을 지냄(2단계), 마지막 단계는 정상적인 삶을 위한 아파트 입주(3단계).
- 선한 목자 사역(Good Shepherd Ministry) - 가정 폭력으로 시달리는 아이들에게 새로운 꿈과 소망을 심어 주는 사역.

그런데 이런 일에 적극 헌신하기 위해 교회 멤버가 된다는 것은 많은 시간과 인내를 요한다. 적어도 1년에서 2년의 시간이 필요하다. 심지어 멤버가 되기 위한 인턴십 과정이 있다는 소식을 듣고 매우 놀랐다. 멤버십은 한 번 취득했다고 해서 영원한 것이 아니다. 매년 갱신해야 한다. 그때마다 멤버십 서약이 지켜졌는지를 본다.

- 십일조 생활
- 하루 한 시간 말씀과 기도
- 세상에서의 사역
- 계속되는 교육과 훈련에 참여

멤버십 과정을 마치고 나서도 세이비어 교회에서 계속 강조되는 것이 있다. '내적 여정'과 '외적 여정'의 건강한 긴장(tension)이다. 사역만을 위해 달려가다 보면 어느새 탈진 현상이 찾아오기 마련이다. 그래서 두 여정을 겸하는 교회가 되려고 힘쓴다. 내적 여정은 세 가지 소통(engagement)을 포함한다. 자신과의 소통, 하나님과의 소통, 다른 사람들과의 소통이다. 여기서 '다른 사람'이란 교회 안에 헌신된 사람을 의

미한다. 그리스도의 몸으로 녹아들기 위해 노력해야 함을 강조한다.[10]

물론 이 교회가 완벽하진 못하다. 몇 가지 지적을 한다면 먼저, 사회봉사에 집중하면서 실제로 복음 증거에는 약하지 않았나 하는 점이다. 죄에 대한 언급과 함께 죄 사함의 은총을 얼마나 강조했는지, 그래서 수혜자들이 얼마나 회심하며 거듭났는지 물어볼 필요가 있다. 교회가 하는 일의 최종 목표가 단지 삶의 질을 높이는 것이라면 복음의 핵심 메시지를 전했다고 말하기 어렵다. 아울러 지역 사회 봉사를 강조한 나머지 세계 선교가 강조되지 못했다는 지적이 따를 수 있다. 물론 애덤스 모르건(Adams Morgan)이라는 어려운 지역을 집중하다 보니 다른 곳까지 신경을 못 쓰게 되었고, 이런 결정은 한정된 자원을 가장 잘 사용하기 위한 일종의 선택과 집중이라고 말할 수 있을 것이다. 그렇지만, "땅끝까지 나의 증인이 되라."고 하신 말씀이 모두에게 주시는 명령임을 생각할 때 간과해서는 안 될 부분이다. 여기에 한 가지 더 지적하자면 세이비어 교회는 배턴 터치를 해야 할 차세대 일꾼을 제대로 세우지 못해 1세대가 이루어 놓은 귀한 사역들이 이제는 세이비어 교회 멤버가 아닌 다른 단체로 서서히 이관되어 가고 있다는 점이다. 멤버들은 고령화되어가고, 아쉽게도 교회 멤버십은 심각할 정도로 줄어들었다. 1세대 헌신된 성도들을 이어줄 다음 타자를 교회 안에서 배출하지 못한 것이다.

그럼에도 불구하고 세이비어 교회는 우리에게 신선한 충격으로 다가온다. 이 세상에 수많은 자기중심적 교회가 있지만, 이 교회는 철저

---

10 엘리자베스 오코너, 전의우 역, 『세상을 위한 교회, 세이비어 이야기』 (서울: IVP, 2016), 37-62쪽, *Journey Inward, Journey Outward*. New York: Harper Collins, 1968.

히 자신의 온몸을 다 불살라 어두운 이웃을 밝히고 있다. 이런 교회가 각 마을마다 있다면, 사람들이 하나님을 다시 알게 될 것이다. 선교적 교회는 먼 훗날의 이야기가 아니다. 결국 이것은 우리의 결단, 우리의 순종에 달려 있다. 헌신된 그리스도의 제자가 필요하다. 언제까지 우리는 소비자적 멘탈리티를 가진 '나를 위한 교회'로 끝날 것인가? 선교적 교회를 말하면서 제자도의 대가 본회퍼가 한 말을 다시 한번 곱씹어 볼 필요가 있다. 그는 믿음과 순종은 하나라고 했다. 그래서 "믿는 자가 순종하고 순종하는 자가 믿는다."라는 말을 했다. 여기에 본회퍼는 한 단계 더 들어가 우리의 심령을 뒤흔들고 있다.

오직 믿는 자만이 순종하고, 오직 순종하는 자만이 믿는다.[11]

그렇다. 선교적 교회는 헌신된 제자의 삶을 통해서만 가능하다. 한 마디로 불편하다. 믿으려면 제대로 믿으라는 말이다. 더 이상 형식적인 신앙생활은 그만하고 오직 주님의 나라와 그 의를 위해서 올인할 사람만 남으라고 말씀하신다. 아! 나는 어디에 속하는가? 교회가 교회다울 때, 이 세상의 빛과 소금이 되고, 사람들이 교회를 보면서 하늘에 계신 하나님 아버지에게 영광을 돌린다고 했다. 그때 우리는 교회가 하나님 나라의 표징이 됨을 감사하게 될 것이다.

선교적 교회는 형식에 매인 종교인이 되기보다는 진정성이 있는 그리스도의 제자가 되도록 가르친다. 겉과 속이 다르지 않는 그리스도인으로 진실되게 살라고 가르친다. 그러다 보니, 교인들은 성경 지식을

---

11 디트리히 본회퍼, 『나를 따르라: 그리스도의 제자직』 (서울:대한기독교서회, 2010), 61쪽.

축적하는 것으로 만족하지 않고, 배우는 대로 실천하는 데 초점을 맞추게 된다. 매주 드려지는 예배는 늘 새로운 마음으로 준비해서 드리고, 그 예배 시간이야말로 하나님의 임재를 체험하는 소중한 시간이 된다. 이렇게 모여서 흩어져야만 한 주간 필요한 영적 파워를 공급받기 때문이다. 그래서 선교적 교회는 교세를 측정할 때 주일 출석이 몇 명이냐는 질문보다는 얼마나 많은 성도가 주중에 세상으로 파송되었느냐를 묻는다. 주일에 보여지는 출석 교인의 숫자가 아니라 월요일부터 토요일까지 세상으로 파송된 교인의 숫자와 그 영향으로 교세를 측정하는 것이다.

그렇기 때문에 선교적 교회는 새 신자가 교회에 발을 딛는 순간부터, 그를 세상으로 보낼 준비를 해야 한다. 일부가 아닌 온 성도가 세상으로 보내심을 받아 하나님의 선교에 동참하는 것이 궁극적인 목표이기 때문에 분명한 훈련 과정이 있고, 세상에서 선교적 삶을 살도록 끊임없이 상기시킨다. 『잊혀진 교회의 길』에서 앨랜 허쉬는 제자 만들기가 선교적 교회 운동에 있어 선교적 리더들을 길러내는 필수 과정임을 거듭 강조한다.[12] 교제나 친교를 위해서는 구태여 훈련이 필요 없다. 그러나 성도들이 세상으로 보내심을 받아 의미 있는 개입을 하려 한다면 반드시 훈련이 동반되어야 한다. 하나님의 음성을 듣는 훈련, 복음을 의미 있게 전하는 훈련, 겸손과 온유함을 위한 영성 훈련이 필요하다. 또한 하나님 나라를 보게 하는 안목을 갖도록 가르친다. 최종적으로 선교적 교회는 개 교회의 흥왕보다는 하나님 나라가 드러남을 목표로 한다. 그래서 경쟁보다는 협력을 우선으로 한다. 다양한 사역 기관과의 협력을

---

[12] 앨랜 허쉬, 『잊혀진 교회의 길』(서울: 아르카, 2020), 199-206쪽을 보라.

통해서 하나님 나라가 이 땅에 도래하기를 힘쓰는 것이다.

제자 훈련의 마지막 부분은 파송이다. 선교적 교회는 성도들을 세상으로 파송해서 구속적 삶을 살도록 가르친다. 성도는 세상으로 보내심을 받았다는 확고한 신념 아래 복음을 들고 지역 사회로 다가간다. 많은 경우 교회에 자주 모여서 믿음 생활하는 것에 익숙해 있지만, 선교적 교회의 성도들은 어떻게 하면 지속적으로 세상으로 나가 세상을 바꿀 것인가에 대한 관심을 갖고 있다. 그래서 구체적으로 이 시대의 영향과 흐름을 파악하고, 복음으로 세상을 바꾸는 꿈을 꾼다. 꿈은 곧 구체적인 행동으로 옮기기 시작한다. 그래서 교인들이 복지나 교육 기관에서 봉사하면서 세상의 빛과 소금이 되도록 노력한다. 교회 안과 밖의 시간 배정에 균형이 필요하다. 너무 많은 시간을 교회 안 행사로 소비하면 밖에서 활동할 시간이 별로 없다. 어떻게 할 것인가? 불필요한 것, 비본질적인 것에 대한 과감한 집중 선택, 집중 제거가 필요하다.

6. 선교적 교회 성도들의 모습

그렇다면, 이런 요소들이 모여 만들어진 선교적 교회에서 우리는 어떤 속성을 기대할 수 있을까? 선교적 교회 성도들은 다음과 같은 모습을 보인다고 할 수 있다.

1) 하나님의 선교(Missio Dei)에 동참한다는 것을 알고 있다.

선교적 교회의 성도들은 하나님께서 이 땅에서 이미 일하고 계시다는 것을 믿는다. 타락한 인간과 죄로 물든 창조 세계를 회복하시며 새롭게 하시는 일을 하고 계시다는 것을 믿는다. 그리고 그 일에 하나님의 백성을 부르신다는 것을 굳게 믿고, 하나님의 택하신 백성으로서 겸손히 하나님의 선교(Missio Dei)에 동참하는 것을 사명으로 여긴다.

　하나님의 선교에 겸손히 동참하는 것이 우리의 사명이라면 모든 면에서 하나님을 전적으로 의지하려는 마음이 엿보인다. 선교적 교회 성도들은 기도하는 사람들이며, 기도 중에 하나님의 음성을 듣고 순종하려고 노력하는 사람들이다. 하나님을 위해 무엇인가를 해야 하겠다는 생각을 가지기보다는 주님께서 원하시는 일이 무엇인가를 겸손히 기도하며 인도하심을 구한다. 교회가 주님을 위해 위대한 일을 한다고 생각하기보다는, 하나님께서 교회를 사용하셔서 귀하게 쓰임받게 하심을 감사히 생각한다.

2) 하나님의 '택하신 백성'이라는 의미를 잘 이해한다.

　교회는 바로 이런 택하신 백성의 공동체다. 초대 교회를 보면 성령께서 강림하셔서 신앙 공동체가 세워지는데(행 2장 이하), 그 이전에 분명한 사명을 주셨다. "성령이 너희에게 임하시면 너희가 권능을 받고 예루살렘과 온 유대와 사마리아와 땅끝까지 이르러 나의 증인이 되리라."(행 1:8) 여기서 우리가 확실히 이해하는 것은 교회 공동체가 태동하기 전에 선교적 사명이 존재했다는 것이다. 교회를 위해 선교가 존재하는 것이 아니라 선교를 위해 교회가 존재한다.

　선교적 교회 성도는 자신의 정체성(identity)과 사명(mission)에 대한 분명한 이해가 있다. 왜 하나님께서는 '평범한 나'를 택하셨는지, 그리고 왜 나를 하나님의 몸된 교회의 한 지체로 세워주셨는지를 깊이 생각한다. 택하심은 특권을 행사하거나 혜택을 누리기 위해서가 아니라 하나님의 일에 쓰임받기 위해서라는 것을 분명히 알고 있다. 또한 부르심(소명)에 대한 분명한 이해가 있고, 그 부르심에서 이 땅에서 주신 사명을 이해한다. 그 사명은 증인 된 삶을 사는 것이며, 증인 된 삶은 복음의 선포뿐만 아니라 복음으로 세상을 바꾸는 것을 의미한다.

3) 복음을 말한다.

주님께서 가르치시고 직접 보여주신 복음은 전인적 복음이다(눅 4:18). 복음의 사회적 책임과 영적 구원을 동시에 말씀하셨다. 선교적 교회는 복음을 말하고 복음을 행하는데, 전인적 복음을 이해하고 실천하려고 노력한다. 복음을 말함에는 로잔 언약 4항에 나오는 대로, 그리스도인의 현존(Christian presence), 서로를 알아가기 위한 대화(Dialogue), 가감 없는 복음 선포(Proclamation), 설득을 통한 복음 전달(Persuasion), 제자의 길(Discipleship), 교회로의 영입(Membership into His Church), 세상 속에서 책임 있는 봉사(Responsible service in the world)를 모두 포함한다.

선교적 교회 성도들은 복음의 깊이와 넓이와 높이를 알아가고 전하는 데 있어 최선을 다한다. 복음을 선포하고 복음대로 살아감에 있어 그리스도인의 사회적 책임과 영혼 구원의 중요성을 함께 강조한다. '복음은 모든 믿는 자에게 구원을 주시는 하나님의 능력이 됨'을 믿어 의심치 않는다(롬 1:16). 그래서 선교적 교회 성도들은 늘 복음을 들고 세상으로 나간다. 요한복음 3장 16절에 나오는 '하나님이 세상(코스모스)을 이처럼 사랑하사'에서 그 세상의 범위를 우주적으로 이해한다. 즉 한 영혼의 구원으로 끝나는 것이 아니라, 그 사건을 시작으로 하나님께서 지으신 온 세상이 치유받고 하나님의 뜻 가운데 살아가기를 원하시는 하나님의 뜻을 이해한다.

4) 하나님 나라의 관점에서 생각하고 행동한다.

선교적 교회의 성도들은 하나님 나라의 관점을 중요시한다. 복음의 범위가 한 사람의 삶에 한정된 것이 아니라, 우주적이기 때문에 큰 안목을 가지고 살아가야 함을 알고 있다. 그 안목은 바로 하나님 나라의 관점이다. 내가 세상을 보는 안목보다는 하나님의 통치 아래 비추어지는 세상을 바라보는 것이다. 더 이상 나의 구원이 종착역이 아니다. 하나님의 나라가 이 땅에서 온전히 선포되고 하나님의 통치가 인정되는 세상이 오기까지 쓰임받기를 소망한다.

나의 구원만이 소중하다거나, 또한 내 교회의 사역만이 중요하다고 고집하지 않는다. 하나님께서 세워주신 모든 기관(agents)과 협력하여 선을 이루려는 자세를 가진다. 교회의 통일성과 보편성을 깊이 인지하며 범교파적으로, 그리고 여러 선교 단체와 함께 겸손히 하나님의 선교에 협력한다.

5) 교회 담장을 넘는다.

성도의 신앙생활이 교회 담장 안에서만 이루어진다는 이원론적인 사고를 거부한다. 교회 안에서 뿐만 아니라, 교회 밖에서도 성도의 믿음 생활은 계속된다. 특히 지역 사회 속에서 위치한 교회로서 책임을 느낀다. 교회 담장을 넘어 지역 사회를 섬긴다. 이전에는 복음을 전하기 위해서 교회 담장을 넘었고, 공격적 전도를 통해 회심자를 방주(교회) 안으로 끌어들이는 전략을 세웠다면, 이제는 지역 사회를 섬기는 목적으로 담장을 넘는다. 더 이상 복음의 축복이 교회 안에 성도들에게만 배분되는 것이 아니라, 그 축복이 흘러가게 하는 것이다. 분쟁과 적대감이 있는 곳에 그리스도의 평강을 전하며 하나님의 통치 아래 살아가는 복된 삶을 나눈다.

다민족 사회의 교회는 문화적으로, 언어적으로 담장을 넘어간다. 북미와 같이 여러 민족이 이민자로서 어울려 사는 다민족 사회이든, 한국과 같이 단일 민족에서 여러 이주자들을 받아주며 다민족 사회로 바뀌어 가든, 이제는 교회가 문화적, 언어적 장벽을 넘어가야 할 사명을 깨닫고 하나님의 인도하심을 구한다. 또한 아직도 복음을 제대로 들어보지 못한 수많은 민족을 향해 선교사를 파송하고 지원하는 일을 그치지 않는다.

6) 약하고 소외된 자들을 찾아간다.

선교적 교회 성도들은 소외되고 방황하는 자들에 대한 특별한 관심을 가진다. 하나님의 구속을 경험한 사람들로서 이제는 하나님의 구속이 필요한 사람들을 찾아간다. 사회에서 소외된 자들은 누구인가? 특히 자본주의 사회에서 목소리를 잃고 힘없이 살아가는 사람들은 누구인가? 그들의 챔피언이 된다. 독거노인, 장애인, 자유민, 이주민 등등 변두리에서 힘들어 하는 사람들을 관대함으로 다가가 섬긴다.

최근 대두되는 난민 문제에 관심을 가진다. 끊임없는 전쟁으로 나라가 갈기갈기 찢어지고, 한순간 삶의 터전을 잃은 난민들을 하나님의 자비로운 마음으로 돌본다. 처참히 짓밟힌 그들의 삶이 복구되는 일에 조금이나마 동참한다. 험악한 세상에서 하나님의 구속적 긍휼과 정의를 반영하는 공동체가 되려고 노력한다.[13]

---

[13] 크리스토퍼 라이트, 한화룡 역, 『하나님 백성의 선교』 (서울: IVP, 2012), 131-158쪽.

7) 하나님 나라의 실제를 삶으로 보인다.

선교적 교회의 성도들은 각자의 삶에서 하나님 나라의 실제를 보여준다. 바로 화해와 회복을 보여주는 구속적 삶이다. 하나님께서 의도하신 창조 정신을 되살리며 죄로 인해 멀어진 하나님과 인간과의 관계, 인간과 인간과의 관계, 그리고 인간과 창조 세계의 관계를 회복하는 일에 관심을 갖고 실천한다. 환경 문제가 일부 환경전문가나 운동가의 문제가 아니라 온 세상을 창조하신 하나님의 관심사(concern)로 여긴다. 예수 잘 믿는다는 것은 창조 세계에 대한 지극한 관심으로 올바른 청지기의 삶을 사는 것이다.

8) 선교적 DNA를 가진 공동체를 재생산한다.

마지막으로 선교적 교회는 자신과 같은 신앙 공동체를 재생산하는 데 관심이 있다. 이를 위해 선교적 교회를 개척하고, 선교적 교회론을 타교회와 나눈다. 자체적 성장도 중요하지만 선교적 교회가 선교적 교회를 재생산하는 것이야말로 가장 의미가 있다. 선교적 DNA가 있는 소그룹을 파송하여 교회가 되도록 하고, 그 공동체가 또 새로운 선교적 공동체를 세운다면, 선교적 운동이 빠른 시간 이내에 확산될 것이다.

선교적 교회는 하루아침에 만들어지지 않는다. 특히 전통적인 교회에서 선교적 교회로의 전환은 매우 어렵다. 그러나 전체적인 그림을 보면서 성도 한 사람 한 사람을 그리스도의 신실한 제자로 세우는 노력을 아끼지 않고 성령님의 인도하심을 받으면 반드시 주님께서 원하시는 모습으로 갈 수 있다고 확신한다.

──────── 나 눔 을 위 한 질 문

1. 축소되지 않은 복음을 설명해 보라.

2. 세이비어 교회와 내가 섬기는 교회를 비교해보자. 근본적인 차이가 있다면 무엇인가?

3. 내가 섬기는 교회가 담장을 넘어 주위에 사는 타민족(외국인)을 향해 간다고 상상해보자. 하나님께서는 나를 어떻게 사용하실 것이라고 생각하는가?

변화의 실제

08. 변화를 말하다

100년 이상 필름 업계에서 타의 추종을 불허했던 코닥 회사가 2012년 파산 신청을 했다. 아날로그에서 디지털로 바뀌어 가는 세상에서 더 이상 필름과 프린트에 의존하지 않는 카메라 문화가 오고 있다는 것을 알면서도 계속 시간을 끌다가 타 회사에 주도권을 빼앗기고 만 것이다. 그나마 필름과 카메라 사업부를 매각하고 다른 방면으로 눈을 돌렸기에 아직 코닥이란 이름이 남아있지만, 그만큼 시대적 변화를 잘 읽고 민감하게 반응하는 것이 얼마나 중요한지 보여준 케이스였다. 기업이건 교회이건 전통과 역사가 생존의 걸림돌이 될 수 있다는 것을 시사한다.

허드슨 테일러(1832-1905)가 중국 선교를 할 때 영국에서 중국까지 항해하는 데 4개월이 걸렸다. 이렇게 선교지가 먼 거리에 있는데, 선교의 중요한 결정을 현지가 아니라 런던에서 지휘한다는 것은 너무나도 비현실적이라고 판단한 테일러는 중국내륙선교회를 창설하면서 현지에 선교 본부를 두고 중대한 결정을 직접 내리는 체제로 바꾸었다. 그 당시 이 변화는 한마디로 파격적이었다. 지금 우리는 날로 변하는 시대를 살고 있다. 세계 어디에서나 일어나는 소식을 당장이라도 접할 수 있고, 지구촌 어느 마을이든 하루나 이틀이면 갈 수 있는 세상이 되었다. 21세기 교회는 사역의 본질이 무엇인지를 잘 파악해야 한다. 바뀌어서는 안 되는 것과 바뀌어도 되는 것이 무엇인지를 분별할 수 있어야 변화에 대한 두려움도 줄어든다.

교회는 변해야 한다. 복음이 변했기 때문이 아니라, 복음을 받아들이는 대상과 그 환경이 수시로 변하기 때문이다. 이런 상황에서 복음 전달자가 제대로 준비되어 있는지, 그리고 복음 전달 방법이 시대적으로 맞는지를 잘 살펴야 한다. 신앙의 본질과 비본질을 지혜롭게 분별하여 전통적 교회에서 선교적 교회로의 전환을 시도해야 한다. 여기에는 성령님의 인도하심이 가장 중요하다. 기도 속에서 선교적 교회로 가는 성도들은 매일매일 순종을 결단해야 한다.

그런데 기성 교회가 과연 변할 수 있을까? 이것은 매우 어려운 일이다. 특히 오랜 역사와 전통을 가진 교회일수록 변화에 대해 냉정하다.

- 과거에 잘한 일이 많고, 좋았던 기억이 선명하게 남아 있는데, 굳이 무엇을 바꾸겠다는 말인가?
- 지금까지도 잘했는데, 굳이 모험을 걸면서까지 변화를 주도할 필요가 있겠는가?

하며 물을 수 있다. 그러나 21세기 교회는 반드시 변해야 산다. 전통을 중요시하는 교회일수록 조심해야 한다. 세상은 날로 변하고 있고 복음을 전해야 할 대상 역시 빠르게 변하고 있는 세상에서, 교회가 변화에 민감하지 못할 때, 스스로 무덤을 파는 것과 다를 바 없다. 지금 당장 문제가 없다고 내일이 안전한 것이 아니다. 내일의 안전을 위해서는 오늘 해야 할 일을 반드시 해야 한다.

토론토 미드 타운에 위치한 어떤 교회는 한때 3백 명이 들어가는 본당이 꽉 채워질 정도로 활발하게 모이는 백인 교회였다. 지난 40년 사이에 토론토에 정착한 이민자들의 대부분은 유색 인종이다. 토론토 인구의 절반 이상이 영어를 모국어로 사용하지 않는 이민자들이다. 이런 변화가 있었는데도 불구하고, 지금 우리가 말하는 교회는 별다른 변화를 감지하지 못했다. 한때는 3백 명이 모였던 본당에 서서히 예배자가 줄어들면서 어느 순간 문을 닫게 되었다. 오래전부터 교회를 섬겼던 신실한 성도들이 하나둘씩 세상을 떠나고, 그들의 자녀 역시 도심 밖으로 이주했기 때문에 도저히 교회를 운영할 힘이 없었다. 교단은 이 교회를 폐지하여 콘도 개발업자에게 팔았고, 업자는 교회 건물을 부수고 그 땅에 콘도를 지었다. 안타깝게 교인도 잃고 교회 건물도 잃은 격이 되었다.

40년 전으로 돌아가서 다시 생각해 보자. 이민자들이 처음 교회 근처에 정착했을 때, 이 교회가 할 수 있는 일은 무엇이었을까? 비록 피부색깔은 다르지만, 그들을 초청해 그리스도의 사랑을 나누었다면 어떻게 되었을까? 신규 이민자들을 위한 세미나를 개최하고 영어를 가르쳤다면, 이민자들이 어떤 눈으로 교회를 바라보았을까? 아쉽게도 별다른 조치가 없었기 때문에, 이민자들에게는 '나와는 상관이 없는 교회'가 되었던 것이다. 냉철히 말해서, 조치를 하지 않기로 분명한 선택을 한 것이었다. 무언의 성명을 발표했다. "아무리 교회 근처가 유색 인종으로 바뀐다 해도, 우리 교회는 백인 교회로 남을 것이다." 왜 복음을 선포해야 할 교회가 이런 선택을 했을까? 변화에 대한 거부감 내지는 두려움 때문이다. 그래서 우리는 냉철하게 물어야 한다. 무엇이 더 중요한가? 복음인가 전통인가? 무엇이 본질이고 무엇이 비본질인가? 복음을 위해서라면 필요한 변화를 감수해야 하지 않을까? 우리에게 선택의 자유가 있을까?

이 장에서는 안디옥 교회를 중심으로 변화의 필요성에 대해 말하고자 한다. 우리가 반드시 배워야 할 안디옥 교회는 한마디로 복음을 위해 과감하게 변화를 수용한 교회다. 변하지 않는 복음을 변하는 세상에서 멋지게 전한 교회였다.

1. 열방을 위한 교회

안디옥 교회는 시작부터 달랐다. 모든 제자가 예루살렘을 떠날 생각을 하지 않을 때, 성령께서는 이들을 강하게 밀어내셨다. "오직 성령이 너희에게 임하시면 너희가 권능을 받고 예루살렘과 온 유대와 사마리아와 땅끝까지 이르러 내 증인이 되리라."(행 1:8) 하신 말씀이 분명히 이루어지도록 제자들을 예루살렘에서 밀어내신 것이다. 스데반의 순교와 함께 예루살렘에 커다란 박해가 일어나면서 제자들은 복음을 들고 사방으로 흩어졌다(행 8:1). 가는 곳마다 복음을 전하던 무리가 안디옥에 도착했을 때, 복음이 유대인에게서 헬라인에게로 옮겨가는 놀라운 사건이 일어난다.

> 그때에 스데반의 일로 일어난 환난으로 말미암아 흩어진 자들이 베니게와 구브로와 안디옥까지 이르러 유대인에게만(only to Jews) 말씀을 전하는데 그중에 구브로와 구레네 몇 사람이 안디옥에 이르러 헬라인에게도(to Greeks also) 말하여 주 예수를 전파하니(행 11:19-20).

더 이상 유대인에게만 복음을 전하는 것이 아니라, 헬라인에게도 선포되었다는 사실이다. 안디옥에서의 전도는 유대인을 넘어서 이방인에게로 가는 중요한 시점이 되었다. 더 이상 복음은 할례받은 이스라엘 백성만을 위한 기쁜 소식이 아니라, 열방을 부르시는 하나님의 사랑가가 되었다. 엄청난 패러다임 전환이 일어났다. 물론 '그것은 유대인들의 복음화를 중단해야 한다는 것이 아니라 이방인의 복음화를 시작해야 한다는 것'[1]에 중점을 둔 내용이다.

제자들이 예루살렘에만 머무는 한, 그들은 복음이 유대인의 벽을 넘어 열방으로 가야 한다는 사실을 깨닫지 못할 수밖에 없었다. 이스라엘 민족의 고질적인 문제, 즉 자기중심적인 신앙 때문이었다. 그들은 너무나도 하나님을 자신의 편에 두는 일에 익숙해 왔고, 열방의 하나님이 되신다는 것을 깨닫지 못했다. 창세기에 나오는 족장 이야기, 즉 아브라함부터 이삭, 야곱, 요셉에 이르기까지 모든 스토리는 이스라엘 백성을 중심으로 전개된다고 믿었다. 열방을 향하신 하나님의 뜻을 깨닫지 못한 것이다.

하나님께서 아브라함을 처음 부르실 때를 보면 그 내용 속에 아주 중요한 결론이 내포되어 있었다. 즉, "내가 너로 큰 민족을 이루고 네게 복을 주어 네 이름을 창대하게 하리니 너는 복이 될지라 … 땅의 모든 족속이 너로 말미암아 복을 얻을 것이라."였다(창 12:2, 3). 잠시 그들이 잊을 수는 있었지만, 그러나 하나님의 계획 속에서는 차질 없이 땅의 모든 족속이 복을 얻게 되어 있었다는 점이다. 그런데 아쉽게도 이스라엘 민족은 자기중심적으로만 생각했지, 열방을 향한 하나님의 원대한

---

1 존 스토트, 정옥배 옮김 『사도행전 강해』 (서울: IVP, 2012), 304쪽.

계획에 대한 이해가 절대적으로 부족했다. 오늘날 이 땅에 수많은 교회들이 있지만, 자기중심적으로 생각하는 교회가 많다. 그런 교회는 이웃에게 좋은 소식이 되지 못한다. 반면 안디옥 교회를 시작한 성도들은 무엇인가 달랐다. 복음을 유대인에게만 전할 것이 아니라 이방인들에게도 전해야 하겠다는 분명한 방향의 전환이 있었다. 그런 마음으로 이방인들에게도 복음을 전한 이들이 신선하게 보인다.

시편 67편을 보면 안디옥에서 말씀을 전했던 사람들과 비슷한 생각을 가졌던 시편 기자가 나온다. 시편 67편이 언제 써졌는지 정확히는 알 수 없지만, 일부 학자들은 추수를 마치고 하나님께 감사제를 드릴 때 사용되었다고 하고, 또 어떤 학자는 예루살렘을 강타한 커다란 시련 앞에서 이스라엘을 지키시는 하나님을 보며 열방이 감동을 받게 해 달라는 내용이라고 해석한다.[2] 아론의 제사장 기도(민 6:24-26)와 시편 67편을 비교하면서 해석해 보자. 둘이 유사하지만 분명히 다른 점이 있다. 제사장 기도가 바뀌어 시편 67편 기도가 되었는데, 가장 근본적인 차이는 전자는 이스라엘 백성만을 위한 축복 기도이고, 후자는 열방을 향한 축복 기도라는 점이다. 이스라엘 민족에게 주시는 그 복이 이제는 인종의 벽을 넘어 모든 민족을 축복하는 기도가 되었다.

---

[2] 시편 학자 궁켈(Gunkel)을 중심으로 이 시는 7절에 나오는 '땅의 소산물'을 두고 하나님께 감사하는 추수 감사 절기가 배경이라는 주장이 지배적이지만, 일부 학자들은 열방의 구원을 향하신 하나님의 신실하심을 선포하는 목적이라고 주장한다. Phil J. Botha, 'Psalm 67' *Old Testament Essays* 17/3 (2004), 365-379를 보라.

아론의 기도(민 6:24-26)	시편 기자의 기도(시 67:1-7)
여호와는(YHWH)	하나님은(엘로힘)
우리에게 복을 주시고 우리를 지키소서, 얼굴을 우리에게 향하시고 은혜를 베푸소서, 얼굴을 우리에게 향하시고 평강을 주소서.	우리에게 은혜를 베푸사 복을 주시고, 얼굴빛을 우리에게 비추사 주의 도를 땅 위에, 주의 구원을 모든 나라에게 알리소서
이같이 내 이름으로 이스라엘 백성을 축복하라 내가 그들에게 복을 주리라	민족들이 주를 찬송하게 하소서
	땅이 소산을 내어 주고 … 하나님이 우리에게 복을 주시리로다

시편 67편의 시대적 배경을 바벨론 포로 시대나 그 이후로 보는 것이 타당하다. 아론의 기도를 인용하면서도 시편 기자는 적어도 두 가지 중요한 변화를 주도했는데, 바벨론 포로 시대나 그 이후와 맞기 때문이다. 첫째, 하나님의 이름을 '여호와'에서 '엘로힘'으로 표기했다. 여호와(YHWH)는 모세가 호렙산 떨기나무 아래에서 받은 언약의 이름이다. 여호와 혹은 "나는 스스로 있는 자이니라."(출 3:14)는 이스라엘을 자기의 백성으로 삼으시는 하나님께서 이스라엘 백성에게만 주신 고유의 이름이다. 그런데 시편 기자는 더 이상 '여호와'를 사용하지 않고, '엘로힘'을 사용했다. '엘로힘'은 모든 민족이 보편적으로 사용할 수 있는 중립적인 이름이다. 예루살렘을 떠나서 사용하기에 적합한 이름이자 열방을 염두에 둔 이름이라고 말할 수 있다. 둘째, 아론의 제사장 기도에는 "여호와는 네게 복을 주시고 너를 지키시기를 원하며 …"로 일방적인 축복을 구하는 것으로 끝나지만, 시편 기자의 기도는 "우리에게 은혜를 베푸사 복을 주시고 그의 얼굴 빛을 우리에게 비추사 …"하며 은혜와 빛을 받는 목적이 있음을 말하고 있다. 그 목적은 바로 "주의 도를

땅 위에, 주의 구원을 모든 나라에 알리소서."이다. 즉 이스라엘이 혼자 복을 받고 끝나는 것이 아니라, 그 복을 받음으로써 열방이 주의 구원을 알게 해 달라는 목적 접속어(purpose clause)가 들어있다.

위 두 가지 변화는 이스라엘 백성이 바벨론 포로 생활 중이나 그 후에 많은 생각의 변화가 있었음을 증거한다. 이스라엘은 바벨론으로 끌려와 더 이상 성전 중심의 제사를 드리지 못하자, 회당을 짓고 말씀 중심의 신앙생활을 시작했다. 그때 그들은 비로소 여호와 하나님이 우리 민족만의 하나님이 아니라, 열방의 하나님이 되심을 깨달았고, 적극적으로 이방 전도에 나서기 시작했다. 물론 유대교로 끌어들이기 위한 전도였다.[3] 이제는 열방이 다 나와 하나님께 예배드려야 한다는 진리를 깨닫고 전도하기 시작한 것이다. 그런 깨달음과 열방을 향한 열심이 시편 67편에 잘 비추어졌다고 본다. 이 시편을 읽으면 읽을수록 선교가 무엇인지, 지역 교회가 어떤 마음가짐을 가지고 주위에 사는 여러 민족에게 복음을 전해야 할지를 보여준다.

이스라엘은 바벨론 포로 생활을 하면서 비로소 자신의 참된 소명을 깨달았다. 이전에는 창세기 12장 3절에 나오는 중심 사상을 깨닫지 못했다. 왜 아브라함을 택하시고 그에게 복을 주시겠다고 하셨는지, 어떻게 그를 통해 열방이 복을 받길 원하시는지를 몰랐다. 다른 말로 표현해서, 모든 족속에게 복을 주시겠다는 목표의 보편성('모든 족속으로 말미암아…')과, 그 일을 위해 수단의 특정성을('너로 말미암아') 정하신 것을 깨닫지 못한 것이다.[4] 시편 67편을 읽으며, 창 12:3 말씀을 이제는 이해

---

3 Richard R. De Ridder, *Discipling the Nations*. Grand Rapids: Baker, 1971, 77쪽.
4 크리스토퍼 라이트는 이 부분에 대해 이렇게 저술한다. "목표의 보편성(모든 족속)과 수단의

하기 시작했다는 증거를 본다. 바벨론 포로 생활을 통해 예루살렘 성전을 중심으로 했던 신앙생활이 얼마나 소중했던 것인가를 깨달았으며, 이제는 주위를 돌아보며 열방의 하나님을 믿고, 열방을 하나님께로 인도하겠다는 마음을 가진 것이다.

다시 안디옥 교회 이야기로 돌아가보자. 안디옥으로 흩어진 전도자들은 예루살렘 교회가 보여주지 못한 것을 보여주었다. 그들은 과감하게 복음의 대상을 넓혀 유대인에게서 이방인들에게로 갔다. 그뿐 아니라, 그 교회의 지도자 바울과 바나바는 철저한 제자 훈련을 통해 그리스도인의 정체성을 심어주었고, 문화적 배경이 다른 여러 지도자들이 한마음으로 교회를 이끌었으며, 흉년으로 어려움을 당한 예루살렘 성도들을 위해 귀한 구제 헌금을 보내기도 했다. 무엇보다 성령의 음성을 들으며 바울과 바나바를 세계 선교를 위해 파송한 위대한 교회다(행 11:19-30; 13:1-3). 한마디로 엄청난 패러다임의 전환이었다. 우리에게는 안디옥 교회처럼 복음의 열정을 가지고 신선한 모습을 보여주는 교회가 필요하다. 자신들을 위해 더 크고 편리한 건물을 짓고, 더 화려한 행사를 하는 교회가 아니라, 소외된 이웃과 함께 아파하며 그리스도의 사랑을 나누는 교회가 필요하다. 복음을 위해서라면 인종의 벽도 과감하게 뚫을 수 있는 교회, 복음을 위해서는 새로운 일에도 기꺼이 도전하는 교회가 필요하다.

특정성(너로 말미암아) 간의 긴장은 구약 이스라엘 역사의 제일 첫 순간부터 나온다. 그것은 성경적 선교 신학에 기초가 되는 긴장이다." 『하나님의 선교』(2010), 281.

2. 모험을 두려워하지 않는 교회

안디옥 교회는 모험을 두려워하지 않았다. 그래서 변화가 가능했고, 변화는 이방인 전도라는 무궁무진한 가능성을 가져다주었다. 먼저 안디옥 교회의 지도자들을 보자. 그들이 어떤 배경에서 왔는가를 보면 안디옥 교회가 새로운 것을 시도하고 모험을 두려워하지 않는 교회라는 것을 알 수 있다.

> 안디옥 교회에 선지자들과 교사들이 있으니 곧 바나바와 니게르라 하는 시므온과 구레네 사람 루기오와 분봉 왕 헤롯의 젖동생 마나엔과 및 사울이라(행 13:1).

다섯 지도자를 하나씩 살펴보자. 첫 번째로 바나바가 나온다. 그는 '구브로에서 태어난 레위족 사람'으로 이미 소개되었다(행 4:36). 헬라 문명을 도입한 유대인 디아스포라였다. 두 번째는 니게르라고 불리는 시므온이다. 니게르는 '검은'이란 뜻이니 아프리카 출신을 말하고 있다. 주님께서 골고다 언덕까지 십자가를 지고 가실 때, 주님의 십자가를 대신 지은 이가 알렉산더와 루포의 아버지 구레네 사람 시몬이다(막 15:21). 알렉산더와 루포가 기독교 공동체에 잘 알려진 것으로 보아 안디옥 교회의 시므온이 바로 알렉산더와 루포의 아버지 시몬이 아닌가 추측한다.[5] 세 번째는 구레네 사람 루기오라고 했다. 시므온처럼 루기오 역시 아프리카 출신이고 검은 피부를 가졌을 것이다. 네 번째는 '분봉 왕 헤롯의 젖동생 마나엔'이다. 여기서 말하는 분봉 왕 헤롯은 헤롯

---

5 존 스토트, 『사도행전』, 328-329쪽.

안디바(BC 20 - AD 39)를 말한다. 그는 갈릴리를 맡았던 왕이고, 이복동생 헤로데 빌립보 2세의 처 헤로디아와 결혼한 것에 대해 세례 요한이 직언을 한 적이 있는데, 결국은 세례 요한의 목을 베어 복수한 자로 성경은 기록하고 있다(막 6:14-29). 그러니까 마나엔은 이런 자의 젖동생(친한 친구)으로 궁중에서 함께 자랐다는 뜻일 것이다. 마지막으로 사울이 나온다. 길리기아 다소 출신인 그에 대해서는 잘 알려져 있다. 예수를 믿기 전에 이미 율법학자 가말리엘의 개인적 수업을 받으며 자란 바리새인 중에서도 바리새인이라고 말하는 완벽한 율법주의자 출신이다.

이렇게 다섯 명 지도자의 이름을 상세히 소개하는 이유가 무엇일까? 사도행전의 저자 누가는 분명히 안디옥 교회의 지도자들이 얼마나 다양한 문화적 배경에서 왔는지를 강조하고 싶은 것이다. 예루살렘 교회를 이루는 리더십과 비교해 볼 때 파격적인 차이가 있음을 분명히 의도하고 있다. 복음이 새로운 땅에 들어와서 유대인만이 아니라 이방인에게도 전해지기 시작하여 교회가 세워지자, 안디옥 교회는 과감하게 다양한 배경에서 온 지도자들을 세운 것이다. 오늘날 급변하는 세상에서 교회가 새로워지려면 과감한 모험도 받아들일 수 있어야 한다. 과감한 리더십의 변화도 필요하다.

그런데 모험을 가장 두려워하고 원하지 않는 교회 멤버들은 누구일까? 그 교회에 대한 애정이 깊으면 깊을수록 자신도 모르게 소유권을 행사하려고 한다. 비가 오나 눈이 오나 교회를 섬기며 지키는 신실한 성도들이 있다. 창립 멤버가 될 수도 있고, 건축에 헌신했던 골자 성도가 될 수 있다. 교회에는 많은 사람이 오고 가지만, 끝까지 교회를 지키는 die hard(끝까지 버티는) 멤버들이 있다. 그런데 조심해야 할 것은 나도 모르게 교회에 대한 애정이 너무 깊다 보니 소유권을 행사하는 것이다. 교회를 여기까지 지켰고, 앞으로도 지킬 것이기에 교회에 대한 생각이 많다.

이민교회가 처음 시작될 때, 모든 교회가 셋방살이를 해야 했다. 백인 교회를 두드리고 간절히 교회 공간을 빌려달라고 부탁해야 했다. 다행히도 넓은 마음을 가진 교회들이 많아서 어렵지 않게 해결되었다. 그런데 시간이 지나면서 김치 냄새도 풍기고 숫자도 늘어나면서 은근히 나가야 하는 압박을 받게 된 것이다. 토론토영락교회도 예외는 아니었다. 돈밀스연합교회 건물을 빌려 오후에 예배를 드리기를 꼬박 14년 했다. 그동안 캐나디언 회중들에게서 불평도 있었다. 우리 어린이들이 너무 시끄럽다고, 아니면 김치 냄새가 심하다고 불평을 했지만, 감사하게도 우리가 긴 세월을 버틸 수 있었던 것은 그 교회 맥도널드 목사님이 회령 출신의 선교사 자녀였기 때문이었다.

어쨌든 교회는 커지고 결국 밖으로 나가 내 집 장만을 해야 했다. 이때 수고한 이민 초기 성도들의 정성을 누가 알아줄까? 은행에 가서 헌금할 돈을 빌리러 왔다고 하면, 대출 담당자가 믿지 못하겠다는 눈으로 쳐다보았다. '아니, 헌금하기 위해 대출을 받는다고요?' 그렇게 교회 건축을 여러 번 해서 여기까지 온 것이다. 집을 담보로 대출받아 건축 헌금을 한 성도가 교회를 사랑하는 마음은 묻지 않아도 알 만하다. 그런데 이런 분들에게 새로운 일을 위해 변화를 소개할 때, 일반적인 반응은 저항이다. 일단 교회를 안전하게 지키는 데 프로그램이 되어 있기 때문에 섣불리 새로운 방향으로 눈을 돌리지 않는다. 예배 순서부터 교회 조직에 이르기까지 가능하면 우리가 해 왔던 방식을 그대로 따라가길 원한다.

여기에 변화를 추구하려는 목회자는 반드시 진통을 치러야 한다. 특히 교회 역사에 오랜 기간을 함께 하지 않았다면 입지가 매우 약할 수밖에 없다. 변해야 사는데, 교회를 진심으로 사랑하는 교인들은 변화를 두려워하거나 원하지 않을 때, 문제는 심각해진다.

사도행전에 나오는 안디옥 교회는 시작 단계였기 때문에 변화를 추구해도 별로 잃을 것이 없었다. 그래도 우리는 안디옥 교회에 박수를 쳐 주어야 한다. 생각처럼 쉽지 않기 때문이다. 안디옥 교회는 철저하게 현상 유지라는 개념을 받아들이지 않았다. 가보지 않은 길을 기꺼이 가겠다는 마음이 그들을 지배했다. 그 이유는 단 한 가지, 복음을 위해서였다. 교회의 리더십을 조성하는데, 각각 다른 문화적 배경에서 온 지도자들이 한 팀을 이루었다. 복음이 더 편만하게 전파될 수만 있다면, 어떠한 변화도 가능하다는 자세를 가졌다. 그 결과 첫째, 복음이 유대인에게만이 아니라 헬라인에게도 전해졌고, 둘째, 안디옥 교회의 리더십을 다양한 문화적 배경의 사람들로 만들었고, 셋째, 성령께서 명령하실 때 가장 중요한 리더 바나바와 바울을 스스로 포기하며 열방을 위해 파송했다. 일반적으로 교회들은 새로운 일을 시도하려 하지 않는다. 리스크를 원치 않기 때문이다. '우리는 해본 적이 없다.'라고 하면 거부할 수 있는 명분이 생긴다. 그 말은 '우리는 그런 일을 하지 않고서도 충분히 잘 지냈다.'라는 변명 내지는 방어를 한다. 그 안에 본질적인 포인트는 굳이 위험 요소를 만들 필요가 없다는 것이다. 문제는 리스크가 없는 곳엔 발전도 없다는 것이다.

토론토에 '더 미팅 하우스'(the Meeting House)라는 교회가 있다. 재세례파 메노나이트(Mennonite)의 뿌리를 둔 형제 교단 소속 교회다. 다른 교회들처럼 고령화 문제와 함께 서서히 젊은이들이 교회를 떠나는 문제를 다루는 전형적인 교회였는데, 1990년대에 새로운 목회자가 부임하면서 모든 것이 바뀌었다. 20대와 30대를 겨냥한 사역을 시작했다. 설교자는 히피처럼 덥수룩한 머리를 양어깨에 펼치고 스타벅스 커피를 손에 들고, 높은 의자에 다리를 꼬고 앉아 말씀을 증거하기 시작한다. 얼핏 보기에는 껄렁껄렁한 사람이 무슨 말을 하겠나 하고 의아해한다. 그런데 조금씩 듣다 보면 자신도 모르게 설교자의 변증학적 말씀에 빨려 들어간다. 설교의 주제도 과감하게 접근한다. 예를 들어, 젊은이들이 고민하는 야동에 대해서 진솔하게 접근하며 복음 안에서 해결책을 찾으려 한다. 야동을 정죄하고 듣는 이로부터 수치심을 유발해서 율법적인 사람이 되게 하는 것이 아니라, 복음 안에서 치유와 회복을 받게 하여 하나님의 은혜 가운데로 들어가게 하려는 목적이다. 미팅 하우스는 기존 교회와 다르다. 젊은이들에게 복음을 선포하기 위해 문화적 벽을 넘어선 것이다. 그래서 대부분 교회가 젊은이들을 잃어가지만, 이 교회는 오천 명이 넘는 젊은이들이 매주 예배를 드리고 있다. 불변하는 복음을 젊은이들의 눈높이에 맞추어 전하겠다는 의지가 오늘의 미팅 하우스를 탄생시켰다. 복음을 위해서는 모험을 두려워하지 말아야 한다. 오히려 아무것도 하지 않으면 교회가 서 있던 자리에 또 하나의 콘도 건물이 올라갈 것이다.

3. 선한 지도자가 있는 교회

변화의 중심에는 선한 지도자들이 있다. 성령의 인도하심을 추구하는 선한 지도자들이다. 안디옥 교회가 든든하게 서서 세계 선교를 위한 베이스캠프로 쓰임을 받기까지 그 배후에는 이 교회를 올바로 인도한 지도자들이 있었다. 안디옥 교회가 크게 쓰임을 받은 이유는 바나바가 있었기 때문이다. 성도들은 그의 인격을 믿었고, 그의 리더십을 따랐다. 성경은 바나바를 주시한다. 이미 사도행전 4장에서 바나바는 자신의 밭을 판 돈 전부를 사도들의 발 앞에 바치며 메시아 중심의 공동체 일원이 되었다고 했다. 바로 다음 장에 나오는 아나니아와 삽비라는 공동체를 속인 악한 사람들이었다. 마치 바나바처럼 자신들도 모든 것을 다 바친 척했지만 사실은 거짓이었고, 하나님의 심판을 받았다.

그러나 바나바는 선한 지도자였다. 수많은 열방 사람들이 예수를 믿고 안디옥 교회로 들어올 때, 중심에 서서 이들을 환영하고 양육했던 사람이 바로 바나바다. 누가는 바나바를 이렇게 묘사했다.

> 바나바는 착한 사람이요 성령과 믿음이 충만한 사람이라 이에 큰 무리가 주께 더하여지더라(행 11:24).

그렇다. 바나바를 착한 사람이라고 했다. '착한' 사람이란 '선하다'라는 뜻이다. 악의 반대다. 바나바를 볼 때 악에 눌려 있던 영혼이 선한 사람을 통해 역사하시는 하나님의 치유를 받는 아름다운 상황을 상상하게 한다. 우리 주위에도 선하게 살려고 노력하는 사람들이 있다. 실제로 그런 사람들과 함께 있으면 기분도 좋고, 우리의 마음도 더불어 선해지는 것을 느끼게 된다. 악이 아니라 선을 도모하는 사람들이다.

바나바는 착한 사람, 선을 도모하는 사람이었을 뿐만 아니라 '성령과 믿음이 충만한 사람'이었다고 묘사한다. 성령이 충만하다는 말은 성령의 인도하심을 받고 성령의 지배 아래 살아가는 것이 아주 충만한 모습이었다는 말이다. 그는 성령의 음성을 듣고 성령의 지시에 따르며 순종하는 그런 삶을 살았기에 이런 별칭이 붙었다고 본다. 자신의 밭을 판아 사도들 발 앞에 놓을 때도 분명히 성령의 인도하심을 받은 것이다. 성령이 충만하다는 의미의 정반대는 세상 생각, 세상 가치로 가득 찼다는 뜻이다. 세상적으로 계산하고, 사람을 만나도 다 계산적으로 만나는 것이다. 자원봉사를 해도 그 의미대로 자원해서 봉사하는 데 목적을 두는 것이 아니라, 이것이 나의 미래에 어떤 도움을 주는지를 철저히 계산해서 스펙 쌓기를 하는 것이다. 숨이 막힐 정도로 답답한 삶이 아닐 수 없다. 인생의 모든 경험이 성공을 위해 줄을 서야 한다는 말인가?

바나바는 성령이 충만했고, 믿음 역시 충만했다. 여기서 성령 충만과 믿음 충만은 하나님의 인도하심에 인간이 믿음으로 반응하는 것을 말한다. 아무리 성령의 인도하심이 있어도, 믿음으로 답하지 못하면 하나님의 역사는 일어나지 않는다. 바나바는 성령의 음성을 들었고, 믿음으로 반응했다. 안디옥 교회가 훌륭한 교회가 된 이유는 바나바가 있었기 때문이다. 착한 사람, 성령의 사람, 믿음의 사람이 교회 중심에서 성도들을 섬기고 있었기 때문이다.

그런데 여기서 그치지 않는다. 바나바는 절대적으로 인력이 부족하다는 것을 절감했다. 늘어나는 성도들을 제자화시키기에 도저히 혼자의 힘으로는 안 된다는 것을 알고 그는 고향으로 돌아가 있던 바울을 다시 불러온다. 다소로 가서 바울에게 협력을 요청한다. 아니, 나중에 보게 되지만, 바울을 말씀의 교사로 일선에 세우고 자신은 겸손히 뒷전으로 물러선다. 여기서 바나바의 겸손함까지 본다. 이런 지도자가 있는 교회는 결코 망할 수가 없다. 아, 우리에게 이런 지도자들이 더 필요하다. 높은 자리에 있거나 남을 통치할 수 있는 자리를 뒤로하고, 가르치는 은사가 있는 사람을 불러서 양육을 제대로 하겠다는 올바른 생각을 가진 사람들이 필요하다. 그리고 할 일을 다 했을 때, 성령의 인도하심 따라 바울과 바나바는 안디옥의 모든 리더십을 내려놓고 복음 전도자로 파송을 받아 교회를 떠난다. 미련 없이, 아무런 소유욕 없이 교회를 떠난다. 잘 떠나는 것도 정말 중요하다. 어떻게 보면, 이런 생각을 갖는 것이 지극히 당연한 것이 아니냐고 물을 수 있다. 이렇게 하지 않는 것이 오히려 이상하고 이기적이지 않느냐고 생각할 수 있다. 그런데 명예욕에 휩싸인 사람은 상식 밖의 생각을 한다. 대중이 필요한 것을 묻기 전에 자신의 욕구를 채우려 무리수를 두는 것이다. 떠나야 할 때 떠나지 않는 것을 포함해서!

결국 선교적 교회가 되기 위해 절실히 필요한 것은 올바른 리더십이다. 한국교회는 목회자 중심 구조로 많은 일이 이루어지기 때문에 목회자의 올바른 리더십이 특별히 요구된다. 이제 한국교회는 권위주의나 성장 시대에서 요구했던 리더십을 과감하게 버리고 새로운 리더십을 찾아가야 한다. 이 시대가 요구하는 리더십은 70년대나 80년대에 통했던 카리스마가 넘치는 일인 체제가 아니다. 오히려 이제는 바나바와 같은 선한 리더십이 필요한 때다. 장신대 한국일 교수가 생각하는 바람직한 선교적 교회 목회자의 모습을 생각해 보자.

> 그러나 오늘과 같이 성장 시대를 넘어 침체와 저성장을 경험하고 있는 시대에는 우리 시대의 문제를 극복할 수 있는 창의적이고 도전적이며 유연한 목회 리더십이 요구된다. 기능적인 면에서 목회자의 역할이 여전히 중요하지만 그 실행 방식은 과거와는 달라져야 하는 것이다.[6]

---

6 한국일, 『선교적 교회의 이론과 실제』 (서울: 장로회신학대학교출판부, 2016), 311쪽.

여기서 '유연한 목회 리더십'이란 표현이 눈에 들어온다. 바나바의 리더십을 생각나게 한다. '선한' 혹은 '착한' 리더십과 '유연한' 리더십은 일맥상통한다. 자신의 주장을 너무 내세우지 않고, 여러 사람과 어울려 함께 주의 일을 해나가는 협력하는(collaborative) 모습을 찾아볼 수 있기 때문이다. 물론, 바나바가 완벽한 사람은 아니었다. 1차 전도 여행을 마친 후, 그는 바울과 심히 다투었다. 바나바는 그들을 실망시켰던 마가 요한을 세워 주고 한 번 더 기회를 주자고 했고, 바울은 반대했다. 결국 두 사람은 마가 때문에 결별하게 되는데(행 15:36-41), 훗날 돌아보았을 때는 바나바의 판단이 옳았던 것을 바울도 인정했다. 옥중에서 바울은 마가를 찾으며 '나의 일에 유익한' 자라고 했다(딤후 4:11).

다시 한번 정리하면, 우리는 안디옥 교회에서 몇 가지를 배운다.

- 열방을 위한 교회 – 유대인 전도에서 이방인을 포함한 전도로 전환함.
- 모험을 두려워하지 않은 교회 – 복음을 위해서라면 어떤 변화도 두려워하지 않음.
- 선한 지도자들이 있는 교회 – 성도를 잘 훈련함, 떠날 때 잘 떠남.

오늘날 우리에게는 열방을 향해 복음을 전하겠다는 교회가 필요하고, 복음을 위해서는 어떠한 변화도 두려워하지 않는 교회가 필요하다. 그리고 선한 지도력으로 성도의 신뢰를 받으며 교회를 섬길 지도자들이 필요하다.

선한 지도자의 예를 들고 이 장을 마친다. 구한말 민중의 삶을 위협한 것 중의 하나는 원인 모를 전염병이었다. 그중에서도 괴질이라고 불렸던 콜레라는 한마디로 무서운 병이었다. 주로 오염된 물이나 음식물을 통해 옮겨지는 전염병으로 1821년 중국에서 의주를 거쳐 한반도에 처음 들어왔다는 기록이 있다. 일단 콜레라가 발병하면 장안이 떠들썩해지며 순식간에 수천, 수만 명의 사망자를 내곤 했다. 1821년에 일어난 콜레라는 수십만 명의 생명을 앗아갔다. 그 외에도 장티푸스, 천연두, 이질, 말라리아 같은 전염병이 많았지만, 그래도 콜레라만큼 위협적인 것은 없었다.

한번은 콜레라가 시작되었다는 소식을 들은 고종이 그 당시 자신의 주치의인 올리버 에비슨(Oliver Avison) 선교사를 방역책임자로 임명하며 최선을 다해 피해를 줄여달라는 요청을 한다. 그 당시 우리 선조들은 콜레라에 대해 무지했다. 이런 염병을 다스리는 방법은 부적을 매달아 걸고 빌어야 한다고 했다. 에비슨은 미신적인 방법을 배척하고 장안을 청결하게 유지할 것을 주문했다. 그 당시 선교사 눈에 비추어진 서울은 지저분하기로 이루 말할 수 없었다. 오물을 버리는 시설이 되어 있지 않아 길거리에 악취가 나고, 당연히 콜레라와 같은 전염병에 노출되기 십상이었다. 에비슨과 여러 선교사, 그리고 성도들의 노력으로 콜레라가 떠나갔다.

콜레라 확산을 성공적으로 예방한 에비슨에게 조선 정부는 고마움을 표하며 선물을 전달했다. 이때 에비슨의 친구 사무엘 무어(Samuel Moore) 선교사는 자신이 전도한 백정들의 아픔을 보면서 에비슨에게 백정의 인권을 회복해 달라고 부탁한다. 백정은 집안 대대로 내려오는 저주였다. 조상이 백정이면 아무리 노력해도 그 신분을 벗어날 수 없었다. 성인이 되어도 상투를 두르고 갓을 쓰지 못하는 백정의 한을 풀어주기 위해 에비슨과 무어는 조정 관리들을 찾아가 간곡히 부탁했다. 이렇게 해서 조선의 백정 제도는 사라졌고, 사람 취급을 받지 못했던 백정들이 사람 노릇을 하게 되었다. 그중 한 사람, 백정 박성춘의 아들 박서양은 에비슨 밑에서 공부한 한국 최초의 의사가 된다.[7] 에비슨과 무어 선교사는 백정들 사이에서 선한 사람으로 인정을 받았고, 백정들은 그들이 전한 복음을 그대로 받아들였다. 오늘도 선한 지도력으로 성도의 신뢰를 받으며 교회를 섬길 지도자들이 필요하다. 구한말의 에비슨과 무어, 안디옥 교회의 바나바 같은 지도자가 필요한 때다.

---

[7] 올리버 에비슨, 『올리버 에비슨이 지켜본 근대 한국 42년 1893-1935 상』, 청년의사, 2010, 327-333쪽.

──────── 나눔을 위한 질문

1. 안디옥 교회에서 세 가지를 배운다고 했다. 그중에서 가장 강하게 다가오는 것은 무엇인가?

2. 왜 '선한' 성품의 지도자와 변화가 함께 가는가?

3. 아론의 제사장 기도가(민 6:24-26) 시편 67편의 기도로 바뀌는 것을 보면서, 앞으로 나의 삶은 어떻게 변해야 할 것인가? 구체적으로 나누어보자.

09. 선교적 교회로 전환하다

선교적 교회로의 전환은 반드시 일어나야 한다. 교회는 자신만을 위한 공동체가 아니라 세상을 위한 이타적인 공동체가 되어야 하기 때문이다. 지역 사회 주민들로부터 진실함과 성실함으로 인정받는 공동체가 되어 마을 사람들과 함께 웃고 울며 삶을 나누는 그런 교회가 되어야 한다. 성도들은 세상과 단절된 고립적 생활을 하거나, 세상과 동화되어 무분별한 삶을 사는 사람들이 아니라, 세상과 소통하며 의미 있는 개입을 통해 세상을 빛으로 인도하는 사람들이 되어야 한다. 궁극적으로 하나님 나라를 마음에 품으며, 교회 담장을 넘어 지역 사회로, 그리고 땅끝에 이르기까지 하나님의 사랑과 공의를 드러내는 빛과 소금이 되어야 한다.

토론토영락교회에 담임 목사로 부임하여 선교적 교회를 마음에 품고 기도할 때, 전통적 교회에서 선교적 교회로 전환하는 많은 사례가 있었다면 얼마나 좋았을까? 현재 북미에는 4천여 이민교회들이 있지만, 지금도 전통적인 교회가 선교적 교회로 전환한 사례를 찾아보기가 쉽지 않다. 솔직히 말해서 나는 지난 15년 동안 외로운 길을 걸어왔다.

지금은 많이 보편화되었지만, 그때만 해도 한국교회나 이민교회에서 선교적 교회라는 개념은 매우 생소하게 들렸기 때문이다.

그래서 나름대로 관련된 책을 읽고 미국의 샘플 교회들을 방문하며 선교적 교회를 구상했다. 여기서는 선교적 교회로의 전환을 위해 어떤 과정을 지나왔는지, 그리고 어떤 장애물과 도전이 있었는지를 진솔하게 나누려 한다. 어렵지만, 이 길을 가려는 분들에게 조금이나마 도움이 되었으면 하는 마음이다.

전통적인 교회가 선교적 교회로 전환하기 위해 세 가지 요소가 필요하다. 선교적 교회론 교육, 선교적 교회를 위한 구조적 변화, 그리고 선교적 교회의 실천이다.

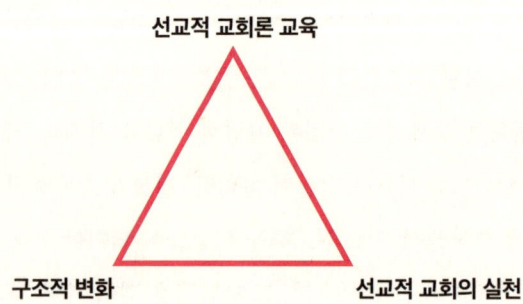

먼저, 목회자 자신이 선교적 교회에 대해 충분히 공부한 후 성도들을 훈련하는 과정이 있어야 한다. 이어서 선교적 교회의 비전에 맞도록 교회 안의 모든 활동을 검토해서 효율적인 구조로 변경해야 한다. 그리고 마지막으로는 선교적 교회의 비전을 성도 개인의 삶에서, 그리고 교회적으로 실천하는 것이다. 세 가지 요소는 단계적이면서도 상호 보완적이며 반복적이어야 한다. 여러 가지 시행착오를 거치며 좀 더 효율적인

교육 프로그램을 만들고, 좀 더 효과적인 구조적 변화를 주도하면, 더욱 풍성한 선교적 열매를 맺을 수 있다.

1. 선교적 교회론 교육

이민교회가 늘 당면하는 과제는 올바른 교회의 정체성 회복이다. 고국을 멀리 떠나 이질적인 문화 속에 살아가는 성도들에게는 이민교회가 따뜻한 가족의 품과 같은 곳이다. 주류 사회에서 느끼지 못하는 훈훈한 정을 기대하며 찾아온다. 알아들을 수 있는 언어로 마음껏 표현하면서 이민의 서러움을 풀기도 한다. 또한 북미에서 태어나 한국 문화를 모르는 2세들에게 한국적 정서를 가르치기에 교회만큼 적합한 곳이 따로 없다. 그러다 보니 교회의 본질적 정체성을 상실하기 쉽다.

교육을 통해 나는 그동안 이민교회가 씨름해 왔던 교회론을 성도들과 진지하게 나누며 성경적 교회론을 제시하고자 했다. 어떻게 하면 교회가 커뮤니티 센터의 기능을 넘어서 성경이 말하는 증인 된 공동체로 변해 갈 수 있을까를 함께 고민했다. 특히 그동안 우리가 간과해왔던 교회의 사도성이 무엇인지, 그리고 그것을 간과했을 때 나타난 결과가 무엇인지를 나누었다. 한창 활발하게 진행 중이던 북미의 미셔널 처치 운동은 나에게 큰 촉진제가 되었다.

선교적 교회로 전환하기 위해 제일 먼저 한 일은 12주 과정의 『다시 생각하는 교회론』을 집필하고 교회 중직자들과 함께 나눈 것이었다.[1] 담임 목사로 부임한 후 1년 뒤인 2005년부터 2014년까지 그 내용을 성

---

1 『다시 생각하는 교회론』과 함께 강조한 것은 제자 훈련이었다. 제자1, 제자2 과정을 만들고 각각 11주씩 제자의 삶을 배우고 나누는 과정을 중요시했다.

도들에게 직접 가르쳤다. 봄, 가을 두 반으로 나누어 각 반에 20-30명씩 운영했다. 교회의 리더들은 반드시 참여하기를 권했고, 장로, 권사, 안수 집사로 직분을 받는 자들에게는 선택의 여지가 없도록 했다.

교인들은 매주 주제 강의를 듣고, 소그룹으로 나누어 자신의 생각을 발표했다. 지금까지 갖고 있었던 교회관을 검토하는 중요한 시간이었고, 앞으로 나갈 선교적 교회의 방향이 전통적인 교회와 어떻게 다른지를 배우는 시간이었다. 아울러 참여자들이 12주 동안 선교적 교회에 몰입하도록 책 3권을 읽게 하고 독후감을 요구했다. 처음에는 많이 힘들어했지만, 고맙게도 잘 따라와 주었다. 교재는 한국 교회사 중에서 가장 사도성을 잘 보여준 평양 대부흥 운동 이야기와 이어진 구령 운동, 이웃과 함께하며 모범이 된 아름다운 교회들의 이야기, 한국교회의 패러다임 전환에 대한 내용이었다. 이 모든 노력의 초점은 그동안 간과된 교회의 사도성을 회복하자는 것이었다.

아래 내용은 참여하는 성도들에게 나누어 준 강의 계획서다.[2]

<다시 생각하는 교회론>

교회는 어두운 세상에 유일한 희망입니다. 주님 오실 때까지 교회는 하나님의 진리를 선포하는 중요한 사명을 맡았습니다. 세상에 교회는 많지만, 사명을 온전히 감당하는 교회가 얼마나 될지 생각해 보게 됩니다. 우리는 성경이 말하는 교회에 대해 깊이 연구해야 합니다. 그리고 우리가 섬기는 교회가 교회의 본질적 사명을 제대로 이해하고 그 사명을 받들도록 최선을 다해야 합니다. <다시 생각하는 교회론>을 통해서 성서적 교회관을 확실히 이해하고, 우리 교회가 나가야 할 방향을 정립하는 기회가 될 것입니다. 또한 이 과정을 통해서 담임 목사의 목회 철학을 정확히 이해하고, 평신도 지도자로서 어떻게 팀워크를 잘 이루어 하나님의 나라를 이 땅에 확장할 것인가를 배우게 될 것입니다.

1. 사명 지향적 교회란?[2]
2. 교회와 하나님 나라
3. 사도성의 시각으로 본 세계 교회사
4. 사도성의 시각으로 본 초대 한국 교회사
5. 건강한 교회, 사명 지향적 교회
6. 사명 선언문과 목회 가치관: 왜 중요한가?
7. 섬김과 직분론의 진정한 회복
8. 사명 지향적 지도자와 추종자
9. 변화에 대처하는 교회
10. 국제화 시대의 선교적 사명 / 로잔 언약
11. 제자도로 무장하는 교회
12. 이민교회의 사명과 미래

---

[2] 그때 나는 Missional Church를 '선교적 교회' 보다는 '사명 지향적 교회'로 번역해서 사용했다. '선교적'이란 단어가 미셔널(missional)의 의미를 의도대로 전달하지 못할 것이라는 염려에서 였다. 그러나 지금은 '선교적 교회'가 보편화 되어서 그대로 사용하고 있다.

12주 과정을 만들고 진행하면서 두 가지 깨달은 것이 있다.

첫째는 목회자가 철저히 준비되어야 한다는 것이다. 선교적 교회 운동은 목회 생명을 다 걸고 해도 어렵다. 왜냐하면 교회 유전자(DNA) 자체를 바꾸자는 것이기 때문이다. 요즘처럼 목회자 세미나가 넘치는 시대에 목회자가 어디에 가서 일주일 동안 배워온 것을 그대로 재현한다고 생각하면 큰 오산이다. 도중에 여러 난관에 부딪히면서 포기하게 될 것이다. 목회자가 먼저 선교적 교회론에 대해 철저히 공부하고 특히 성경 말씀과 씨름하면서 얻어낸 결론이어야 한다. 창세기부터 요한계시록까지 관통하는 하나님의 선교를 예의주시하면서 교회를 세상으로 보내시는 하나님의 마음을 헤아려 보는 것이 중요하다.

선교적 교회론에 대해서는 세 부류의 책이 있다. 첫째는 신학적 토대를 만드는 책들이다. 성경에서 말하는 하나님의 백성과 선교적 교회의 의미를 잘 다룬 책으로 크리스토퍼 라이트의 『하나님 백성의 선교』와 마이클 고힌의 『열방에 빛을』을 추천한다. 이어서 레슬리 뉴비긴의 『다원주의 사회에서의 복음』을 추천한다. 이 책에서 특히 두 장을 주목해서 볼 필요가 있다. '택함의 논리'(logic of election)와 '복음 해석자로서의 회중'(congregation as the hermeneutics of the gospel)이다. 택함은 특권이나 혜택을 누리기 위해서가 아니라 섬김이라는 것이다. 하나님의 일에 쓰임받기 위해 택함을 받았다는 것이다. 다원주의 사회에서 복음적 진리가 온전히 소통되기 위해서는 복음적으로 살아가는 회중의 역할이 절대적이라는 것이다. 이어서 데럴 구더(편집)의 『선교적 교회』를 읽으라. 여섯 명의 선교학자들이 저술한 이 책은 북미 선교적 교회 운동을 시작하는 중요한 기폭제가 되었다. 로잔 언약(1974)이 선교적 교회론을 이해하는 데 큰 도움이 된다. 4항에서 복음이 무엇인지, 그리고 전도가 무엇인지를 분명히 다룬다. 5항에서는 그리스도인의 사회적 책임에 대해서, 6항에서는 교회, 복음, 세상의 관계를 잘 정리해 준다. 이 내용을 깊이 묵상하면 큰 도움이 된다. 그 외에도 찰스 밴 앵겐의 『하나님의 선교적 교회』, 크리스토퍼 라이트의 『하나님의 선교』 등 좋은 책들이 있다.

두 번째는 전략적 토대를 세우는 책들이다. 이 부류의 책들은 선교적 교회로 가기 위해 우리가 가져야 할 생각과 구조의 전환에 대한 도전이다. 마이클 프로스트와 앨런 허쉬가 쓴 『새로운 교회가 온다』와 앨런 허쉬의 『잃어버린 길』 등을 예로 들 수 있다. 이런 책을 읽으면 일단 나의 생각과 다르다는 것을 느낀다. 특히 충격을 주는 내용은 눈여겨볼 필요가 있다. 어쩌면 이런 내용이 복음을 위해 쉽게 포기하지 못하는 우리의 전통이나 고집일 수도 있기 때문이다.

세 번째 부류는 실천적 토대를 세우는 책들이다. 즉 사역 현장을 중심으로 쓴 실천 편이다. 유성준의 『미국을 움직이는 작은 공동체, 세이비어교회』는 1947년 고든 코스비 목사가 시작한 교회에 대한 이야기다. 워싱턴 DC의 낙후된 지역인 애덤스 모르건에 들어가 노숙자, 미혼모, 약물 중독자 등 버림받은 자들을 위해 복지 단체를 세우고 그리스도의 사랑으로 그들의 삶을 변화시키는 내용이다. 그리어의 『담장을 넘는 크리스천』은 실제로 지역 교회가 선교적 교회의 마인드를 가지고 복음을 전하며 사랑을 나누었을 때 어떤 변화가 일어났는지를 보여준다. 보내는 교회만이 살아남는다는 표현이 인상적이다.

신학적 -> 전략적 -> 실천적

중요한 것은 목회자 자신이 충분한 시간을 투자하며 준비해야 한다는 것이다. 자신의 목회적 환경을 이해하고, 선교적 교회로 전환하기 위해 현재 섬기는 교회가 어느 정도의 준비가 필요한지를 알고 체계적으로 접근해야 한다. 성급하게 시도하다가 일장춘몽으로 끝나기 쉽다. 많은 기도와 연구가 필요하다는 것이다. 기도를 통해 하나님의 마음을 구해야 하고, 연구를 통해 앞서 고민한 사람들이 어떤 질문을 던졌는지를 생각해야 한다. 이런 과정을 충분히 거치고 나면, 선교적 교회가 무엇인가에 대한 자신의 견해가 분명해지고, 교회가 필요한 것이 무엇인지를 더 잘 알게 된다. 선교적 교회 강의나 집회를 하다 보면 종종 12주 과정 『다시 생각하는 교회론』을 공유할 수 없겠느냐는 질문을 받는다. 꼭 원하고 필요하면 나누겠지만, 솔직히 말해서 큰 도움이 될 것이라고 생각하지 않는다. 왜냐하면 목회자가 충분히 씨름한 내용이 잘 소화되어서 목회자의 언어로 나오는 것이 백번 낫기 때문이다.

목회자는 기도하며 연구한 내용을 충분한 시간을 가지고 동역하는 목회팀과 당회원과 먼저 나누며 비전을 공유해야 한다. 여기서 충분한 베이스가 형성되어야 선교적 교회로의 전환을 위한 동력이 생긴다. 성급히 순서를 무시하고 진행할 때 반드시 어려움이 기다리고 있다는 것을 기억해야 한다.

선교적 교회 스터디를 위한 목회팀 연례 수련회

둘째는 교인의 생각이 쉽게 바뀌지 않기 때문에 인내해야 한다는 것이다.
쉽게 바뀌지 않는 이유는 생각과 행동 양식의 변화를 요구하기 때문이다. 그렇지만 인내하며 한 길을 가야 한다는 것을 배웠다. 그동안 대부분의 성도가 들은 메시지는 '내 집을 채우라'였고, 이를 위해 총동원 주일이나 각종 전도 집회를 통해 믿지 않는 사람들을 교회로 오도록 하는 것이었다. 그런데 선교적 교회는 '내 집을 채우라'는데 초점을 두는 것이 아니라 '흩어져 세상을 섬기라'는 말을 하고 있다. 자칫하면 성도들에게 커다란 혼란을 줄 수 있고, 목회자가 원하는 변화가 빨리 일어나지 않을 수 있다.

일반적으로 사람들은 변화를 원치 않는다. 선교적 교회로의 전환도 마찬가지다. 변화를 원하지 않는 이유는 변화가 가져올 불확실성 때문이다. 옛것은 익숙하고 편한데 왜 새로운 것으로 바꾸어야 하는가? 하고 묻는다. 특히 옛것에 대한 자부심이 있거나, 새로운 것에 대한 두려움이 있다면 변화를 저항하는 성도들이 많아질 수 있다.

- 왜 지금까지도 잘해 왔는데 새로운 것이 필요한가?
- 그동안 우리가 한 것은 잘못되었다는 말인가?
- 새로운 방법을 시도하다가 잘못되면 어떻게 하려고 하는가?

리스 앤더슨(Leith Anderson)이 쓴 『변화를 갈망함』이란 책의 영어 제목은 Dying for Change이다. 저자는 의도적으로 이런 제목을 정했다고 한다. Dying for Change라고 적음으로 변화와 죽음의 두 가지 가능한 의미를 던지고 있다.

- 변화하지 않으면 죽는다
- 변하기 위해서 죽는다

두 가지 선택 모두 끝은 '죽는다'이다. 아무런 변화를 받아들이지 않고 체제의 죽음을 택할 것인지, 아니면 변화에 초점을 맞추고 새로운 것을 위해 지금의 체제를 죽일 것인지이다. 어차피 죽을 것이라면 변화를 추구하는 것이 논리적으로 맞는데, 대부분 사람은 충격을 주는 변화보다는 안정적인 죽음을 선호한다.

여기서 우리는 변화라는 현상에 대해 깊이 생각해야 한다. 변화란 무엇인가? 또 무슨 목적으로 변화를 소개하고 유도할 것인가? 바람직한 변화란 본질을 위해 비본질을 희생하는 것이다. 그래서 올바른 변화의 결과는 본질을 회복하는 것이고 본질로 돌아가는 것이다. '새 포도주는 새 부대에 넣어야 할 것이니라'(눅 5:38)라고 하신 주님의 말씀을 새겨보자. 복음, 즉 성령의 생명의 법을 받기 위해서는 율법적인 요소들과 장로의 전통을 내려놓아야 함을 말씀하신 것이다. 본질을 지키기 위해 비본질적인 것을 포기해야 함을 강조하셨다. 본질을 다루지 않고 변화를 말하는 것은 위험천만한 발상이다.

전통적인 교회가 선교적 교회로 전환을 시도할 때, 많은 인내가 필요하다. 하루아침에 교인들의 사고가 바뀔 것이라고 생각하면 큰 오산이다. 먼저 필요한 것은 신뢰감이다. 회중의 신뢰 없이 선교적 교회로의 전환은 가능하지 않다. 그렇기 때문에 서두르지 말고 시간을 두고 천천히, 그리고 꾸준히 준비하며 나가야 한다. 교인들의 생각이 쉽게 바뀌지 않는다는 것을 알지만, 목회자가 신뢰감을 쌓아가며 일관성 있게 선교적 교회론을 펼쳐나간다면 성도들이 결국은 목회자를 따라간다. 중요한 것은 얼마나 지속해서 나가느냐이다.

나는 10년 동안 성도들에게 '다시 생각하는 교회론'을 마치고, 2014년부터는 다시 강의안을 점검해서 4주 집중 코스『선교적 교회로 가는 길』를 만들어 가르쳤다.『다시 생각하는 교회론』을 다룬 지 오래되었기 때문에 중직자들을 대상으로 업데이트가 필요했다. 왜 우리가 이 길을 가는지를 점검하는 아주 유익한 시간이었다. 아래는 2014년부터 가르친 내용이다.

선교적 교회로 가는 길 강의

<선교적 교회로 가는 길>

세상 사람들의 삶은 점점 더 하나님을 멀리하고 말씀으로 동떨어진 생활을 하고 있지만, 하나님은 변함없이 세상을 사랑하시고 구속하시길 원하십니다. 이 일을 위해 하나님은 자신의 백성을 세상으로 보내셔서 하나님의 선교에 참여하게 하십니다.

교회는 하나님의 도구로 사용되며 하나님 나라를 이 땅에 선포하는 일에 앞장서야 합니다. 세상이 변한다고 해서 교회도 함께 변질될 것이 아니라, 주님 오실 때까지 참 생명인 예수 그리스도의 복음을 가감 없이 선포하며 이 세상에 빛과 소금이 되어야 합니다.

선교적 교회로 가는 길은 올바른 하나님의 선교가 무엇인지, 또한 하나님께서 교회를 통해 이루시고자 하는 일이 무엇인지를 깨닫고 올바른 성도의 삶을 살기로 다짐하는 과목입니다. 이를 위해서 무엇보다 성경이 말하는 올바른 교회론을 배웁니다.

1. 현대 교회의 위기와 선교적 교회로의 회복
2. 성령의 공동체, 세상 속의 교회
3. 선교적 삶과 선교적 교회의 특징
4. 선교적 교회로 가는 길 - 사례 연구

첫째 강의는 북미 교회와 이민교회의 현실을 짚어보며 우리가 가야 할 선교적 교회로의 회복에 대해 다루었다. 여기서 강조한 것은 나와 내 교회의 이익만을 위한 이기적인 신앙 공동체가 아니라, 공공성을 강조하는 공동체로서 이타적인 모습으로 믿지 않는 사람들을 향해 나가

자는 것이다.

둘째 강의는 성령의 인도하심을 받는 선교적 교회로의 회복을 다루었다. 교회는 성령께서 시작하셨기 때문에 항상 성령의 음성을 들으며 인도함을 받아 세상으로 나가야 한다는 것이다. 하나님 나라의 복음을 선포하며 하나님의 주권과 통치 아래 살아가는 성령 공동체로서 세상과 타협하거나 격리하는 것이 아니라 의미 있는 개입을 통해 세상을 변화시키는 공동체임을 강조했다. 이 부분에서 나는 로잔 언약(1974) 제6항에 나오는 내용을 강조했다.

> 아버지께서 그리스도를 세상에 보내신 것과 같이 그리스도는 그의 구속받은 백성들을 세상으로 보내시는 것을 우리는 확인한다. 이 사실은 그리스도께서 하신 것과 같이 세상으로 깊이 값지게 침투해 들어갈 것을 요구한다. 우리는 교회적 울타리를 트고 넘어서 비기독교 사회에 침식해 들어가야 한다.

셋째 강의는 어떻게 성도가 선교적 삶을 살 것인지, 그리고 그런 성도들이 모여서 어떻게 선교적 교회를 이룰 것인지를 다루었다.

마지막으로 넷째 강의는 미국의 두 교회를 사례로 연구했다. 하나는 워싱턴 DC에 위치한 세이비어 교회이고, 또 하나는 텍사스주 어스틴 스톤 커뮤니티 교회다.

이때부터 비로소 선교적 교회의 전환이 본격적으로 시작되었다고 볼 수 있다. 선교적 교회 교육을 통해 이런 간증을 접하게 되었다.

> 그동안 교회 내의 봉사와 헌신으로 내 신앙이 채워진다고 여겼으나,

이번 교육을 통해 교회 내의 헌신에 머무르지 않고, 밖에 나가 하나님의 일을 시작해야 한다는 것을 깨달았습니다.

교회는 믿음의 공동체 안에서만 서로 위하고 사랑하라고 세워진 것이 아니며, 기도와 말씀을 배우고 지역 사회로 나아가 주님을 증거 하는 것이 우리의 본분임을 깨달았습니다.

교회의 부흥이 하나님 나라의 일이라는 생각이 결코 옳지 않음을 깨달으며, 삶과 일터에서 하나님 나라를 살아가는 것이 진정 하나님이 원하시는 일임을 다시 한번 되새겨봅니다. 삶으로 선한 증거를 보이도록 노력해야겠습니다.

패러다임의 전환이 일어나기 시작했고 선교적 교회로 가기 위한 성도들의 동력을 느끼기 시작했다. 선교적 교회는 이기적인 교회, 소비자 중심의 교회가 아니라 이타적이며 사명 지향적인 교회로 탈바꿈해야 한다는 것을 이해하기 시작한 것이다.

어떤 성도는 편의점을 운영하는데, 그동안 중앙아시아에서 온 이민자 손님이 가게에 들어올 때마다 무엇인가 섬뜩한 마음이 들어 속으로 제발 안 왔으면 했다고 한다. 그런데 선교적 교회 강의를 들으며 찔림이 있었다. 주님께서는 '바로 그 사람이 네가 전도해야 할 사람'이라는 깨달음을 주셨고, 그때부터 마음가짐을 달리하게 되었다고 한다.

나는 선교적 교회론에 대한 교육을 먼저 목회자 팀과 나누었고, 이어서 당회원들과 나누었다. 그리고 중간 지도자들인 선교회장과 구역장들과 나누었다. 기회가 되는대로 청년과 시니어들과도 나누었다. 새 교우를 위한 멤버십 과정에도 선교적 교회가 무엇인지를 쉽게 이해할 수 있도록 준비했다. 교회 학교를 맡은 사역자들도 선교적 교회에 입각한 교육 목회를 하도록 했다. 패러다임의 전환을 위한 교육과 훈련은 하루아침에 일어나지 않는다. 인내하며 한 길을 가야만 한다.

2. 선교적 교회를 위한 구조적 변경

교육은 진행형이 되어야 한다. 한번 들었다고 해서 다 이해되는 것이 아니기 때문에 설교, 제자 훈련, 특강 등 기회가 될 때마다 지속해서 강조해야 한다. 교회의 존재 목적이 무엇인지, 세상과 소통하며 섬기는 삶이 무엇인지, 이타적인 교회의 모습은 어떠해야 하는지를 설명하며 선교적 삶을 살아가야 한다고 지속해서 가르치는 것이다. 그리고 교육과 함께 병행되어야 할 것은 선교적 교회로 가기 위한 올바른 환경을 조성하는 것이다. 특히 교회의 사역 구조가 선교적 삶의 실천을 위한 최적 환경인지를 검토해야 한다. 선교적 교회가 되기에 불필요한 요소가 있다면 과감히 제거하고, 필요한 것이 있다면 겸손히 받아들여야 한다. 이 부분은 실제로 변화가 따르는 영역이기 때문에 불이익을 당한다고 생각하는 교인에게는 힘들 수 있다. 그러나 피해갈 수 없는 길이라면 인내하며 설득해야 한다. 구조적 변경에는 다양한 이슈들이 있겠지만, 여기에서는 두 가지만 다루기로 한다.

첫째, 조직과 모임의 슬림화이다.

교회 밖에서 충분한 사역을 할 수 있도록 조직과 모임을 슬림화하는 것이다. 선교적 교회를 주도하며 실천해 나갈 성도들은 대부분의 경우 이미 교회 안에서 열심을 내는 사람들이다. 그들은 목회자의 가르침에 대체로 순종적이며 헌신적이다. 그래서 선교적 교회로 변화가 일어날 때, 제일 먼저 앞장서서 나갈 사람들이다. 그런데 문제는 그들이 이미 막중한 책임을 지고 있기 때문에 자칫 탈진할 수 있다. 그래서 목회자가 고민해야 할 것은 교회 조직과 모임을 슬림화하는 것이다. 중복되는 일을 피하고 반드시 필요한 것만을 추려서 헌신된 성도들이 너무 과다한 시간을 교회 안에서만 보내는 일이 없도록 해야 한다. 그렇게 될 때, 선교적 교회를 주도할 성도들이 세상으로 보냄을 받아 의미 있는 사역을 감당할 수 있다. 세상을 섬기려면 교회 안의 일을 줄여야 한다.

그런데 현실은 녹록지 않다. 그동안 교회는 헌신된 성도들에게서 너무나 많은 것을 요구했다. 공예배 참석은 물론, 각종 소그룹 활동(구역, 선교회) 및 봉사(식당, 주차장, 관리 및 청소), 그리고 제직으로 섬기는 것을 요구해왔다. 그런데 여기에 더 큰 획을 그리며 세상으로 나가 사역을 하라고 하면 아무리 건강한 성도라 해도 탈진의 위기를 맞게 된다. 그래서 균형이 중요하다. 교회 안에서의 시간과 교회 밖에서의 시간을 잘 조절해야 하며, 그리스도를 향한 내적 여행과 세상을 향한 외적 여행이 균형 잡혀야 한다.

내가 섬기는 교회는 전형적인 장로교 형태를 갖고 있다. 헌신된 성도들이 교회 안에서 하는 일이 많다. 성가대원으로, 주일 학교 교사로, 제직으로, 사역 팀 일원으로 일주일에도 엄청난 시간을 교회 식구들과 더불어 보낸다. 그뿐만 아니라 소그룹 모임으로 구역과 선교회를 동시에 운영한다. 구역은 거주 지역을 중심으로 남녀노소 막론하고 모임 구성원이 된다. 구역 모임에서는 예배와 말씀 나눔의 시간이 있고 친교가 중요하다. 선교회는 같은 성별과 비슷한 연령 또래가 모인다. 서로 친구 같아서 경조사에 함께 한다. 그러나 엄연히 주된 사명은 선교와 봉사다. 이렇게 분명한 목적이 있지만, 경조사에 더 치우치는 경향이 있다. 얼마 전 당회는 이중적 소그룹 구조가 선교적 교회로 가는 데 걸림돌이 된다고 판단하고 변화를 주도했다. 교회 창립부터 지켜온 구역과 선교회를 폐지한 것이다. 물론 어느 날 갑자기 지시한 것이 아니라, 몇 달 전부터 선교적 교회로 가기 위해 구역과 선교회의 이중적 구조보다는 통합된 한 구조가 좋은 점을 설명했다. 구역과 선교회의 특수성을 살린 통전적 접근 방법이라고 했다. 새해부터 더 이상 선교회가 존재하지 않을 것이고, 현재의 구역 역시 다 없어지고, 통전적 기능을 감당할 새로운 소그룹이 될 것이라고 예고했다. 새로운 모임의 이름을 공모했다. 여러 후보 중에서 '샘터'가 채택되었다. 샘터를 이끌 샘터지기 훈련을 11주에 걸쳐 실시했다. 샘터의 새로운 기능이 무엇인지, 어떻게 자발적 참여를 유도할 것인지, 샘터가 세상으로 나가기 위해 무엇을 준비할 것인지 등등을 다루었다. MBTI 테스를 통해 샘터지기 자신과 샘터원의 성격을 이해하도록 도왔다. 샘터는 한 달에 두 번씩 모인다. 한 번은 서로의 교제와 나눔을 위해, 또 한 번은 세상을 섬기는 봉사와 전도 활동을 위해 모이는 것으로 정했다. 앞으로 새로운 시스템이 잘 정착되려면 꾸준한 방향 설정과 지원이 필요하다. 앞으로 샘터 사역이 잘되어야 한다. 이를 위해서는 먼저 샘터지기 자신이 분명한 정체성을 갖고 샘터의 올바른 문화를 창출해 나가야 한다. 아래는 샘터지기들에게 훈련한 내용 중 샘터의 선교적 문화 만들기에 대한 강의 요점이다.

1) 미셔널 샘터의 문화 만들기

샘터가 서서히 자리를 잡아가면 샘터원들 사이에 진정한 교제가 일어나게 된다. 이때 우리는 조심해야 한다. 자칫하면 교회의 속성 중 사도성(세상으로 보내심을 받음)을 잊고, 우리 샘터원들만의 모임으로 뿌리를 내릴 수 있기 때문이다. 우리의 모임은 반드시 선교적 문화로 자리 잡혀야 한다.

2) 미셔널 문화란?

선교적 문화는 내실을 중요시하면서도 근본적으로 외부지향적이다. 샘터 식구들끼리만 잘 지내는 것으로 만족하지 않고, 반드시 세상을 향해 시선을 맞춘다. 미셔널 샘터는 흩어지기 위해 모인다.

(1) 정체성

미셔널 문화에서 가장 핵심이 되는 '나는 하나님의 백성'이라는 정체성을 분명히 갖는다(벧전 2:9). 너희는 …

- 택하신 족속이요 - 하나님의 일에 쓰임 받기 위해 택하심을 받음. 택함은 섬김으로!
- 왕 같은 제사장들이요 - 믿지 않는 사람들을 예배자로 인도하는 제사장 사명을 받음.
- 거룩한 나라요 - 믿지 않는 사람들과 구별된 도덕성을 소유함.
- 그의 소유가 된 백성이니 - 순종함으로 세상으로 나갈 때 하나님의 보호와 인도를 기대함.

샘터원의 정체성을 좀 더 이해하기 위해서 샘터 문화와 가정교회(셀교회)의 문화 차이가 무엇인지를 비교해보자.

	미셔널 샘터의 문화 '흩어지기 위해 모임'	가정교회의 문화 '흩어진 자를 모음'
친교 및 양육	샘터와 전체 교회가 유기적인 관계를 이루며 진행됨.	가정교회가 하나의 작은 교회로서 기능함.
새로운 멤버	타 교회 기존 신자와 비신자 모두를 받음. 새 멤버에게 선교적 교회를 이해하고 따라오길 기대함.	타 교회 기존 신자를 받기보다는 전도를 통한 성장을 기대함. 전도에 많은 강조를 둠.
사역의 장	샘터원들의 사역 장소는 세상임. 1) 전도 2) 봉사 3) 선교 등등.	가정교회를 건강하게 성장시키며 새 신자를 양육함.
강조점	하나님 나라가 이 땅에 도래하는 꿈을 가짐. 구원받은 성도들을 세상으로 파송하여 빛과 소금이 되게함.	복음을 전하며 비신자를 구원하여 교회 안으로 들어오게 함. 교회를 건강하게 성장시킴.

(2) 복음

샘터 모임의 가장 중요한 요소는 복음이다. 복음만이 우리의 삶을 바꿀 수 있다는 분명한 확신 속에 활동한다(롬 1:16). 누군가가 샘터를 방문했다면, 그 샘터에서 반드시 복음을 접할 수 있어야 한다. 복음이 중심되는 문화를 만들어야 한다.

① 샘터원들이 돌아가며 예수 믿은 간증을 한다. 어떻게 믿게 되었는지, 믿고 나서 삶이 어떻게 변화되었는지. 회심, 중생, 새 생명이 강조된다.

② 일터나 이웃에서 만나는 비신자를 위한 기도 제목을 수시로 나누고 기도한다. 잃어버린 영혼을 향해 뜨겁게 기도하는 샘터가 된다.

③ 비신자를 위한 특별 이벤트를 만들고(예를 들어, 피크닉으로 초대하여 간증을 나눔), 샘터원들이 힘을 합하여 함께 복음을 전한다.

(3) 구속적 삶

이 땅에서 어떻게 하나님의 주권을 인정하며 살아가는지를 나눈다. '너희는 먼저 그 나라와 그 의를 구하라'(마 6:33)는 말씀을 함께 나누며 구체적으로 실천하려 노력한다. 다시 오실 예수 그리스도를 준비하며 살아가는 종말론적 신앙이란 무엇인지를 나누고 실천한다.

성경이 말하는 창조-타락-구속-재창조의 커다란 이야기(mega story)를 이해한다. 그리고 이 패턴 안에서 우리가 어떻게 구속적 삶을 살아야 할지를 나눈다. 나의 개인 구원으로 신앙생활의 결론을 맺는 것이 아니라, 개인 구원을 시작으로 구원받은 성도가 어떻게 구속적(회복의) 삶을 살아야 할지를 함께 고민하며 나눈다.

구속적 삶의 구체적인 표현은 화해(reconciliation), 환대(hospitality), 그리고 섬김(service)이다. 매번 만날 때마다 샘터원들이 어떻게 지난 2주간 구속적 삶을 살았는지를 발표하고 서로에게서 배운다.

(4) 성령의 인도하심(성령 안에서 기도, 믿음 안에서 순종)

세상을 향해 나갈 때, 샘터를 인도하시는 분은 성령 하나님이심을 분명히 깨닫는다. 그래서 항상 성령 안에서 기도하는 것을 강조하고, 성령의 음성을 함께 듣도록 노력한다. 성령 안에서 기도하면서 어떤 사역을 위한 귀한 생각이나 마음을 주셨을 때는 샘터원 모두가 하나가 되어 그 생각을 함께 듣고, 나누고, 순종한다(행 13:1-3).

(5) 문화적 담장을 넘어감

나에게 익숙한 문화적 환경에서만 멈출 것이 아니라, 이제는 열방을 향한 열정을 갖는다. 내가 살고 있는 도시를 찾아온 외국인 이주자들이나 유학생들을 마음에 품고 기도하자. 문화적 장벽을 넘기 어려운 이유가 무엇인지 솔직히 나누고 담대함을 위해 기도한다. 타 문화권으로 다가간다. 성령님의 인도하심을 받으며 한 스텝씩 순종한다.

타 문화권 속으로 들어가려는 노력을 하며 지속해서 타 문화권을 이해하고 수용하는 마인드와 역량을 넓혀가려고 노력한다(cross-cultural awareness & competence).

타 문화권 하나를 샘터원들이 함께 정하고 노력할 수 있다.

① 타 문화권에 대한 이해를 돕기 위해 책, 동영상 등으로 공부하기
② 기본적인 회화에 유용한 10마디 정도를 배우고 암송하기
③ 타 문화권의 종교에 대해 공부하기
④ 한 달에 한 번 타 문화권 사람과 식사하기
⑤ 타 문화권 사람을 집에 초대하거나, 그 집을 방문하기
⑥ 타 문화권 사람을 위해 기도하고 복음을 전하기

(6) 세계 복음화를 위한 기도

아직도 복음이 제대로 들어가지 못한 지구촌 구석구석을 놓고 기도하며 관심을 갖는다. 특히 교회가 파송하거나 후원하는 선교사들과 그분들이 땅끝에서 보내온 소식을 놓고 함께 기도한다. 샘터원들이 함께 단기 선교를 다녀온다. 이를 위해 오랜 기간 준비하며 하나님의 뜻을 구하고 돌아와서 지속하여 후원한다.

미셔널 문화란 온 성도가 '하나님의 백성'이라는 분명한 정체성을 갖

고 세상으로 보내심을 받아 구속적 삶을 사는 정서, 가치관, 행동 양식을 말한다.

이를 위해 샘터원들은 서로 진정한 교제를 나누며, 그리스도의 형상을 함께 닮아가며(제자도), 흩어져 그리스도의 사랑을 전하는 구속적 삶을 지향한다.

3) 미셔널 문화 만들기

샘터지기는 샘터 안에 미셔널 문화가 정착되도록 각별한 관심을 갖고 인도해야 한다. 우선 미셔널 문화의 다섯 가지 요소가 제대로 심어져 가는지를 살펴보아야 한다. 그리고 샘터가 모일 때마다 올바른 샘터 문화 형성을 강조해야 한다.

나의 샘터에 어떻게 미셔널 문화를 만들 것인가?

- 샘터 모임의 방향
- 샘터지기의 본보기
- 샘터원을 향한 도전

4) 샘터, 교회, 하나님 나라의 관계에 대해서

샘터는 교회의 소그룹(small unit)이다. 그 안에서 교회가 크기 때문에 힘든 성도의 진정한 교제를 맛볼 수 있다. 소그룹 안에서 나눔과 섬김이 일어날 때, 그리스도 안에서의 사랑이 구체적으로 실천된다.

교회는 레슬리 뉴비긴이 말 한대로 하나님 나라를 이 땅에 보여주는 증표, 미리 맛보기, 그리고 도구가 되어야 한다.

- 증표(sign) - 하나님 나라가 임하고 있음을 알리는 포스트의 역할을 함. 하나님 나라를 찾는 사람이 멀리서부터도 교회를 발견하고 찾아올 수 있도록 함. 그러므로 교회는 숨겨진 단체도 아니고 은밀히 활동하는 단체도 아님.
- 미리 맛보기(foretaste) - 하나님 나라가 과연 어떤 모습이며 어떤 경험일까를 의아해하는 사람들이 교회에 와서 그 기쁨과 보람을 느낄 때, '아 이런 곳이구나.' 하는 깨달음을 줄 수 있어야 함.
- 도구(instrument) - 하나님의 임재가 이 땅에 드러나도록 직접적으로 사용하시는 매개체가 되어야 함.

이렇게 샘터지기는 샘터의 미셔널 문화를 창출하기 위해 샘터가 무엇인지를 분명히 인지하고 샘터원들의 내적 여행과 외적 여행의 균형을 위해 노력해야 한다.

샘터지기를 지원하고 감독하는 교회 지도자들은 항상 교회 조직과 교회 모임(예배 시간 포함)의 슬림화를 위해 고민해야 한다. 교회적 모임이나 행사가 너무 적으면 구심력(centripetal force)을 잃어 성도의 정체성이 흐려질 수 있다. 그러나 교회 안에서의 활동이 너무 많으면 원심력(centrifugal force)을 잃고 세상으로 나갈 동기와 힘을 상실한다. 그래서 균형이 중요하다. 아마도 대부분의 교회는 구심력보다는 원심력을 잃어서 문제일 것이다. 교회 사역이 너무 과다한 것이다. 교회의 사역에는 시작과 마침이 있는 것이 당연한데, 우리는 시작은 있지만, 언제 끝내야 할지에는 익숙지 않다. 그러다 보니 흐지부지 없어지거나 마지못해 계속 유지하는 경향이 있다. 그러나 새로운 일을 위해서 필요하지 않은 것이 정리되는 문화가 생겨야 한다. 담장을 넘어 세상과 소통하며 의미 있는 개입을 하기 위해서는 시간적, 정신적 여유가 필요하기 때문이다. 지역 사람들과 소통하며 샘터를 통해 선교적 삶을 살 수 있어야 한다. 믿지 않는 사람들과 충분한 시간을 가지며 관계적 전도를 할 수 있도록 슬림화 된 조직이 필요하다.

둘째, 온 성도를 사역자로 세우는 것이다.

교회 안팎의 사역이 풍성해지려면 소수의 헌신자가 사역을 주도하는 모드에서 온 성도가 사역자가 되도록 교회 문화가 바뀌어야 한다. 하나님께서 주신 은사를 적극 활용할 수 있는 교회, 방관자나 구경꾼이 없는 교회, 온 성도가 하나님의 부르심에 순종하며 사역하는 교회가 되어야 한다. 교회 지도자들은 사역자를 세우고 스스로 자발적인 사역을 하도록 적극 권장하는 지도력이 필수다. 교육과 훈련을 통해 사역자가 검증되면 충분한 권한이 부여되어야 한다. 권한과 함께 책임도 따르지만, 권한 자체가 부여되지 않을 경우 피상적인 사역 범위를 벗어나지 못하기 때문이다. 하나님께서 '어떤 사람은 사도로, 어떤 사람은 선지자로, 어떤 사람은 복음 전하는 자로, 어떤 사람은 목사와 교사로 삼으셨다'고 했다. 그 이유는 '성도를 온전하게 하여 봉사의 일을 하게 하며 그리스도의 몸을 세우려 하심'이라고 했다(엡 4:11-12). 그렇다면 온 성도가 자기의 은사를 백분 발휘해서 성숙한 그리스도의 몸을 세워가는 것이 마땅하다.

선교적 교회의 성패 여부는 얼마나 평신도의 은사를 활용하느냐 (unleashing the gifts of the laity)에 달려 있다. 교회의 리더십이 성도의 사역을 적극 후원하고 격려한다면, 그런 교회는 성도의 헌신만큼 풍성해진다. 반대로 성도의 사역을 기대하지 않고 오히려 통제하려 한다면, 그런 교회는 몇몇 헌신된 성도의 수준을 넘지 못한다. 수직적 결정과 지시보다는 수평적 참여를 권장하는 열린 마음을 가져야 한다. 영어로 encourage와 empower란 단어가 이런 환경을 조성하는데 어울린다. '용기를 북돋아 주다'와 '힘을 실어 주다'라는 뜻이 들어있다. 성도가 받은 은사를 마음껏 사용할 수 있는 긍정적인 환경을 마련해준다면, 그런 교회의 성도들은 하나님의 선교를 위해 마음껏 선교적 상상력을 풀어놓게 될 것이다. 내가 섬기는 토론토영락교회는 전통적인 교회가 선교적 교회로 전환하기 위해 노력하는 교회다. 전환 과정에서 가장 힘든 부분은 역시 당회의 결정권을 좀 더 내려놓고, 더 많은 권한을 성도들에게 부여하는 것이다. 크고 작은 일들이 철저히 당회 중심으로 결정되다 보니, 성도들의 은사가 제대로 발휘되지 못하고 있다. 이제는 하나님께서 주신 창의력과 상상력을 백분 발휘하여 세상과 소통하며 세상을 섬기는 선교적 교회가 되어야 한다.

3. 선교적 교회의 실천

선교적 교회론에 대한 교육과 선교적 교회 환경을 위한 구조적 개편, 그리고 마지막으로 선교적 교회로의 실천이 있다. 선교적 교회가 된다는 것은 먼저 성도가 각자의 삶에서 선교적 삶을 살아가는 것을 전제로 한다. 가정과 일터와 마을에서 온 성도가 선교적(구속적) 삶을 살아가는 것, 샘터 식구들과 함께 선교적 사역을 함께하는 것, 그리고 교회가 정한 선교적 프로젝트에 직접 참여 및 기도와 재정적 후원으로 함께하는 세 가지 방법이 있다. 셋 다 동시에 진행되어야 한다.

먼저, 각자에게 주어진 환경에서 선교적 삶을 살아가는 것이다. 선교적 삶이란 구속적 삶을 말한다. 하나님 나라의 백성이 얼마나 화해와 회복 중심의 삶을 살아가고 있는지가 관건이다. 분열이 있는 곳에 피스메이커로서, 아픔이 있는 곳에 치유자로서 살아가는 것을 말한다. 마이클 프로스트가 말하는 선교적 성도의 다섯 가지 습관(B.E.L.L.S.)은 참신한 아이디어를 제공한다.[3]

- **B** - Bless others 다른 이들을 축복하라

    (하나님의 복을 타인에게 빌어주기. 매주 한 사람에게 힘과 용기를 실어주기)

- **E** - Eat together 함께 먹으라

    (매주 비기독교인 한 사람과 식사하기)

- **L** - Listen to the Spirit 성령의 음성을 들으라

    (성령의 음성을 듣기 위해 적어도 매주 한 시간 조용히 듣는 모드로 있기)

- **L** - Learn Christ 그리스도를 배우라

    (매주 복음서를 읽고 그리스도의 가르침을 한 가지씩 배우고 따라하기)

- **S** - understand yourself as Sent by God 하나님에 의해 보냄을 받았다고 자신을 이해하라

    (사람들에게 하나님의 통치하심을 보여주기. 매일 내가 예수님을 드러냈는지 막았는지를 생각하기)

샘터 식구들과 함께하는 프로젝트도 가능하다. 그러나 여기서는 세

---

[3] 마이클 프로스트, 오찬규 역, 『세상을 놀라게 하라』 (넥서스, 2016) Michael Frost, *Surprise the World: the Five Habits of Highly Missional People*, NavPress, 2016.

번째 부류인 전 교인이 함께 하는 선교적 프로젝트를 하이라이트 하려고 한다. 토론토영락교회는 선교적 교회로 가는 과정에서 이미 교회적으로 몇 가지 굵직한 선교 프로젝트를 진행해 왔다.

- 중앙아시아의 키르기스 민족을 입양하고, 복음화를 위해 선교사를 파송하고, 매년 단기팀을 보내며, 신학교 사역을 도우며 여러 사역 단체들과 협력해 왔다.
- 캄보디아에 고아원과 커뮤니티 센터를 세우고 전인적 복음을 선포하며 복음을 전하고 있다.
- 토론토 다민족들을 섬기며 그들의 교회를 지원하거나 교회가 없는 민족 사이에 교회 개척을 도왔다. 그 결과 토론토에 태국 교회가 개척되었고, 적은 숫자가 모였던 미얀마 교회와 베트남 교회가 많은 성장을 이루었고 미얀마 교회 경우 그 교회를 통해 여러 교회가 개척되었다.

각 프로젝트마다 헌신된 성도들이 꾸준히 동참해 왔고 아름다운 열매가 맺혔다. 그러나 2015년부터 교회는 세 가지 선교적 사역을 추가했다.

- 교회와 세상이 만날 수 있는 제3의 장소를 확보하고 세상을 섬기는 사역.
- 탈진 예방을 위한 내적 여행과 외적 여행의 균형을 잡아주는 수양관 사역.
- 더 많은 은퇴자가 인생 후반부를 선교적으로 살도록 중남미 선교

기지를 세우는 사역.

1) 제3의 장소

선교적 교회 운동은 세상을 교회로 불러들이는 '끌어당기는'(attractional) 모델에서 교회가 세상을 만나기 위해 '찾아가는'(incarnational) 모델로 전환하는 것을 주문한다.[4] 이를 위해 중립적인 장소가 필요하다. 교회를 떠났거나 교회 오기를 부담스러워하는 사람들에게 필요하다. 그래서 토론토영락교회는 2015년 한인 밀집 지역에 있는 사무실을 임대하여 '영 센터 플러스'란 명칭을 주었다. 토론토의 중심 부분인 영&핀치라는 지역인데, 이곳에 상권을 형성한 이란 사람들에게도 복음을 전할 수 있는 곳이었다.

영 센터 플러스 프로그램 안내(2015년)

이곳에서 일주일 내내 프로그램을 운영했다. 신문에 광고를 내고 정

---

4 마이클 프로스트 & 앨렌 허쉬, 지성근 역, 『새로운 교회가 온다』(서울: IVP, 2009)를 보라.

신 건강 강좌, 자녀들의 사이버 몰입과 중독에 관한 부모 세미나를 열었다. 하루는 토론토 교육청에서 전화가 왔다. 한인 학생들 가운데 기존 학교 시스템에 적응이 어려운 학생들을 위한 방과 후 맞춤형 도움이 필요한데 영 센터 플러스가 도와줄 수 있느냐는 내용이었다. 이 사역은 지역 사회와 잘 연계되어 진행되었다. 전문가와 자원봉사자들이 함께 참여했다. 토론토영락교회 성도들이 주축을 이루었지만, 자원봉사자 중에는 불교를 믿는 사람도 있었다. 복음 전파를 위한 준비 단계의 사역이었다고 본다. 영 센터 플러스는 토론토영락교회 성도들에게 교회가 세상으로 다가가야 한다는 것을 보여준 케이스라고 할 수 있다. 실제로 많은 성도가 영 센터 플러스라는 중립적 장소를 사용하여 많은 사역들을 만들어냈다. 뜨개질 반, 미술반, 한국어, 영어 회화반, 커피 브레이크(구도자들을 위한 말씀 나눔) 등이 활발히 진행되었다. 그러나 이것보다 더 중요한 것은 담장을 넘어 세상으로 나가는 영 센터 플러스가 주는 상징성이다.

이란인들과 만나는 영 센터 플러스 미술팀

또한 영&핀치 지역은 이란인들이 모여 살며 상권을 이루고 있다. 그러니까, 우리의 이웃인 셈이다. 광역 토론토에 약 칠만 명 정도가 살고 있는데 그중 크리스천은 수백 명 남짓이며 교회들이 열악하고 자주 갈라지는 것이 흠이다. 이란 커뮤니티에서 이미 연방 국회 의원이 두 명이나 나왔다. 영 센터 플러스를 통해 이란인들에게 복음을 전할 수 있는 가능성을 타진해 보았다. 미술반은 앞에 있는 공원에 작품전시회를 하며 이란인들을 초대했다. 서로 짧은 영어를 구사하지만 마음이 통하는 접촉이 있었다. 지금은 이란 형제를 교회가 신학교에 보내며 교회 개척을 준비 중이다.

2) 내적 여행과 외적 여행의 균형

선교적 교회의 성도들은 매 주일 잘 모여 하나님을 찬양하고, 월요일부터 토요일까지 세워주신 자리에서 선교적 삶을 살아가는 것을 목표로 한다. 교회 안팎의 사역이 많을수록 내적 여행과 외적 여행의 균형이 중요하다. 그래서 성도들의 영적 균형을 주는 수양관 사역이 개발되었다. 이 부분은 워싱턴 DC의 세이비어 교회에서 아이디어를 얻었다. 고든 코스비 목사님은 교회 밖의 사역을 반드시 하도록 되어 있는 세이비어 교회 성도들이 적어도 일 년에 한 번씩은 세이비어 교회가 운영하는 데이브레이크 수양관에 들어와 침묵 기도를 드리도록 했다. 영락 수양관에서도 주말(금주)을 이용해 침묵 수련회, 성경 일독 수련회, 제자훈련 수련회 등을 지속해서 진행하며 성도들이 영적 균형을 잃지 않도록 권장하고 있다.

내적 여행을 위한 영락 수양관

또한 봄가을로 운영하는 영락 성경 대학을 통해 지속적인 훈련과 재충전을 받도록 권장하고 있다. 초보자나 구도자를 위한 알파코스로부터 제자 훈련1,2, 선교적 교회로 가는 길, 책별 성경 공부, 신구약 파노라마, 부부 행복교실1,2, 기도 훈련 등이 정기적으로 제공되고 있다.

3) 은퇴자들을 위한 선교 기지

65세 은퇴 후 남은 삶을 하나님 나라를 위해 사용하기를 원하는 성도들에게 비교적 접근이 쉬운 중미 도미니카 공화국에 선교 기지를 확보했다. 우리 교회가 섬기는 캄보디아 깜뽕스프에도 선교 센터가 있지만, 시니어들이 북미에서 캄보디아까지 비행기를 갈아타며 스무 시간을 이동하는 거리는 무리가 된다. 물론 시차 극복도 만만치 않지만, 고가의 비행기표도 부담이 된다. 그래서 늘어나는 시니어들의 사역을 위해 토론토에서 가까운 중남미 선교 기지를 만드는 일을 계획하게 되었다. 도미니카 공화국의 한 빈민촌을 알게 되어 그곳에 지금 유치원을 짓고 한창 사역이 진행 중에 있다. 현재 이곳에는 은퇴한 성도들뿐만 아니라 다양한 연령층의 성도들이 연중에 수시로 단기 선교로 참여하고 있다.

도미니카 공화국 기쁨의 샘 유치원을 방문한 시니어 단기 선교팀

전통적인 교회가 선교적 교회로 전환한다는 것은 뼈를 깎는 아픔이 있어야 한다. 목회자는 자신의 목회 생명을 걸고 하지 않으면 수포로 돌아간다. 이 작업은 결코 하루아침에 이루어지지 않으며, 비전을 따라가지 않으면 쉽게 좌절한다. 여기에서 가장 중요한 것은 목회자를 향한 성도들의 신뢰다. 지난 15년 동안 내가 경험한 바로는 목회자가 성도들의 신뢰 속에 기도하며 소신껏 나갈 때, 성도들은 기꺼이 따라온다는 것이다. 이 길이 살길이고 이 길이 성경이 가르치는 길이라는 것을 소통할 때까지 목회자는 인내하며 나가야 한다.

나눔을 위한 질문

1. 변화를 저항하는 두 가지 이유는 무엇인가? 내가 섬기는 교회에서 선교적 교회로의 전환을 말했을 때, 어떤 저항이 예상되는가?

2. 교회 안에 방관자나 구경꾼이 없는 교회가 되기 위해서 교회 지도자들이 할 수 있는 일은 무엇인가?

3. 레슬리 뉴비긴이 말하는 교회와 하나님 나라의 관계에 대해서 나누어보자. 하나님 나라의 증표, 미리 맛보기, 그리고 도구로 쓰임받고 있는 교회를 알고 있다면 나누어보자.

10. 선교적 삶으로 전환하다

선교적 교회를 꿈꾸며 제자의 길을 걷다 보면 우린 더 깊은 고민에 빠지게 된다. 이 땅에서의 삶을 마칠 때가 언젠가는 오는데, 그때 내가 주님께 드릴 열매가 무엇일까 하는 질문을 하게 된다. 이 열매는 결코 세상의 기준으로 판단할 수 없다. 하나님의 관점에서 귀한 열매가 되어야 할 것이다. 오직 주님만이 아신다. 진실된 믿음의 열매를 보실 때 주님께서는 기뻐하실 것이다. 그것은 바로 선교적 삶이다. 선교적 삶을 통해 맺혀지는 열매는 세 영역에서 동시에 일어나야 한다고 본다. 내 안에 열리는 열매, 우리 신앙 공동체 안에 열리는 열매, 그리고 우리의 삶을 통해 이웃과 세상으로 흘러나가 열리는 열매다. 셋 다 중요하고 동시다발적으로 일어나야 한다.

1. 내 안에

먼저는 내 안에 만들어지는 예수님의 성품이다. 가장 중요한 열매는 내 안에 맺어지는 인격, 혹은 성품이다. 주님과 깊이 동행하며 주님의 음성을 듣고 주님의 말씀대로 살 때 나타나는 주님의 성품을 말한다.

> 나는 마음이 온유하고 겸손하니 나의 멍에를 메고 내게 배우라 그리하면 너희 마음이 쉼을 얻으리니(마 11:29).

그렇다. 먼저 예수 잘 믿는 사람에게서 찾을 수 있는 것은 온유함과 겸손함이다. 부부도 오래 살면 서로를 닮는다. 말투에서부터 식성에 이르기까지 서로를 닮는다. 내 아내는 냄새에 민감하다. 특히 향수에 알레르기 반응을 보인다. 차에 함께 탄 사람 가운데 짙은 향수를 뿌린 사람이 있으면 골치가 아프고 숨쉬기를 어려워한다. 처음 아내가 그런 말을 했을 때, 나는 그런가 보다 했다. 그런데 언젠가부터 나도 골치가 아프고 숨을 제대로 쉬지 못하는 것이었다. 깜짝 놀랐다. 이전에는 무심코 '누가 향수를 뿌렸구나.' 정도로 생각했는데, 어느 순간부터 '아, 이 냄새가 코를 찌르고 머리를 아프게 하는구나.'로 바뀐 것이다. 그러면서 나도 자연스럽게 냄새에 예민해진 것이다. 오래 살면 닮는다고 했는데, 아마 이것이 좋은 예가 될 것이다.

마찬가지로 우리가 주님과 매일 동행하고 있다면, 자연스럽게 주님을 닮는 것이 맞다. 주님께서 바리새인들을 향해 가지셨던 의로운 공분을 우리도 갖는 것이 맞고, 주님께서 병든 자를 보시고 측은히 여기셨던 마음을 우리가 갖는 것이 맞다. 주님의 생각을 닮아가면서 주님의 성품이 우리 안에 들어서는 것이 너무나도 자연스러운 것이다. 특히 마태복음 11장 29절에서는 주님의 마음이 온유하고 겸손하다고 하셨다. 그렇다면, 우리 예수 믿는 사람들의 마음도 기본적으로 온유하고 겸손해져야 하는 것이다. 예수 믿기 전에는 망나니처럼 행동했다 해도, 예수 믿고 난 다음에는 분명히 달라진 모습이어야 한다. 그리고 주님과 동행하는 시간이 해를 거듭할수록 온유함과 겸손함이 몸에 배어 있어야 맞는 것이다.

얼마 전 디아스포라 전략 회의에 참석했다. 미국과 캐나다에서 소수의 지도자가 모여 앞으로 북미권에 있는 디아스포라 공동체(이민자, 유학생, 난민 등)를 어떻게 전도할 것인가를 의논하는 자리였다. 평생 미국에서 유학생들에게 복음을 전했다는 분과 대화를 하게 되었다. 이제 팔십을 앞둔 분인데, 나는 이분의 겸손과 온유에 압도적으로 빨려 들어가는 느낌을 받았다. 표현이 좀 이상한데, 사실 그대로다. 이분은 우선 남의 이야기를 경청하려는 자세가 분명했다. 얼굴에 미소를 지으며, 먼저 타인의 말을 듣는 자세로 대화를 시작했다. 그리고 시종일관 대화를 주도하려거나 장악하려 하지 않았다. 이분과 대화하면서 나는 앞으로 20년 후 나의 모습을 그려보았다. 이분에게서 느끼는 온유함과 겸손함이 나에게도 있을 것인가? 인생을 오래 살았다고 무조건 들으라는 식의 대화를 하는 사람들이 많은데, 나도 이 나이가 되면 남의 말을 우선하여 들으려는 인내심이 있겠는가? 이분은 나에게 삶의 자세로 말했다. 사실 그날 어떤 내용의 대화가 오갔는지는 별로 중요하지 않다. 기억도 나질 않는다. 그러나 한 가지 확실하게 느낀 것은 이분에게서 주님의 겸손과 온유를 볼 수 있었다는 점이다. 자비와 환대를 베푸는 선교적 삶을 말하고, 이웃과 세상을 변화시키는 선교적 교회를 말하기 전에, 우리는 주님의 성품이 우리 안에 자리 잡고 있는지를 물어야 한다. 하루하루 주님과 함께하면서, 주님의 성품이 우리 삶에서 묻어나오는 것이야말로 우리가 가장 먼저 드릴 선교적 열매, 성령의 열매다(갈 5:22).

선교적 삶은 제자도를 전제한다. 주님의 신실한 제자가 되려는 노력 없이 선교적 삶을 산다는 것은 이율배반적인 행위다. 주님은 우리가 대단한 복지 사업가가 되기 전에 우리의 성품이 주님처럼 변하기를 원하신다. 아무리 양선과 자비를 베푸는 자리에 있다 해도, 그런 행위가 행여나 교만함이나 자신감에서 나온다면 아무 쓸모 없는 선행이 되며 오히려 수혜자에게 커다란 상처가 될 수 있기 때문이다. "나는 온유하고 겸손하니 나에게 와서 배우라."는 주님의 말씀을 온전히 받아들여야 한다.

  주님의 성품을 매일 닮아가면서 우리는 각자의 자리에서 구속적 삶을 살게 된다. 개인적으로 선교적 삶을 살아가게 된다. 주님께서 세워 주신 가정, 일터, 이웃의 자리에서 어떻게 하면 하나님 나라의 공의와 자비를 드러내며 살아갈 것인지를 생각한다. 한 예를 들면, 선교적 교회 운동을 말하는 사람들은 대부분 환대적 삶의 중요성을 언급한다. 시카고의 어떤 장로님 부부는 "분에 넘치는 집을 어쩌다 갖게 되면서 하나님의 뜻을 묻게 되었습니다. 그러다 나만의 공간이 아닌 남을 위해 사용되는 하나의 사역지가 되었으면 하는 마음의 감동을 받아 집을 무료로 개방하게 되었습니다."라는 간증을 했다.[1] 시카고를 방문하는 목회자나 선교사에게 집을 개방하고 손님 대접하는 것을 귀하게 여기며 하나님께서 주신 미션 하우스를 운영하고 있다. 보통 일주일이나 열흘 정도 묵을 수 있도록 하고, 회의나 모임을 할 수 있는 공간까지 마련했다. 많으면 20명까지도 숙박할 수 있는 공간이다. 이렇게 타인을 섬기는 마음은 하나님의 속성에서 나온다.

> 너희의 하나님 여호와는 신의 신이요 주의 주시요 크고 능하시며 두려우신 하나님이시라 사람을 외모로 보지 아니하시며 뇌물을 받지 아니

---

[1] 「기독일보 시카고」, 2008년 2월 8일.

> 하시고 고아와 과부를 위하여 신원하시며 나그네를 사랑하사 그에게 식물과 의복을 주시나니 너희는 나그네를 사랑하라 전에 너희도 애굽 땅에서 나그네 되었음이니라(신 10:17-19).

나그네를 대접하라는 말씀이 성경 여러 곳에 나온다(신 10:17-19; 마 25:37-41; 히 13:1-2). 호텔 문화가 발전하지 않았던 그 당시 이동 중에 있었던 사람들은 마을 사람들의 환대에 의존할 수밖에 없었다. 도움을 준 사람의 집에서 잠을 청하며, 호스트는 보호해 줄 도덕적 의무가 있었다(창 18:1-10, 19:8). 환대는 도움이 필요한 사람에게 베풀어야 할 기본적인 배려다. 선교적 교회 성도들은 환대적 삶을 사는 것이 마땅하다. 그뿐만 아니라, 진심으로 도움을 주다 보면 어느새 나에게도 혜택이 주어진다. 도움을 준 사람의 세계가 내 안으로 들어오면서 새로운 네트워크가 주어진다. 하나님께서 예비하신 일들이 보이기 시작하는 것이다.

세계 각국에서 수많은 유학생이 북미에 온다. 공부가 끝나고 이민 신청을 하는 경우도 있지만, 대부분 본국으로 돌아가 중요한 사회적 위치에서 일하게 된다. 많은 유학생들이 유학을 마치며 말하는 것은 몇 년의 유학 생활 기간 동안 아쉽게도 미국이나 캐나다인 가정에 초대받아 식사를 해본 적이 없다는 것이다. 그들은 미국인의 가정이 어떻게 생겼는지 어떤 음식을 저녁으로 먹는지 궁금해한다. 물론 드라마나 영화를 통해 수도 없이 볼 기회가 있지만, 직접적인 체험은 아닌 것이다. 그들이 말하는 것은 사람 사는 모습을 보고 싶었다는 것이다. 그리고 집 떠나 멀리 있으며 사람의 온기를 느끼고 싶었다 한다. 이제 우리 가운데 북한 이탈 주민이 3만 명이 넘었다. 그들 가운데 한때는 많은 숫자가 캐나다로 또 한 번 삶의 둥지를 시도하려 했었다. 제대로 이민의 길이 열리지 않아 대부분 대한민국으로 다시 돌아왔지만, 한때 토론토영락교회에도 수십 명이 찾아온 적이 있다. 그분들에게 나는 물었다.

"왜 대한민국에서 사시지 말도 통하지 않는 캐나다에 오셨습니까?"
그들의 답은 분명했다.
"한국에서 비교당하는 것이 싫습니다. 일단 북한 사투리를 듣고는 사람을 무시합니다. 그래서 우리도 그렇고 우리 아이들에게도 새로운 환경을 주고 싶습니다."

나는 한국교회 성도들에게 묻고 싶다. 우리가 통일을 위해 기도하고 북한 선교를 위해 헌금을 하지만 과연 탈북자들을 형제자매처럼 여기며 설이나 추석 때 집으로 초대해 본 적이 있는가? 비단 탈북자뿐만 아니라 대한민국에는 2백만 명이 넘는 외국인들이 살아가고 있다. 우리는 물어야 한다. 왜 이들이 우리 가운데 와서 살고 있는가? 왜 이들을 향한 환대(hospitality)가 중요한가? 성경에 나오는 하나님은 기본적으로 환대의 하나님이시다. 자기 백성에게 환대를 베푸실 뿐만 아니라 환대적 삶을 타인에게 베풀며 살기를 요구하시는 분이시다. 환대는 집을 잃었거나, 집을 떠나있는 사람에게 안전한 장소, 음식, 의복, 대화 등을 제공하는 것으로 이해되지만, 사실은 좀 더 포괄적인 이해가 필요하다. 환대란 인간이 인간에게 대해야 할 기본적인 매너이자 도리다. 환대의 하나님은 죄 많은 인간을 긍휼히 여기시고 품어주셨다. 여기에 하나님의 사랑이 있고, 그 사랑의 결정체는 복음이다. 복음에 빚진 자로서, 우리는 당연히 환대적 삶을 살며 복음 전파에 최선을 다해야 한다. 이것이 하나님의 백성에게서 원하시는 삶이다. 그래서 한 신학자는 이런 환대적 삶이야말로 '교회의 정체성과 사역의 핵심'이 되며 교회가 세상을 향해 가야할 사명의 방향을 제공한다고 주장한다.[2]

환대적 삶은 선교적 삶의 일부일 뿐이다. 환대적 삶 외에도 정의롭고 자비로운 세상을 위해 다양한 삶의 패턴을 만들어 갈 수 있다. 짝퉁의 상품을 거절하는 것부터, 표절 거부에 이르기까지 지킬 것은 지키고 나눌 것은 나누는 세상을 만들어가는 것이다. 특히 나눔의 삶을 통해 어렵고 소외된 사람들을 향해 나가는 것이야말로 선교적 삶이 아닐 수 없다. 그리스도의 성품을 닮아가면서 우리의 삶을 주님께 맡기면, 주님은 우리가 서 있는 곳에서 다양하게 역사하신다. 가정, 일터, 이웃, 교회, 어느 곳에서나 주님은 일하고 계신다. 그리고 하나님의 백성이 그 일에 동참하기를 원하신다.

2. 공동체와 함께

선교적 삶은 개인적으로만 이루어지는 것이 아니라, 신앙 공동체 안에서 형제자매와 더불어 살면서 이루어지는 것이다. 무엇보다 중요한 것은 공동체 안의 사랑이다.

> 새 계명을 너희에게 주노니 서로 사랑하라 내가 너희를 사랑한 것같이 너희도 서로 사랑하라 너희가 서로 사랑하면 이로써 모든 사람이 너희가 내 제자인 줄 알리라(요 13:34-35).

이 말씀의 배경은 주님께서 잡히시던 날 밤 제자들과 작별의 인사를

---

2 조슈아 지프, 송일 옮김 『환대와 구원』, 서울: 새물결플러스, 2019, 21-22쪽.

하시며, 앞으로 제자들을 세상으로 보내시겠다는 것이다. 아버지께서 아들을 세상으로 보내신 것처럼 제자들을 보내시게 되는데, 이 공동체가 앞으로 필요한 것이 무엇인가? 주님은 보혜사 성령님을 보내서 주님께서 평소에 가르치신 것을 생각나게 하신다고 했다(요 14:26). 그러면서 중요한 것은 제자들이 서로 사랑해야 한다는 것이다. 서로 사랑함으로 한 몸을 이룰 때 세상 사람들이 보고 주님의 제자인 줄을 알게 될 것이라고 하셨다. 신앙 공동체 안에서 가장 중요한 것은 하나 됨이다. 성령의 인도하심 아래 하나가 될 때, 주님의 음성을 올바로 듣고 행할 수 있다. 하나 됨을 가능케 하는 것이 사랑이다. 조건 없는 아가페 사랑으로 서로를 격려하고 세워주는 든든한 믿음 공동체가 필요하다. 교회가 커지면 커질수록 소그룹 공동체는 필수적이다. 그 모습이 구역이든 셀이든 가정교회이든 선교회이든 어떤 형태가 되든 중요한 것은 순기능 역할을 하는 것이다. 선교적 교회는 잘 모이고 잘 흩어져야 한다. 모인다는 것은 주일 예배를 의미하기도 하지만 그것보다 더 근본적인 모임은 소그룹이다. 그 안에서 서로의 어려움을 나누고 위해서 기도해 주는 시간이 선교적 삶을 살아가는 데 큰 힘이 된다.

   소그룹으로 모여 기도할 때 성령의 음성을 듣고 공동체가 해야 할 일을 정한다. 그러면서, 신앙 공동체가 주님께 드릴 열매를 함께 맺는 것이다. 성경에 보면 안디옥 교회가 아주 좋은 예가 된다. 안디옥 교회는 금식과 기도로 성령의 음성을 들으며 바울과 바나바를 파송하라는 명령에 순종함으로 세계 선교의 새로운 역사를 열었다(행 13:1-3). 이때 안디옥 교회 성도들은 한마음, 한뜻이 되어 성령의 음성을 듣고 성령의 인도하심에 따라 두 지도자를 파송했다. 이렇게 우리는 공동체가 성령의 음성을 함께 들으며 움직이는 것을 중요시해야 한다. 신앙 공동체를 통해 우리가 할 수 있는 사역은 회복을 추구하는 것이다. 갈등과 분열이 있는 곳에 용서와 화해를 선포하며, 하나님 나라의 공의와 자비를 선포하는 공동체가 되어야 한다. 이를 위해 다양한 은사를 주셨다. 그래서 성도는 받은 은사를 적극 활용하여 교회 안팎에서 선교적 삶을 함께 살아가는 것이다.

요즘 전도가 어렵다고 한다. 집에 찾아와 문을 두드리거나 길거리에서 전도지를 배포하는 사람들 가운데 상당수가 이단이다. 하도 이단이 설치다 보니 잘 모르는 사람들은 구별할 길이 없다. 이단은 왜곡된 교리로 무장해 사람들을 설득시키려 한다. 정신을 바짝 차리지 않으면 넘어갈 수 있다. 그런데 교리 논쟁보다 더 위험한 것이 있다. 사랑에 굶주린 사람에게 사랑 공세를 하는 것이다. 한 예로, 어느 집에 장례가 나면 신천지 사람들은 이것을 포교의 기회로 삼는다. 오십 명 이상 몰려가 함께 밤을 새워 준다. 이렇게 사랑 공세를 받으면, 그것도 심적으로 매우 힘들 때 많은 사람의 집중적인 사랑 공세를 받으면 어느 순간 교리적 무장이 해제되면서 이단의 밥이 되는 것이다. 악의 자녀들이 빛의 전술을 사용하고 있다.

얼마 전 교회로 전화가 왔다. 토론토 지역에 특별한 난민들이 와 있는데 교회가 도움을 줄 수 있느냐는 내용이었다. 난민 센터에서 일하는 형제가 선교 단체를 통해 교회로 요청한 것이다. 이들은 쿠르드족 자치령 안에 있는 난민촌에 거하다가 캐나다로 오게 된 케이스다. 캐나다 정부가 인도주의적 차원에서 수백 가정을 받아들였는데 그중 일부가 캐나다 근역에 위치한 리치먼드 힐 지역으로 와서 정착하게 된 것이다. 이들은 야지디족이다. 5천 년 이상 된 고대 종교를 믿는 특별한 집단으로 약 70만 명이 똘똘 뭉쳐서 살아가고 있다. 2014년 여름, ISIS가

국가를 세우며 시리아와 이라크를 침범하면서 그들의 불행은 시작되었다. 2018년 8월의 어느 날, ISIS가 가장 먼저 대학살을 주도한 민족이기도 하다. 야지디족은 이슬람도 아니고 기독교인도 아니다. 고대 종교를 믿되 배화교, 기독교, 이슬람교, 민속 신앙을 혼합한 종교를 가지고 있다. 극우파였던 ISIS의 눈에는 영적으로 더러운 집단이었다. 그들을 강제 개종시키거나 그렇게 하지 않을 경우 인간 이하의 취급을 해도 된다는 샤리아(Shariah) 해석을 만들었다.

어느 날 ISIS 군인들이 야지디 마을에 침범해서 모든 주민을 학교로 불러, 남자들은 한쪽으로, 그리고 여자와 자식들을 다른 쪽으로 모았다. 남자들에게는 세 시간 안에 이슬람으로 개종하든지 아니면 죽음을 선택하라고 위협했다. 남자들이 순교를 택했고, 여인들은 억류되어 한순간 ISIS의 성노예가 되었다.[3] 이런 비극적인 배경 속에서 난민이 된 야지디 사람들 가운데 약 40가정이 토론토에 오게 되었다. 정부는 이들을 재정적으로 책임지며 영어를 배우게 하고 캐나다 삶에 정착하도록 돕지만, 정작 이들에게 필요한 것은 누군가가 따뜻한 이웃이 되어 주는 것이다. 교회는 전체적인 광고를 내고 이 사역에 관심이 있는 성도들을 모았다. 몇 샘터가 이 사역을 하겠다고 자진했다. 전혀 언어가 통하지 않는 상태이지만, 이들에게 정기적으로 생필품을 전하며 이웃이 되도록 노력했다.

지난 여름에는 야지디 자녀들을 교회 여름 성경 학교에 초대했다. 시니어 성도들 가운데 운전이 가능한 분들은 아침과 오후로 팀을 나누어

---

3 나디아 무라드, 제나 크라제스키, 공경희 역, 『더 라스트 걸』 (북트리거, 2019) 2018년 노벨평화상 수상자 나디아 무라드의 탈출기 『the Last Girl』 Penguin Books, 2017을 보라.

야지디 어린이들을 집에서 교회로, 교회에서 집으로 매일 운전을 해 주었다. 한 성도는 가정을 오픈해 큰 파티를 열어주었다. 캐나다의 따뜻한 가정을 직접 체험한 것이다. 야지디 청년들은 우리 교회 청년들과 연합팀을 만들어 여름 내내 한인 축구 리그에 나갔다. 함께 운동하면서 정말 가까워졌다. 또 교회 내 일부 대학생들은 야지디 어린이들에게 토요일마다 숙제를 도와주는 방과 후 프로그램을 시작했다. 얼마 전 복음 집회에 참석했던 야지디 어린이들 가운데 몇 명이 그리스도를 영접했다. 앞으로 어떻게 될지 모르지만, 너무 서두르지 않고 그들의 진정한 이웃이 되는 것이 중요하다. 성령님께서 인도하시는 대로 사역을 만들어가면 된다. 중요한 것은 성도들이 사역팀을 이루어 함께 기도하며 의미 있는 일에 동참하는 것이다. 빛의 자녀들이 이 세상에서 할 일이 많다.

3. 세상 속에서

마지막으로 세상 속에 열리는 아름다운 열매를 말한다. 개인적으로, 공동체적으로 선한 열매를 맺어가며 살아갈 때, 그 빛과 열기는 결국 세상으로 퍼지게 된다.

> 너희는 세상의 빛이라 산 위에 있는 동네가 숨겨지지 못할 것이요(마 5:14).

선교적 삶을 사는 성도들에 의해 하나님의 나라가 선포되고, 그 의가 드러나는 세상이 되는 것이다. 이렇게 되어 하나님의 신실한 백성은 공명정대한 세상, 자비로운 세상, 약자가 보호받는 세상을 만들어간다.

교회가 세상과 소통하며, 세상을 섬기고, 그리스도의 복음으로 세상을 변화시킬 때 세상은 어떤 모습이 될까?

- 부정, 부패, 거짓이 없는 세상
- 공정한 과정을 통해 균등한 기회가 주어지는 나라
- 빈부의 차이가 급격히 벌어지지 않는 사회적 구조
- 약자의 인권을 옹호하는 나라
- 분리와 분열보다는 화합과 일치를 추구하는 세상
- 생태계를 보호하며 하나님의 창조 섭리를 존중하는 세상

내가 살고 있는 캐나다는 당연히 탈기독교 사회다. 반세기 전까지만 해도 기독교가 사회 전반에 걸쳐 중심을 이루고 살았던 나라다. 지금은 그 시대가 지나갔다. 교회가 더 이상 사람들의 삶의 중심이 아니라 변방으로 나왔다. 20대 30대 젊은이들에게 교회의 기억은 없다. 아예 교회에 가보지 않은 경우가 많기 때문이다. 교회에 대한 기억은 베이비부머 시대에나 적용되는 말이다. 그런데 내가 1970년대부터 캐나다에서 살며 느낀 점은 이 나라가 더 이상 기독교 국가는 아니지만, 철저하게도 기독교적 가치관에 의해 움직인다는 것이다. 예를 들면, 앞서 언급한 대로 캐나다는 약자의 인권이 최대 보호되는 나라라고 말할 수 있다. 장애자를 위한 배려를 보아도 그렇다. 어디를 가나 장애자를 위한 주차 시설이 우선이다. 장애자가 차에서 내릴 때 불편하지 않도록 차와 차 사이의 간격도 엄청 넓다. 또한 어떤 건물이든지 휠체어가 진입할 수 있도록 램프가 조성되어 있다. 약자를 보호한다는 아름다운 성경적 가치관이 이들의 뼛속 깊이 들어 있는 것이다. 그런 차원에서 성 소수자들이 보호를 받고 있고, 거의 20년 전 동성결혼이 합법화된 것이다.

그 당시만 해도 대다수의 캐나다인은 동성결혼 자체에 그렇게 마음이 열려 있지는 않았다. 그러나 내가 비록 그 이슈에 동의하지 않아도, 약자가 보호를 받아야 한다는 정신에 동의한다면 결국은 찬성을 해야 한다는 생각이 지배적이었기 때문에 법으로 통과될 수 있었던 것이다.

한국 기독교는 유례를 찾기 어려울 정도로 급성장의 성공을 맛보았다. 교단마다 세계 최대의 대형 교회들이 생겼다. 그렇지만, 한국 사회가 기독교적 가치관을 갖고 살아가는 데 얼마나 기여했는지 의심스럽다. 오히려 성도들 가운데는 무속적 기복 신앙이 잔재해서 그것이 한국적 기독교를 만들어 가고 있는 현실이다. 대형 교회 목회자들을 보면 섬김보다는 섬김을 받는, 심지어 신격화된 모습을 본다. 기독교가 평등한 세상을 만들며, 교회가 공정성을 보이는 것과는 너무나 거리가 먼 결과를 보여주고 있다. 기독교인들이 앞으로 어떻게 살아야 할지를 깊이 생각하게 만든다. 그러나 결론은 세상의 빛과 소금이 되어야 한다는 것이다.

이를 위한 구체적인 실천으로 교회가 마주하는 마을과 더불어 살아가며 아름다운 마을을 만드는 사례들이 일어나고 있다. 문화 공간을 만들어 주민들과 공유하는 교회가 있고, 마을 도서관을 운영하거나, 장애인 센터나 시니어 센터를 수탁 운영하는 교회도 있다. 노숙인 센터를 운영하고, 이주자의 자녀들을 위해 그 나라 말로 수업하는 학교를 세운 교회도 있다. 광장에서 직장인을 위한 나눔 콘서트를 하는 교회도 있다. 여러 가지 모델들이 소개되고 시도된다는 것은 고무적인 현상이다.[4] 앞으로 선교적 삶은 선교적 교회를, 선교적 교회는 아름다운 마을, 아름다운 사회 만들기로 이어지기를 바라는 마음이다.

---

4 가정교회마을 연구소 정기 세미나, 「교회, 일상을 마주하다」 2019. 10. 14. 온누리교회.

나눔을 위한 질문

1. 나에게 환대란 어떤 의미를 주는가? 환대를 받았던 때를 기억하고 나누어 보자. 그때 받은 인상과 느낌은?

2. 우리 주위에 외국인이나 난민으로 와 있는 사람들은 누구인가? 앞으로 그들을 만나면 어떻게 행동할 것인가?

3. 우리 교회가 이웃 주민이나 상인과 좀 더 깊은 유대 관계를 맺기 위해서 할 수 있는 일은 무엇인가?

11. 선교적 교회 개척을 시도하다

교회가 성장해야 한다는 개념은 우리의 뼛속 깊숙이 자리 잡고 있다. 교회가 어느 정도 선까지는 성장해야 교회로서 일을 할 수 있는 힘이 생기는 것은 당연한 이치다. 그런데 문제는 교회 성장 자체가 궁극적인 목적이 될 때다. 그런 경우는 숫자적 개념이 중요할 수밖에 없다. 현재 모이는 성도 수가 50이라면, 내년에는 100명의 목표를 세우고 달려간다. 그리고 그다음 해에는 더 큰 목표를 세운다. 이런 과정에서 목회자와 성도들 사이에는 암묵적인 동의가 있다. 교회 성장 자체는 항상 선하고 옳은 일이라는 것이다. 그래서 교회 성장을 위해 목회자와 성도들은 최선을 다한다. 교회가 커지면 커질수록 더 많은 힘이 생기고 영향력이 있으니 커져야 한다는 생각이 스며든다. 목회자나 성도의 관심은 출석수와 헌금 액수가 늘고 있느냐이다. 반면 어떤 이유로 오히려 줄고 있다면 불안해 하고, 해결책을 찾아야 한다고 민감하게 반응한다.

우리 교회도 한때는 숫자에 너무 민감한 적이 있었다. 부임하고 얼마 되지 않아 교회 재정이 힘들었던 때가 있었다. 사무실과 교육 공간을 좀 더 효율적으로 만들기 위해 리노베이션을 하면서 그해 예산을 거의

다 썼다. 그러다 보니 다음 회계 연도로 넘길 이월금이 별로 없었다. 우리 교회는 예산의 10% 정도를 덜 쓰고 다음 해로 넘기는 관례가 있다. 이월금이 별로 없다 보니 늘 10% 정도의 여분이 있던 교회 잔고가 거의 바닥이 나 있었다. 이때 누가 교회 헌금이 줄고 있다는 말을 했다. 물론 이치에 맞지 않는 말이었다. 가용 자금이 줄어든 것과 헌금이 줄었다는 것은 엄연히 다른 개념인데, 불필요한 어려움을 주었다. 헌금이 줄면 결국 목회자에게 화살이 날아온다. 목회를 잘못해서 그렇다는 둥, 설교에 감동이 없어서 그렇다는 둥 하며 어디에선가 그 원인을 찾으려 한다. 재정부에서는 긴축해야 한다는 말이 나오고, 교육부에서는 올해 전 교인 수양회를 취소해야 한다는 말이 쉽게 나돌았다. 갑자기 이런 말을 들으니 나는 매우 당황할 수밖에 없었다. 정말 우리 교회에 헌금이 줄어들고 있나? 이것이 내 탓인가? 하며 조사해 보았다. 헌금이 준 것이 아니라 가용 자금이 줄어든 것이었다. 그해 말 헌금 통계를 보니까 오히려 늘었다. 나는 그때를 두고두고 생각한다. 지도자들의 초점이 어디에 있느냐가 중요하다. 드러난 숫자에 너무 급급하다는 것은 숫자에 소망을 두고 있다는 말이고, 또한 숫자로 인해 두려움에 빠질 수 있다는 것을 보여준다.

교회는 반드시 성장해야 하고 매년 모이는 숫자와 헌금 액수가 늘어나야 한다는 논리가 우리 뼛속 깊이까지 새겨져 있다. 교회 성장을 원치 않는 목회자가 어디 있겠는가? 성장을 한다면 반대할 사람은 없다. 문제는 교회 성장 그 자체가 목적이 될 수는 없다는 것이다. 물론 건강한 교회는 성장하게 되어 있다. 성장을 하지 않는 것이 이상하다. 교회 개척을 해서 5년, 10년이 지났는데도 별다른 성장이 없다면 왜 성장하지 않는지를 깊이 숙고해야 한다. 그러나 성장을 위한 성장은 있을 수 없다. 대형 교회가 되는 것이 목적이 될 수는 없지 않은가? 이 땅에서 반드시 대형 교회의 역할이 있다고 본다. 커다란 나무가 되어 거센 바람을 막아주는 교회가 필요할 때가 있고, 고향 집처럼 따스함을 주는 작은 교회도 필요하다. 주어진 역할에 따라 그 부르심 따라 순종하며 나가면 된다. 그런데 커지는 그 자체가 좋아서 '큼'과 함께 오는 힘이 좋아서 성장을 지향한다면, 교회를 향한 하나님의 선하신 뜻에 어긋난다고 믿는다.

선교적 교회는 건강한 교회를 지향한다. 건강하다면 생명력이 있기 때문에 성장하는 것이 당연하고, 성장뿐만 아니라 자생력을 갖고 번식할 것이다. 그렇다면 우리가 건강한 교회를 지향한다면 자체 성장만을 위한 성장이 아니라, 교회가 교회를 낳는 자생적 번식을 중요시해야 한다. 동물의 세계를 보자. 번식은 기본적인 본능이다. 번식으로 숫자가 늘어나면 일부는 흩어져 다른 길로 가기 마련이다. 왜? 그들만의 활동 범위를 확보하기 위해서다. 그래서 분가하고 독립한다. 진정한 선교적 교회를 꿈꾼다면 우리는 자생력을 갖고 번식하는 교회들을 많이 개척하는 데 힘을 써야 한다. 그동안 우리가 가지고 있었던 자신만을 위한 교회 성장의 패러다임을 바꾸어야 한다. 더 많은 성도가 모이고, 그래서 더 큰 성전을 지어야 한다는 단순한 모델에서 벗어나야 한다. 대신 하나님 나라의 공의와 사랑이 이 땅에 온전히 선포되고, 믿지 않는 영혼이 더 많이 주님께로 돌아오기 위해서 가장 바람직한 교회의 모습이 무엇인가를 심각하게 고민해야 한다.

그뿐 아니라 선교적 교회 개척은 일반 교회 개척과 다르다. 선교적 교회 개척은 시작부터 온 성도가 세상으로 보내심을 받았다는 분명한 목회 철학을 가진다. 그래서 처음부터 그런 방향으로 성도를 양육하고 훈련한다. 물론 양적 성장도 중요하다. 어느 순간 자립을 해야 하기 때문에 교회 재정을 책임질 수 있는 무리가 모일 수 있도록 열심히 전도하며 교회를 성장시켜야 한다. 그렇지만 생존을 위한 성장이 아니기 때문에, 반드시 시작부터 선교적 교회로서 성장의 의미를 성도들과 공유한다. 개척 단계부터 선교적 교회는 세상과 소통하고, 세상을 섬기며, 예수 그리스도의 복음으로 세상을 변화시킨다는 분명한 목적의식을 가진다.

이를 위해 맞춤형 훈련을 한다. 처음 예수 믿게 된 성도들에게 교회가 무엇인지를 가르친다. 물론, 선교적 교회론을 가르치는 것이다. 교회에 남아 소비자로서의 혜택을 누리는 신앙생활이 아니라, 처음부터 세상으로 파송되어 선교적 삶을 살아가는 것이 무엇인지를 보여주며 함께 간다. 그래서 선교적 교회는 개척 단계부터 교회와 세상의 담을 높이 세우지 않는다. 대신 세상과 의미 있는 소통, 그리고 세상을 향한 의미 있는 개입을 위해 노력한다. 그래서 선교적 교회 성도는 세상으로 보냄을 받았다는 분명한 정체성을 가지고 있다. 세상에서 성령님의 음성을 들으며 하나님의 선교(Missio Dei)에 겸손히 동참하는 마인드를 가진다.

1. 처음 경험한 분리

2년 전에 선교적 교회를 꿈꾸는 우리 교회 부목사님 두 분이 나를 찾아왔다. 선교적 교회를 개척해 보고 싶다는 것이었다. 두 분이 함께하겠다고 했다. 사실 우리 교회는 40년 역사상 단 한 번도 교인들을 나누어 새로운 교회를 개척해 본 적이 없다. 당회는 심사숙고하며 두 목사님의 요청을 허락하기로 했다. 일정 기간 비전 나눔과 기도회를 거쳐

원하는 성도들은 누구나 따라가도 된다고 했다. 단 마감 시일을 정해서, 정확한 이명 과정이 있도록 했다. 교회를 개척한다고 했을 때, 사실 쉬운 일은 아니었다. 토론토에는 이미 많은 교회가 있고, 특히 한인 밀집 지역인 노스 욕(North York)에는 길 건너 교회가 있다 해도 과언이 아니기 때문이다. 그러나 시작부터 선교적 교회라는 분명한 청사진을 갖고 교회를 개척한다는 말을 듣고 나는 마음을 열기 시작했다. 그렇다면 어떤 성도들이 가야 할 것인가? 각자 결정을 할 때 적어도 네 가지 '기준'을 제안했다.

먼저, 이런 분들은 반드시 가셔야 한다고 했다.

- 선교적 교회에 대한 부르심의 확신이 있는 분들(부르시면 반드시 순종할 것)
- 교회의 입장에선 너무나 필요로 하는 분들(대인 관계가 좋고, 사역을 잘하시는 분들이 가셔야 도움이 될 것임)

그리고 이런 분들은 가시면 안 된다고 했다.

- 교회의 입장에서 '아, 저분 좀 가셨으면' 하는 분들(물론 본인은 모를 수 있겠지만, 이런 분들이 나가면 새로운 교회에 어려움을 줄 것이니까)
- 친구 따라 가는 분들(이런 분들은 처음 숫자 채우는 데는 도움이 되지만, 나중에는 분명히 짐이 될 것이기에)

결정을 내려야 할 시간이 다가왔다. 한 달의 비전 나눔과 또 한 달의 기도회를 마친 후, 서서히 나가는 분들이 모여지기 시작했다. 나는 어떤 자세로 개척에 임해야 할지를 목회 칼럼에 이렇게 적었다.

첫째, 선교적 교회에 대한 분명한 이해가 있어야 합니다. 이미 토론토에는 한인교회들이 많은데 또 하나의 교회가 생긴다면 '왜 교회가 있어야 하는지'를 묻지 않을 수 없습니다. 그리고 선교적 교회에 대한 분명한 이해가 없다면 새롭게 생긴 교회가 '많이 모이는 교회'가 되기를 꿈꿀 것입니다. 그런 생각으로 모인다면 계속해서 엇박자가 날 것입니다. 세상으로 보내심을 받은 교회의 성도가 되겠다는 마음이 절대적으로 필요합니다.

둘째, 불편과 희생을 각오해야 합니다. 선교적 교회를 향해 가지만, 엄연히 그 시작은 개척 교회입니다. 개척 교회는 여기저기 불편한 점이 많을 수밖에 없습니다. 예를 들어, 교회 학교가 제대로 셋업 되려면 아무래도 시간이 걸립니다. 이전과 똑같이 시작할 수는 없습니다. 이런 상황에서 희생할 각오가 돼 있는지 자신에게 물어야 합니다. 어렵다고 쉽게 포기해서는 안 되기 때문입니다.

셋째, 수평적 성장이 아니라, 전도를 통해 교회 성장을 이루겠다는 열정이 있어야 합니다. 한 영혼이라도 내가 직접 데리고 오겠다는 결단이 없이는 결국 수평적 성장을 기대하는 것이기 때문입니다. 처음부터 그런 목표가 없다면, 구태여 잘 모이고 있는 교회를 갈라서 먼 거리도 아닌 바로 이웃에 또 하나의 교회를 세울 필요가 없습니다. 영혼을 사랑하는 마음으로 열심히 전도하겠다는 자세가 역력히 나타나야 합니다.

넷째, '가라'는 주님의 부르심에 순종해야 합니다. 다른 사람이 아닌 바로 내가 가야 한다는 확신이 있어야 합니다. 그것은 나와 하나님 사이에서 일어나야 할 부르심과 순종의 관계입니다. 이런 확신 없이 따라서는 안 됩니다. 오히려 사탄의 조롱거리가 될 수 있습니다.

지금 우리가 사는 시대는 두 가지 교회 모델이 다 필요합니다. 하나는 기존 교회가 선교적 교회로 변혁하는 모델이고, 다른 하나는 시작부터 선교적 교회로 개척되는 모델입니다. 둘 다 필요합니다. 우리 교회는 전자의 경우입니다. 앞으로 시작될 교회는 후자에 속합니다. 위에 나열된 네 가지 리트머스 테스트에 분명히 '예'라고 답할 수 있다면, 가야 합니다. 그러나 평소 가진 관계나 인맥에 끌려서 시작할 일은 아닙니다. 오히려 걸림돌이 될 수 있습니다. 그러나 선교적 교회를 개척하는 일에 하나님의 부르심이 확실하다면 순종하십시오. 그 길만이 주님께서 원하시는 길이기 때문입니다.

하루는 구역을 잘 섬기는 어떤 집사님이 예배 후 사무실로 나를 찾아왔다. "목사님, 제가 인사를 드리러 왔습니다. 우리 교회가 지향하는 선교적 교회를 따라 여기까지 오면서, 목사님 마음을 읽었습니다. 이제 나가서 교회 개척에 힘이 되려고 합니다. 그동안 참 감사했습니다."

아! 이분은 목사의 입장에서 놓치기가 너무나도 아까웠다. "집사님은 안 돼요."라고 말하고 싶었지만, 나는 이미 한 말이 있기 때문에 번복할 수는 없었다. 정말 가슴이 아팠다. J. D. 그리어가 말하는 '살점이 깎이는 아픔'을 체험했다. 그날 교회에서 집으로 가는 단 5분의 운전 거리가 마치 한 시간처럼 느껴졌다. 어깨에 힘이 쭉 빠져서 핸들조차 잡을 수 없었다. 내가 그 집사님을 얼마나 아꼈는지를 새삼 깨달았다. 몇 달 만에 교회를 개척하기 위해 나가는 숫자가 정해졌다. 성인 70명, 청년 30명, 어린이 20명, 합 120명이 마감일까지 통보했다. 작별 인사를 하는 시간이 되었다. 주일 예배 때 파송 기도를 드리며, 새로이 탄생할 교회를 위해 축복했다.

2. 다시 시도하는 개척

이렇게 개척된 교회는 어느새 3년의 세월이 흘러 지금은 교회로서 자리를 잡아가고 있다. 그런데 떠나보내는 과정에서 예상치 못한 오해와 아픔이 있었다. 마감일이 지났는데도 이동하는 성도들이 생겼기 때문이다. 이렇게 되면 두 교회 사이가 안 좋아질 수 있다는 불안감과, 전도가 아닌 수평 이동으로 새 교회가 성장하면 안 된다는 노파심이 들었다. 그래서 나의 뜻을 분명히 전했다. 더 이상 교인을 받지 말라고! 감사하게 그것이 잘 받아들여져서 이제는 깔끔하게 정리되었다. 앞으로 이 교회가 잘 성장해서 지역 사회와 하나님 나라를 위해 크게 쓰임 받기를 기도한다.

3년이 지난 지금, 우리 교회는 보낸 숫자를 다시 회복했다. 줄었던 헌금도 거의 다 회복되었다. 하나님께서 그동안 새로운 성도들을 보내 주셨기 때문이다. 이제 우리는 다시 한번 선교적 교회 개척을 시도한다. 2년 전에 미숙했던 부분을 잘 참고해서 시행착오를 줄이고 좀 더 선교적 교회다운 모습을 갖추려 한다. 장로님들과 먼저 우리의 확고한 의지를 점검하는 시간을 가졌다. 왜 우리가 이 길을 가야 하는지, 그리고 이 길을 갈 때 우리가 지켜야 할 원칙은 무엇인지를 나누었다. 선교적 교회 개척의 당위성을 몇 가지로 정리해 보았다.

- 선교적 교회는 비슷한 DNA를 가진 선교적 공동체를 계속해서 재생산해야 한다. 건강한 선교적 공동체가 많으면 많을수록 이 땅에 하나님 나라가 드러나기 때문이다.
- 선교적 교회 개척은 안주하려는 우리가 소비자적 마인드에서 전시적(戰時的) 마인드로 바꾸고, 선교적 삶을 살아야 하는 하나님의 백

성임을 상기시켜 준다.

- 교회 개척으로 인해 발생한 빈자리를 메꾸기 위해서 교회는 새로운 리더를 발굴하려는 눈을 갖는다. 결과적으로 발굴되지 않은 성도들이 더 발굴된다. 소중한 리더를 파송했을 때 하나님께서는 반드시 그 자리를 채워주신다.
- 선교적 교회 개척을 통해 기존 교회가 세심하게 생각지 못하는 맞춤형 전도를 할 수 있다. 좀 더 창의적이고 효과적인 전도를 통해 잃어버린 영혼을 구한다.

장로님들은 흔쾌히 동의했다. 물론 단번에 통과된 것은 아니다. 충분히 생각하고 기도할 시간이 필요했다. 우리의 문제는 개척을 할 것이냐 아니냐가 아니라 어떻게 해야 성공적인 열매를 맺을 것인가였다.

선교적 교회 개척이 올바로 이루어지기 위해서는 성도들과의 소통이 매우 중요하다. 왜 선교적 교회를 개척해야 하는지의 중요성과 당위성을 계속해서 말해야 한다. 소비자적 마인드로 가득 찬 세상에서 교회가 정신을 차리지 않으면 세상에 흡수되어 죽는다고 말해야 한다. 교회에 와서 쉼과 평안을 누리길 원하는 일부 성도들에게는 부담스럽게 들릴 수도 있지만, 우리는 계속해서 이 길을 가야 한다고 강조해야 한다. 안주하면 죽기 때문이다. 선교적 교회를 개척해야 하는 분명한 이유가 두 가지로 정리할 수 있다.

첫째는 좀 더 활발한 전도를 통해 영혼을 구원하기 위해서다. 기존 교회는 제도화되면 될수록 전도의 열기가 떨어지기 마련이다. 그러나 개척 교회는 많은 부분에 있어서 자유함이 있고, 한 영혼을 위한 간절함이 있다. 그 동력을 사용해서 좀 더 창의적이고 효과적인 전도를 할 수 있다.

둘째는 보내는 교회의 건강을 위해서다. 인간의 본성은 항상 편하고 쉬운 곳에 안주하려는 것이다. 그러나 교회가 안일한 생각을 갖는 순간부터 내리막길을 간다는 것을 기억해야 한다. 교회가 계속해서 건강하려면 희생을 통한 자기 포기가 있어야 한다. 지금이 너무도 좋고 편하다면 어느새 고인 물이 되고, 곧이어 고인 물이 썩은 물이 될 것이다. "땅끝까지 나의 증인이 되라."는 말씀에 순종하며 전시적 삶을 사는 것이야말로 건강한 그리스도인의 모습이다. 안디옥 교회가 크게 부흥하면서 안주할 수 있었지만, 복음 전파를 위해 지도자 바울과 바나바를 파송했던 것처럼(행 13:1-3), 선교적 교회는 하나님 나라를 위한 자기 포기에 익숙해야 한다.

이번에는 시행착오를 최소한 줄이기 위해 몇 가지 원칙을 세웠다.

- 선교적 교회 개척의 모든 방향과 진행은 담임 목사의 선교적 교회 비전과 당회의 개척 원칙에 기초한다.
- 자원하는 성도 20가정 이내로 개척 샘터(소그룹)를 세운다. 이를 위해 성도들에게 홍보하고 소통하며 비전 나눔과 기도의 시간을 가진다.
- 모교회는 지교회를 3년간 지원하고 (풀타임 담임 목사, 파트 타임 부교역자)의 사례를 지원하고, 그 외에도 기도와 봉사로 지원한다. 개척 교회는 3년 안에 재정적으로 자립하기 위해 최선을 다한다.
- 파송 받는 목회자와 함께 정한 날짜에 지교회를 시작한다.
- 개척을 도운 성도들 가운데 부득이한 사정이 있을 경우 모교회로

돌아올 수 있다. 단, 3년간은 개척 지교회에 충성한 후에 돌아온다.
- 모교회와 지교회의 관계를 3년간 유지하되, 개척되는 지교회는 처음부터 사역과 예산 집행에 있어 독립적으로 운영한다.
- 두 교회는 필요에 따라 교육, 선교, 봉사 활동을 함께 할 수 있고, 지교회는 모교회의 지역 선교 센터와 수양관을 함께 사용할 수 있다.
- 개척 장소는 모교회로부터 적절하게 떨어진 곳에 정한다(20km 정도). 그리고 개척 교회는 본 교단에 소속한다.

이 책은 현재 진행형으로 쓰이고 있다. 선교적 교회 개척을 앞두고 갑자기 코로나19 사태가 터졌다. 선교적 교회 개척에 필요한 적절한 타이밍을 놓친 것이다. 일단 개척할 계획을 내려 놓았다. 지금은 하나님의 시간을 기다려야 한다. 앞으로 계속해서 새로운 일들이 일어날 것이며 예상치 못한 결과가 일어날 수도 있다. 그러나 우리는 이 길을 가야 한다. 선교적 교회가 세워지면, 또 새로운 선교적 교회를 개척하기 위해 노력해야 한다. 이 땅에 하나님 나라가 더 선명하게 드러나고, 하나님의 백성이 안일함보다는, 희생적 삶을 살면서 하나님께 영광을 돌릴 수 있다면 우리는 이 일을 계속해야 한다. 온 성도를 세상으로 파송해서 선교적 삶을 살게 하는 것이야말로 교회의 본질적 사명이기 때문이다.

나눔을 위한 질문

1. 선교적 교회 개척과 일반 교회 개척은 어떻게 다른가?

2. 어떤 면에서 선교적 교회 개척을 위해 정든 교회를 떠나는 것이 '전시적' 삶이라고 말할 수 있을까?

3. 선교적 교회 개척을 위해 하나님께서 '가라'고 하시면 정든 교회를 떠날 자세가 되어 있는가?

12. 순종을 배우다

너희가 나를 택한 것이 아니요 내가 너희를 택하여 세웠나니 이는 너희로 가서 열매를 맺게 하고 또 너희 열매가 항상 있게 하여 내 이름으로 아버지께 무엇을 구하든지 다 받게 하려 함이라(요 15:16).

지금까지 우리는 선교적 교회가 무엇인지, 왜 선교적 교회가 이 시대의 대안이자 성경적 교회관의 진정한 회복인지를 말했다. 또한 우리를 세상으로 보내시는 삼위일체 하나님의 관점에서 교회와 세상과의 관계를 살펴보았다. 특히 그동안 간과했던 교회와 하나님 나라의 관계가 정확하게 무엇인지를 확인했다. 선교의 하나님은 오늘도 하나님의 백성을 세상에 보내셔서 하나님의 선교에 동참하길 원하신다. 그렇다면 선교적 교회를 진심으로 추구하는 성도들이라면 열매 맺는 신실한 그리스도인이 되어야 할 것이다. 주님은 "너희가 나를 택한 것이 아니라 내가 너희를 택하였다."고 하셨다. 또 그 택함이란 "너희가 가서 열매를 맺고, 그 열매가 항상 너희와 함께 있게 하기 위해서"라고 말씀하셨다.

우리가 주님을 믿게 된 것은 전적으로 하나님의 은혜다. 우리의 판단이 더 예리하거나 현명해서가 아니라 전적으로 주님의 부르심이 있었고, 주님께서 우리가 믿도록 은혜를 베푸시고 마음 문을 열어주셨기 때문이다. 이 점은 아무리 강조해도 지나치지 않다. 다시 말하지만 우리를 선교적 삶으로 부르신 이유는 열매 맺는 그리스도인이 되기 위해서다. 열매를 맺지 않으면 아무 소용도 없다. 우리가 아무리 미셔널 처치에 대해 관심을 가지고 말해도, 결국은 열매로 말해야 한다. 이 땅에서의 삶을 다 마치고 주님 앞에 갔을 때 우리가 드릴 열매가 무엇인가를 깊이 생각하자.

토론토영락교회가 운영하는 수양관 주위는 온통 사과밭이다. 10월 중순이 되면 먹음직스럽게 익은 사과들이 사람들을 기다리고 있다. 언젠가 사과밭 주인과 대화를 하면서 나도 저런 사과나무 몇 그루를 심고 싶다고 했더니 주인은 적극적으로 말린다. 사과 농사가 그렇게 쉽지 않다는 것이다. 때를 따라 가지도 치고 거름도 주고 농약도 뿌려야 한다며 절대로 좋은 사과는 저절로 열리는 것이 아니라는 내용을 각인시켰다. 그렇다. 열매는 쉽게 열리는 것이 아니다. 그렇다면 나는 어떤 열매를 주님께 드리기 위해 준비하고 있는가?

1. 순종의 열매

나는 1983년 평생 잊지 못할 집회에 참여한 적이 있다. 캔자스시티에서 열린 대학생 선교회(Campus Crusade for Christ) 주최 크리스마스 콘퍼런스였다. 북미 전역에서 18,000여 청년들이 모였고 빌리 그래함 목사와 빌 브라이트 박사의 우렁찬 메시지와 달러스 신학교 하워드 헨드릭스 교수의 성경 인물 강해는 평생 잊지 못할 정도로 큰 영향을 주었다. 사흘째 되는 날, 강단 위에 조그만 체구의 여성이 올라왔다. 이분이 누구실까 반신반의하며 간증을 들었다. 1956년 에콰도르에서 복음을 전하다 피살된 짐 엘리엇의 부인 엘리자베스 엘리엇이었다. 차분히 들려주는 이야기는 마치 다른 사람의 내용을 대독하는 듯했지만, 사실은 자신의 가장 아픈 삶의 한 부분을 들려주는 것이었다. 그 자리에 모였던 우리 모두는 압도적으로 빨려 들어가는 느낌을 감추지 못하며 쥐 죽은 듯 그분의 말 한 마디 한 마디를 경청했다.

에콰도르 정글에 사는 아우카 부족은 백인을 혐오했다. 백인과 접촉하면 늘 안 좋은 일이 일어났기 때문이다. 그들은 복음을 듣지 못하고 살아갔는데, 어느 날 짐 엘리엇과 그의 동료들이 드디어 복음을 전할 수 있는 기회를 얻은 것이다. 잠시 돌아온다며 떠났던 남편은 아무리 라디오 수신을 기다려도 소식이 없었고 결국 며칠 후 수색팀에 의해 다섯 선교사의 시신이 강물에 떠 있는 것을 발견했다. 창에 찔려 피살된 것이었다.

보통 사람들 같으면 여기서 사역을 중단하고 후퇴했을 것이다. 트라우마로 인해 사역을 하기 힘들기에 그런 결정이 전혀 이상하지 않다. 그런데 엘리자베스 엘리엇은 두 살 난 딸을 데리고 그 부족에 들어갔다. 먼저 말을 배우고 그들의 언어로 복음을 전했다. 남편을 죽인 사람까지도 찾아서 그리스도의 이름으로 용서하고 복음의 메시지를 전했다. 그런 수고로 지금은 아우카 족이 복음화되었고, 남편을 죽인 사람은 복음 전도자가 되었다. 이런 간증을 들을 땐 마치 소설에 나오는 이야기를 듣는 기분이었다. 그러나 소설이 아니라 실화였다. 엘리자베스 엘리엇은 평소 남편이 좋아했던 시 한 편을 읽고 단상에서 내려왔다. 인도 선교사 에이미 카마이클이 쓴 '너는 흉터가 없느냐?' (Hast thou no scar)였다.

너는 흉터가 없느냐?

손발과 옆구리에 숨은 흉터가 없느냐?

현지인들이 너를 훌륭하다고 말하고

밝게 뜨는 네 별을 환호하는 소리 들린다만

네게 흉터는 없느냐?

너는 상처가 없느냐?

나는 활 쏘는 자들에게 상하여 지쳤고

나무에 달려 죽었거늘, 에워싸는

사나운 짐승들에게 찢겨 기절하였거늘

너는 상처가 없느냐?

상처가 없느냐? 흉터가 없느냐?

종은 주인과 같아야 하고

나를 따르는 발들은 절려 있건만

네 발은 성하구나. 상처도 흉터도 없는 자가

나를 멀리까지 따를 수 있겠느냐?[1]

많은 생각을 하게 만드는 시였다. 집회를 마치고 집에 돌아와 엘리자베스 엘리엇이 펴낸 책들을 읽기 시작했다. 먼저 남편 짐의 일기장인 『전능자의 그늘』(The Shadow of the Almighty) 읽은 후 이어서 짐과 4명의 동료 선교사가 순교한 내용을 상세히 적은 『영광의 문』(Through the Gates

---

1 엘리자베스 엘리엇, 윤종석 역, 『하나님의 거룩한 전사: 에이미 카마이클』(서울: 홍성사, 2004), 390-391쪽.

of Splendor)을 읽고, 마지막으로 아우카 부족에게 두 살배기 딸과 함께 들어가 복음을 전한 『야만인은 나의 가족』(Savage My Kinsmen)을 읽었다.

 그 당시 나도 이십 대 젊은이였지만, 짐 엘리엇과 엘리자베스 엘리엇의 이십 대는 클래스가 다르다는 생각이 들었다. 도대체 이런 헌신, 이런 각오, 그리고 이런 순교의 정신은 어디에서 나오는가? 받은 감동과 도전이 너무나 컸다. 가슴이 너무 뛰어서 살 수가 없었다. 어떻게 하란 말인가? 몰랐더라면 편히 있었겠지만, 알고 난 이상 나도 무엇인가 해야만 하는 게 아닌가 하는 생각을 했다. 그때 갓 결혼한 신혼부부였던 우리 부부는 은행 잔고를 다 털고 주위의 도움을 받아 브라질 단기 선교를 떠났다. 말로만 듣던 아마존 정글에 들어갔다. 그리고 작은 마을을 돌면서 복음을 전했다. 포르투갈 언어로 더빙한 영화 「예수」를 보여주며 하나님의 사랑을 설명했다. 족히 2만 명 이상에게 그 여름 복음을 전할 수 있었다. 평생 잊지 못할 시간이었다. 겨울 캔자스시티 집회부터 여름 아마존 선교까지, 한마디로 그 해는 하나님의 특별한 은총을 체험한 해였고, 그 체험 후 나는 신학교에 들어가 본격적으로 목회 수업을 받게 되었다.

 짐 엘리엇이 일기장에 기록한 도전의 글들은 많은 젊은이의 가슴에 선교의 불을 질렀다. 그중에서도 대표적인 문장이 있다.

영원한 것을 얻고자 영원하지 않은 것을 버리는 자는 바보가 아니다
(He is no fool who gives up what he cannot keep to gain what he cannot lose!).

 여기서 나는 열매 맺는 삶의 기본 자세를 배운다. 즉 무엇이 중요한

지, 무엇이 영원한지를 먼저 분별하는 영성이 필요하다. 그리고 나서는 믿음으로 순종하는 것이다. 그렇다. 주님께서 원하시는 것은 대단한 달란트를 가지고 최적의 영향을 남기는 그런 영웅적 사역이 아니라 작은 일에도 순종하며 믿음으로 나가는 삶이다. 이것이 바로 열매 맺는 삶이다.

요 15장 본문의 배경을 보자. 잡히시던 날 밤 제자들과의 긴 대화가 기록되어 있다. 전체 배경은 "내 안에 거하라, 열매를 맺으라."는 내용이다. 앞으로 승천하실 주님께서 제자들을 이 땅에 남겨 두시며 그들의 존재 목적을 말씀하셨다. 더 이상이 종이 아니라 친구라고 하시며 자발적으로 일할 것을 말씀하셨다. 우리에게도 이런 안목이 있어야 한다. 제자의 길은 자원해서 가는 것이다. 십자가도 자원해서 지는 것이다. 주를 위한 나의 헌신은 자발적이 되어야 한다. 요 15장에서 반복적으로 나오는 내용은 "내 안에 거하라 / 열매를 맺으라 / 내 안에 거하라 / 열매를 맺으라."이다. 주님께서 제자들을 부르시고 동고동락하시며 가르치시고, 이제는 주의 일을 위해 세상으로 보내시게 되었다. 보혜사 성령을 약속하시며 그분이 오시면 주님께서 모든 것을 생각나게 하신다고 말씀하셨다. 이제 제자들이 할 것은 주님 안에 거하며 순종의 열매를 맺는 것이었다. 우리도 순종을 배워야 한다. 그리고 순종의 열매를 맺는 것이야말로 주님께서 원하시는 삶이다.

2. 택하심의 비밀

요한복음 15장 16절을 보라. "너희가 나를 택한 것이 아니요 내가 너희를 택하여 세웠나니…"라고 했다. 열매 맺는 삶을 살기 위해서 우리가 주님을 선택한 것이 아니라, 주님께서 우리를 선택하셨다는 것을 분명히 알아야 한다. 주님께서 우리를 먼저 부르신 것이지, 결코 우리가 잘나고 똑똑해서 주님을 선택한 것이 아니다. 부족하지만 부르셨다. 이제 쓰임을 잘 받아야 한다.

성결 교단의 원로이신 고(故) 정진경 목사님의 자서전에 보면 주님께서 그를 극적으로 부르신 이야기가 나온다. 6·25 때 공산당이 집에 들어와 "반동 동무를 죽인다."고 위협하며 그를 산으로 끌고 갔다. 이렇게 청년이 마지막을 맞이하게 되는 아찔한 순간이었다. 공산당원이 방아쇠를 당기려는 순간, 그는 기도했다. "오, 하나님, 저의 영혼을 받아 주소서!"기도밖에 할 것이 없었다. "하나, 둘, 셋" 하며 총을 쏘려는 순간, 갑자기 미군 비행기 한 대가 요란한 소리를 내며 머리 위를 날았다. 순간 화가 난 공산당원은 비행기를 겨냥해 마구 총을 쏘아댔다. 그러나 권총으로 비행기를 추락시킬 수는 없는 것이다. 비행기는 날아가 버렸고, 상기된 모습으로 공산당원은 청년을 향해 총을 쏘려고 했으나, 이미 총알이 다 떨어진 뒤였다. "우리의 원수인 미제 비행기에 다 쏘았소. 당신 오늘 운이 좋구먼! 가시오." 라고 했다. 이렇게 해서 청년 정진경은 가까스로 목숨을 구할 수 있었다. 정진경은 두고두고 그날 그 순간을 잊을 수 없었다. "내가 산 것은 오직 하나님의 은혜라!"는 말씀이 실감 났다. 배후에서 보호하시며 함께하시는 하나님의 손길을 의식하지 않을 수 없었다. 이렇게 덤으로 받은 삶이라는 생각이 강렬하게 들면서 그는 앞으로의 삶을 전적으로 하나님께 드리게 된다.[2]

귀하게 쓰임받은 사람들의 간증을 들어보면 하나같이 배후에 역사하신 하나님의 손길을 체험한 간증을 한다. 공통된 그들의 고백은 인

---

2 정진경 구술, 『목적이 분명하면 길은 열린다』, 이유진 글, 홍성사, 2008, 15-18쪽.

생을 이 만큼 살고 돌아보니, 이상할 정도로 내 마음대로 되는 것은 하나도 없고, 오직 나를 부르시고 나의 삶을 주장하시는 하나님의 섭리만 있다는 것이다. 그래서 겸손할 수밖에 없고, 모든 영광을 주님께 돌릴 수밖에 없다는 고백이다. 이 사실을 깨닫지 못하는 그리스도인들은 자기 권리를 주장하는 데 익숙하다. 내가 노력해서 내 힘으로 정정당당하게 살겠다는데 왜 일이 이렇게 안 풀립니까? 하며 의아해한다. 그러나 그것은 택함의 진리를 모르기 때문에 하는 말이다. 택하심을 깨닫고, 그 택하심에 의해 우리의 삶은 전적으로 하나님께 속했다는 것을 알고 나면 자연히 겸손해질 수밖에 없다.

선교적 삶을 사는 성도들은 택하심의 비밀을 알고 있다. 택함을 받았다는 것은 '그분의 사역에 편입되는 것이며, 만인을 위한 하나님의 표지가 되고 일꾼이 되고 첫 열매가 되는 것을 의미한다.'[3] 즉 나의 뜻을 관철하기 위해서가 아니라, 우리를 택하여 주신 그분의 뜻을 이루기 위해서다. 하나님의 뜻은 창세기부터 요한계시록에 이르기까지 일관성 있게 펼쳐진다. 최후의 모습은 모든 열방이 함께 모여 찬양과 경배와 영광을 보좌에 앉으신 하나님 아버지와 어린 양께 드리는 것이다(계 7:10).

3. 열매 맺는 삶

우리를 부르시고 택하신 이유가 있다. 바로 열매를 맺기 위해서이다. 우린 쓰임 받기 위해 태어났고, 열매를 드리기 위해 선택받았다. 하나님께 드릴 열매를 맺으라고 우리를 부르신 것이다. 그리고 그 열매는

---

[3] 레슬리 뉴비긴, 홍병룡 역, 『다원주의 사회에서의 복음』 (서울: IVP, 2007), 168쪽.

우리가 '서로 사랑하라'는 말씀에 순종할 때 비로소 우리 삶에 맺히게 되는 것이다.

다시 엘리자베스 엘리엇 이야기로 돌아가면, 짐 엘리엇의 죽음에 대해 그 당시 수많은 그리스도인이 슬퍼했다. 그러나 믿지 않는 사람들은 그가 무모한 짓을 하였다고 비난했다. 가지 말라는데 갔고, 하지 말라는데 했다는 것이다. 몇 년 전 아프가니스탄에 단기 선교팀이 갔다가 목회자가 순교했을 때도 세상은 비슷한 시각에서 그의 죽음을 비난했다. 그런데 우리가 기억해야 할 것이 있다. 비록 짐 엘리엇이 29세의 젊은 나이에 세상을 떠났고 이 땅에서는 별로 의미 있는 열매를 남기지 못하고 죽은 것처럼 보이지만, 사실은 그의 죽음으로 말미암아 그의 일기장이 세상에 알려지게 되었고, 저를 비롯하여 수많은 사람이 그의 일기를 읽고 서원 기도를 통해 선교사가 되었다. 비록 29세의 젊은 나이에 데려가셨지만, 그가 죽고 난 후 더 많은 사람이 예수를 믿을 뿐만 아니라 그로 인해 선교사로 헌신했다. 실제로 선교지에 가보면 짐 엘리엇의 일기 『전능자의 그늘』을 읽고 감동한 사람들이 무척 많다. 그의 죽음의 헛되지 않았다는 증거다.

또한 엘리자베스와 짐 엘리엇이 있기까지, 그 배후에는 커다란 감동을 준 선교사들이 많이 있다. 그중에서도 인도에 평생을 바친 에이미 카마이클 선교사를 꼽을 수 있다. 29살에 아일랜드에서 남인도로 가서, 살아있는 아이를 제물로 바치는 것을 보고 질색하여 아이들을 구출하는 미션을 세웠다. 그는 보육원과 병원, 학교를 세웠는데 지금도 이 사역은 진행되고 있다. 84세의 일기로 생을 마칠 때까지 55년 동안 단 한 번도 고국에 돌아가지 못하고 인도에 남아 뼈를 묻었다. 그가 자리를 비우는 사이에 혹시라도 어린아이들이 해를 당할까봐 떠나지 못한 것이다. 요즘은 단기 선교하면 1~2주 코스의 여행이다. 일 년 이상 가면 길다고 한다. 그런데 에이미 카마이클은 한 곳에서 55년 동안 사역했다.

헌신은 헌신을 낳는다. 에이미 카마이클은 짐과 엘리자베스 엘리엇을 감동시켰고, 이 부부는 수많은 차세대 선교사들의 마음에 커다란 감동을 주었다. 바로 이것이 열매다. 복음을 위해 철저히 헌신하고, 남을 사랑으로 섬길 때 영적 부흥이 일어난다. 엘리자베스 엘리엇은 가해자들에게 용서와 화해를 통해 그리스도의 사랑을 전했다. 남편을 살해한 사람들의 마을에 직접 들어가 살면서 그들의 말을 배워 그리스도의 이름으로 용서하고 복음을 전했다. "내 안에 거하라 나도 너희 안에 거하리라. 가서 열매를 맺으라,"는 주님의 말씀을 그대로 믿고 실천한 것이다.

열매 맺는 삶을 살 때 "내 이름으로 아버지께 무엇을 구하든지 다 받게 하려 함이라."고 주님께서는 제자들에게 약속하셨다. 마치 백지수표(blank check)를 주시는 것과 같은 약속이다. 기도에 응답을 받는다는 것은 믿음의 삶을 살고 있다는 증거이며, 하나님께서 기뻐하시는 삶을 살고 있다는 분명한 증거다. 하나님께서 이기적이고 자신의 편리함을 위해서 기도하는 사람의 기도를 들어주실 리 없다. 그러나 하나님의 나라와 의를 위해 간절히 기도하는 사람의 기도를 들어주신다.

특히 평소에 열매를 맺기 위해 노력하는 사람, 즉 하나님께 드리고 싶어서 최선을 다하며 믿음으로 나가는 사람에게는 그가 드려지는 기도에 응답을 받는 역사를 보여주신다. 이것은 신앙생활에서 큰 용기를 얻는 계기가 된다. 우리는 허드슨 테일러에 대해 너무나도 잘 안다. 그가 남긴 유명한 말이 있다.

> 하나님의 일을 하나님의 방법으로 할 때 하나님의 공급은 중단되지 않는다.
> God's work done in God's way will never lack God's supply.

그가 이런 생각을 하게 된 데에는 나름 깊은 고민과 번민이 있었다. 분명 하나님께서 원하시는 일인데 사람들은 하지 않고 있는 것이다. 물론 가능하지 않다고 믿었기 때문이다.

1853년 그는 이미 21살의 나이로 중국 선교사 생활을 시작했다. 뱃속에서부터 '중국 선교사가 되게 해달라.'는 부모의 서원 기도가 있었다. 그런데 그가 막상 중국에 가서 본 것은 보호 지역에서만 사역하는 선배 선교사의 안일함이었다. 영국과 아편 전쟁에서 패한 중국은 강제로 5 항구를 개항해야 했다.[4] 선교사는 개항된 구역에서만 활동하며 서양 문물을 편리하게 접하는 상황이었다. 일단 보호 지역을 떠나면 선교사의 신변을 보장할 수 없고 병과 외로움으로 시달려야 했다. 그래서 어느 누구도 내륙으로 들어갈 생각을 하고 있지 않았는데, 젊은 허드슨의 마음에는 누가 내륙에 사는 수억의 중국인들에게 복음을 전할 것인지 무거운 마음을 떨칠 길이 없었다. 그 당시 내륙은 접근 금지(forbidden) 지역이었다. 그래서 어떤 선교 단체도 들어가지 않고 후원하지 않았다. 허드슨 테일러는 하나님의 일을 해야 하는데 왜 사람들은 들어가지 않을까? 지원이 없고 갈 사람도 없다는 결론이었지만, 거기서 무릎을 꿇지 않았다.

---

[4] 2차에 걸친 아편 전쟁으로 영국은 청나라의 항구들을 강제 개항시키며 약탈했고, 분노한 민심은 흉흉해졌고, 때론 많은 충돌이 있었다. 그중 의화단 사건은 매우 심각했다. 수많은 외국인 사상자를 남긴 이 사건으로 인해 중국내륙선교회 선교사들도 큰 피해를 입었다.

중국에서 몸이 약해진 그는 다시 영국으로 돌아와 선교 준비를 하던 중 1865년 주일 아침 예배를 마치고 브라이튼 해변을 걷다가 믿음의 기도를 드린다. "하나님, 저에게 24명의 사역자를 주십시오. 중국 12 지역으로 둘씩 나누어 보내겠습니다." 이렇게 믿음으로 그는 중국내륙선교회를 시작했고, 하나님의 뜻이라고 믿었던 그대로 하나님은 공급을 중단하시지 않았다. 기도의 응답을 받은 것이다. 24명뿐만 아니라 그가 살아생전 많게는 천 명이 넘는 선교사들이 중국내륙선교회의 멤버가 되어 중국 복음화에 앞장섰다.

열매 맺는 그리스도인이 되자. 그렇다. 우리는 열매를 맺어야 한다. 믿음으로 나갈 때 기도에 응답해 주신다는 약속이 있다. 전도의 열매, 순종의 열매, 섬김의 열매, 사랑의 열매를 맺어야 한다. 게으름을 피우면 안 된다. 나를 복음의 통로로 써달라고 기도하라. 하나님은 우리가 기도하는 가운데 열매 맺는 삶을 살길 원하신다. 선교적 교회는 열매 맺는 그리스도인들의 공동체이다. 희생과 헌신 없이는 아무런 열매도 맺을 수 없다. 오늘도 주님은 우리에게 말씀하신다. 선교적 삶은 이웃을 위한 열매를 맺고, 선교적 교회는 세상을 위한 열매를 맺는다. 우리는 열매 맺는 그리스도인이 되어야 한다. 세상을 위한 선교적 교회가 되어야 한다.

─────────── 나눔을 위한 질문

1. 요한복음 15장 16절 말씀을 음미해보자. "너희가 나를 택한 것이 아니요 내가 너희를 택하여 세웠나니 이는 너희로 가서 열매를 맺게 하고 또 너희 열매가 항상 있게 하여 내 이름으로 아버지께 무엇을 구하든지 다 받게 하려 함이라." 이 중에서 가장 강하게 다가오는 단어는 무엇인가?

2. 선교적 삶과 '택함'의 교리를 풀어서 설명해보자. 이제 나에게 '택함'이란 무슨 의미를 주는가?

3. 순종하는 자가 결국은 열매를 맺는다. 하나님께서 나의 삶에서 요구하시는 순종은 무엇인가?

맺는 말

　전통적 교회는 자신만을 위한 성장 지향적 모델보다는 세상을 품고 헌신적으로 섬기는 선교적 교회로 전환해야 한다. 이는 가나안 성도 2백만 명 시대, 온갖 이단과 사이비 집단이 판을 치는 이 시대에 반드시 이루어져야 할 과제다. '가나안' 성도들이 불만족하고 있는 문제점이 무엇인지를 연구하고 수많은 젊은이가 교회를 떠나는 현상을 뒤집는 대책이 필요하다.

　지금 세대는 그 어느 때보다 심각한 세속화 현상을 경험하면서 하나님으로부터 멀어지고 있다. 캐나다의 경우 불과 한 세대 전만 해도 터부로 여겨졌던 동성결혼이 지금은 합법적일 뿐만 아니라, 국민 정서에 정상적인 것으로 자리를 잡아가고 있다. 온타리오주의 전 집권당은 이를 반영한 성교육에 집중했다. 여러 가지 성적 지향(sexual orientation)과 다양한 가족 모델을 포함한 포괄적인 성교육 커리큘럼을 만들어 초등학교부터 체계적으로 교육해 왔다. 우리 자녀들이 자라서 성인이 될 때는 이런 이슈에 대해 해박한 지식을 가질 뿐만 아니라 정서적으로도 전혀 이질감을 느끼지 않도록 치밀한 계획 속에 진행했던 것이다. 감사하게도 현 집권당이 커리큘럼 사용을 중단하고 새로운 커리큘럼을 만드는 중이다. 왜 이런 이슈가 세속화 현상이라고 말하는가? 그 이유는 여러 가지 성적 성향을 가르치면서 성경이 증거하는 부부의 정의인 "남자가 부모를 떠나 그의 아내와 합하여 둘이 한 몸을 이룰지로다."(창 2:24)를 고리타분한 반시대적 사상으로 몰아가며 다음 세대를 하나님으로부터 멀어지게 만들기 때문이다.

결과적으로 이 세대는 말씀의 권위를 더 이상 인정하지 않는 세대가 되었다. 대부분의 젊은이는 전통적 교회가 더 이상 나의 삶에 아무런 의미나 목적을 주지 못한다는 결론을 내렸다. 공허한 마음을 갖고 젊은 이들은 새로운 경험과 삶의 의미를 찾아 세상으로 뛰어들고 있지만, 그들이 만나는 세계는 맘몬주의의 치열한 싸움뿐이다. 돈이 우상이 된 사회에서 '더 많이 벌고, 더 많이 누리라.'는 메시지는 하루에도 수십 번 온갖 광고를 통해 젊은이들을 세뇌시키고 있다. 교회는 점점 더 이들과의 대화에서 멀어지고 있고, 젊은이들은 교회가 그들에게 의미 있는 대화의 장을 열어주지 못한다고 생각한다. 그렇다고 해서 하나님의 존재를 전적으로 부인하는 것은 아니다. 나름대로 자신의 경험에 비추어 재편성된 하나님을 믿는 것이다.

하나님은 믿지만 교회는 기피하는 '가나안' 성도가 2백만 명이나 된다는 사실은 교회에게 무슨 메시지를 주고 있는가? 교회의 생존을 위해서도 교회론의 재검토가 필요하지만 가나안 성도들을 위해서도 교회가 교회다워져야 한다. 최근 한국의 대표적인 교회들 가운데 사회의 지탄을 받는 교회들이 있어 가슴이 아프다. 출석 성도의 숫자는 천문학적이지만, 그 숫자만큼 사회에 선한 영향력을 주기는커녕 사람들의 입에 끊임없이 오르내리고 있다. 왜 교회가 더 이상 젊은이들에게 꿈과 감동을 주지 못하는가를 깊이 성찰해야 한다. 젊은이들의 마음을 다시 사기 위해서는 교회가 바뀌어야 한다. 공명한 교회, 상식이 통하는 교회, 진정성이 있는 교회로 바뀌어야 한다. 선교적 교회로의 전환은 교회가 살아나는 길이다. 성도의 신앙생활을 이타적으로 바꾸고 세상을 복음으로 변화시키는 길이다.

이제 교회는 온 성도가 하나님으로부터 세상으로 보냄을 받은 자임을 깨닫게 하여 각자의 자리에서 선교적 삶을 살아가도록 도와야 한다. 교회 출석수나 헌금의 크고 작음으로 교세를 측정하려는 생각은 버려야 한다. 아무런 의미가 없다. 주일 예배를 잘 드리는 것은 물론이지만, 월요일부터 토요일까지 얼마나 말씀대로 살 것인가가 관건이다. 작은 교회는 작은 교회대로, 큰 교회는 큰 교회대로 받은 사명을 잘 감당해야 한다. 선교적 교회는 시대적 대안일 뿐만 아니라 성경적 모델이다. "아버지께서 나를 보내신 것 같이 나도 너희를 (세상으로) 보내노라."(요 20:21)고 말씀하신 주님의 뜻을 따라 온 성도를 세상으로 파송하여 빛처럼 살도록 하는 성경적 운동이다. 선교적 교회 운동은 위기 속에 빠져 있는 교회를 살릴 뿐만 아니라 성경으로 돌아가 교회의 참된 모습을 보이자는 것이다. 세상에 존재하는 수많은 교회가 교회의 본질을 되찾고 주님께서 세워주신 의도대로 살아간다면 어느 사회나 국가나 소망이 있다.

대한민국에는 5만 개 이상의 교회가 존재한다. 북미에도 4천여 개의 크고 작은 한인 이민교회들이 있다. 우리는 물어야 한다. 이중 얼마나 많은 교회가 건강한 교회인가? 얼마나 많은 교회가 선교적 교회로서 사명을 잘 감당하고 있는가? 이 책을 쓴 목적은 교회의 본질을 제대로 이해하자는 데 있다. 해외 선교나 국내 선교를 더 하자는 목적이 아니라, 교회의 본질을 논하기 위해서 쓴 것이다. 교회가 세상을 향한 관계에 있어서 동화나 단절이 아닌 의미 있는 개입이 되기 위해서, 그리고 교회가 하나님 나라와 동일시되는 것이 아니라 하나님 나라의 증표가 되어야 한다는 차원에서 썼다.

2020년 초, 온 세상을 강타한 신종 코로나 바이러스는 우리의 직장과 자녀의 학교는 물론, 일상생활 전반에 막대한 피해를 입혔다. 우리의 신앙생활도 예외는 아니었다. 비대면 예배가 장기화 되면서 교회가 무엇인가를 깊이 생각하지 않을 수 없었다. 한 가지 분명한 것은 굳이 한 장소에 모여서 예배를 드리지 않아도, 교회는 계속해서 존재한다는 사실을 보여주었다. 만나지 못해 한편으론 아쉬웠지만, 또 한편으론 그동안 우리의 신앙생활이 너무 장소와 시설, 그리고 형식과 전통에 매여있었다는 사실을 깨닫게 해 주었다. 그중에서도 가장 중요한 교회의 사도성, 즉 하나님의 백성은 모두가 세상으로 보내심을 받았다는 사실을 깨닫게 해 주었다. 그렇다. 우리는 흩어지기 위해 모인다는 사실을 기억해야 한다. 흩어짐에는 별 신경을 쓰지 않고, 더 자주 모이고, 더 많이 모이는 것이 신앙의 우선적인 모습이라고 착각했던 것이다. 그래서 당연히 성전 건축이나 교회 시설에 많은 신경을 쓴 것이다. 이제 팬데믹이 할퀴고 간 자리에 다시 일어나는 하나님의 교회는 더 이상 장소에 매여있는 공동체가 아닐 뿐 아니라 더욱이 형식과 전통에 매여있는 공동체가 되어서는 안 되겠다. 이제는 교회의 본질과 사명을 회복하는 데 더 많은 에너지를 사용하며, 좀 더 과감히 세속화된 사회에서 복음을 전하는 하나님의 백성이 되어야 하겠다.

어느 때보다 지금 우리는 교회의 공공성을 회복해야 한다. 이것은 전인적 복음이 온전히 선포되고 성도의 삶으로 나타날 때만 가능하다. 선교적 교회는 시대적 대안일 뿐만 아니라 성경이 가르치는 교회의 본질을 가장 정확히 말하고 있다. 2백만 '가나안' 성도 시대를 맞은 한국교회와 정체성의 문제를 놓고 고민하는 이민교회가 이 책으로 인해 조금이라도 더 교회의 본질에 대한 고민을 할 수 있다면 좋겠다.

  이 책에서 나는 지난 16년 동안 전통적인 교회를 선교적 교회로 전환하기 위해 함께한 성도들의 이야기를 적었다. 그러나 아직도 교회가 가야 할 길은 멀고도 멀다. 기존의 틀을 버리지 못하고 양적 성장만이 교회가 살길이라고 생각하는 목회자가 있는가 하면, 교회 생활을 하나의 종교 생활로만 여기며, 적당한 선에서 더 이상의 헌신을 원하지 않는 교인들이 있다. 그래서 우리의 고민은 계속된다.

어떻게 하면

온 성도가
세상으로 보냄을 받아
구속적 삶을 살며,
하나님의 선교에 동참할 것인가?

참고 문헌

번역 및 국내 문헌

구더, D., 『교회의 선교적 사명에 대한 신선한 통찰』(조범연 역, 서울: 미션툴, 2005).

구더, D. 편저, 『선교적 교회: 북미 교회의 파송을 위한 비전』정승현 옮김, (인천: 주안대학원대학교출판부, 2013).

고힌, M. 『열방의 빛을』(박성업 역, 서울: 복있는 사람, 2012).

그리어, J. D., 『담장을 넘는 크리스천』(정성묵 역, 서울: 두란노, 2016).

뉴비긴, L., 『헬라인에게는 미련한 것이요』(서울: IVP, 2005).

―――, 『다원주의 사회에서의 복음』(서울: IVP, 2007).

―――, 『복음, 공공의 진리를 말하다』(김기현 역, 서울: SFC, 2008).

밴 겔더, C., 『교회의 본질』(최동규 역, 서울: 기독교문서선교회, 2015).

―――, 『선교하는 교회 만들기』(최동규 역, 서울: 베다니, 2003).

보쉬, D. 『변화하고 있는 선교』(김병길, 장훈태 역, 서울: CLC, 2000).

본회퍼, D., 『나를 따르라: 그리스도의 제자직』(서울: 대한기독교서회, 2010).

라이트, C., 『하나님의 선교』(정옥배, 한화룡 역, 서울: IVP, 2010).

―――, 『하나님 백성의 선교』(한화룡 역, 서울: IVP, 2012).

릭 워렌, 『새들백교회 이야기』(김현회, 박경범 역, 서울: 디모데, 1995).

래드, G., 『하나님 나라의 복음』(박미가 역, 서울: 서로사랑, 2009).

무라드 N., 제나 크라제스키, 『더 라스트 걸』(공경희 역, 서울: 북트리거, 2019).

박용규, 『평양 대부흥 이야기』(서울: 생명의말씀사, 2005).

파이퍼, J., 『열방을 향해 가라』(김대영 역, 서울: 좋은씨앗, 2004).

프로스트, M., 『세상을 놀라게 하라』(오찬규 역, 서울: 넥서스, 2016).

프로스트, M. & 앨랜 허쉬, 『새로운 교회가 온다』(지성근 역, 서울: IVP, 2009).

양용의, 『하나님 나라: 어떻게 이해할 것인가?』(서울: 성서유니온, 2005).

에비슨, O., 『올리버 에비슨이 지켜본 근대 한국 42년 1893-1935 상』 (서울: 청년의
사, 2010).
엘리엇, E., 『하나님의 거룩한 전사: 에이미 카마이클』 (윤종석 역, 서울: 홍성사,
2004).
유성준, 『미국을 움직이는 작은 공동체 세이비어 교회』 (서울: 평단, 2005).
오코너 E., 『세상을 위한 교회, 세이비어 이야기』 (전의우 역, 서울: IVP, 2016).
이학준, 『한국교회, 패러다임을 바꾸어야 산다』 (서울: 새물결플러스, 2011).
정진경 구술, 『목적이 분명하면 길은 열린다』 (이유진 글, 홍성사, 2008).
지프, J., 『환대와 구원』 (송일 역, 서울: 새물결플러스, 2019).
손현보, 『목사님, 전도가 쉬워요』 (서울: 도서출판누가, 2010).
슈바르츠, C., 『자연적 교회 성장』 (정진우 역외, 서울: NCD, 2006).
스토트, J., 『사도행전 강해』 (정옥배 옮김, 서울: IVP, 2012).
정성진, 『주여! 제가 먼저 회개합니다』 (서울: 예영, 2011).
최동규, 『미셔널 처치』 (서울: 대한기독교서회, 2017).
최형근, "한국교회와 선교적 교회" 『목회와 신학』, 2019, 9월호. 118-124쪽.
한국일, 『선교적 교회의 이론과 실제』 (서울: 장로회신학대학교출판부, 2016).
카슨, D. A., 『이머징 교회 바로 알기』 (이용중 역, 서울: 부흥과개혁사, 2009).
허쉬, A., 『잊혀진 교회의 길』 (서울: 아르카, 2020).

외국 문헌

Anderson, Leith, Dying for Change. Bloomington, MN: Bethany, 1998.
Botha, Phil J., 'Psalm 67' Old Testament Essays, 17/3 (2004), 365-379.
De Ridder, Richard R., Discipling the Nations. Grand Rapids: Baker, 1971.
Goheen, Michael. The Church and Its Vocation: Lesslie Newbigin's Missionary
　　　Ecclesiology. Grand Rapids: Baker, 2018.
Kaiser, Walter Jr. Mission in the Old Testament: Israel as a Light to the Nations.
　　　Grand Rapids: Baker, 2000.
Min, Pyung Gap. "Structural and Social Functions of Korean Immigrant Churches

in the United States," International Migration Review, 1992, 1370-1394.

Miranda-Feliciano, Evelyn. Filipino Values and Our Christian Faith. Manila: OMF Literature, 1990.

Ott, Craig & Stephen Strauss (eds.) Encountering Theology of Mission, Grand Rapids: Baker, 2010.

The Lausanne Covenant (1974).

Woodward, J. R., Creating a Missional Culture, Downers Grove, IL: IVP, 2012.

인터넷 검색 자료

브라이언 맥클라렌, '독창성을 살리라! 선교적 공동체' 뉴스 M, 2014년 12월 15일자.
http://www.newsm.com/news/articleView.html?idxno=4554

'기독교, 불교 제치고 한국 최대 종교로 부상' 크리스천투데이, 2016년 12월 19일자.
https://www.christiantoday.co.kr/news/295772

'가나안 성도 200만, 어떻게 이해하고 접근할 것인가?' Gospel Today, 2018년 7월 6일자.
http://www.gospeltoday.co.kr/news/articleView.html?idxno=1387

"가나안 성도는 '제도로서의 교회' 불편하다" 기독신문, 2018년 11월 29일자.
http://www.kidok.com/news/articleView.html?idxno=112706

부록 01

새 교우 멤버십 과정을 위한 교회론(토론토영락교회)

제1강 성경은 교회에 대해서 어떻게 가르칩니까?

제2강 선교적 교회(Missional Church)란 무엇입니까?

제3강 토론토영락교회가 지향하는 선교와 교육은 어떤 것입니까?

제4강 나의 역할은 무엇입니까?

서약서

제1강
성경은 교회에 대해서 어떻게 가르칩니까?

토론토영락교회에 오신 여러분을 진심으로 환영합니다. 여러분 가운데는 최근 신앙생활을 시작하신 분도 계실 것이고, 이주나 이민으로 인해 교회를 찾으시는 분도 계실 것입니다. 이제 토론토영락교회에 잘 정착해서 건강한 지체를 이루시기 바랍니다. 이를 위해서는 본 교회의 사역 철학과 방향을 잘 이해하셔야 합니다. 이번에 수강하는 <새 교우를 위한 교회론>뿐만 아니라, 유튜브에서 '토론토영락교회 새 교우 교회론반'을 검색하시면 이 교재에 맞게 네 번의 강의가 올라와 있습니다. 함께 보시며 공부하시기 바랍니다.

▶ 교회는 어떤 곳이 되어야 한다고 생각하십니까? 아래 다섯 가지 중에서 가장 마음에 드는 답을 하나만 골라 보십시오. (   )

1. 잔칫집과 같은 곳 - 기쁨이 넘치고, 만나는 사람들이 반갑고 좋은 교회, 나누어지거나 갈라지지 않고 서로를 사랑하며 아껴주는 교회.
2. 하나님을 만나는 곳 - 찬양과 경배를 통해 분명히 하나님의 함께하심을 느끼게 해주는 교회, 말씀을 통해 주님의 뜻을 깨닫게 해주는 교회.

3. 자녀들이 신앙을 배우는 곳 - 교회 교육을 통해 우리 자녀들의 신앙이 든든히 서도록 책임지는 교회.
4. 주의 일을 할 수 있는 곳 - 하나님께서 원하시는 일을 할 수 있도록 사역자를 만들어내고, 격려해서 주의 일을 하도록 길을 열어 주는 교회. 특히 지상 대명령에 순종하여 땅끝까지 선교하는 교회.
5. 문제 해결을 받는 곳 - 어려울 때, 낙심될 때, 앞이 잘 보이지 않을 때, 하나님께 문제 해결을 받을 수 있는 교회.

▶ 왜 그런 답을 말했는지 나누어 보세요.
▶ 내가 생각하는 이상적인 교회를 간략하게 적어 보십시오.
▶ 성경은 여러 가지 그림 언어들을 사용해서 교회의 정의를 내리고 있습니다. '몸', '양무리', '성전', '새 예루살렘', '신부', '진리의 기둥과 터', '하나님의 백성' 등입니다. 교회의 대표적 속성을 교부(敎父)들은 네 가지로 표현했습니다.

나는 하나이고, 거룩하고, 보편적이며, 사도적인 교회를 믿습니다
(니케아-콘스탄티노폴리스 신조, AD 381년)

1. 그리스도의 몸 - 통일성

> 오직 사랑 안에서 참된 것을 하여 범사에 그에게까지 자랄지라. 그는 머리니 곧 그리스도라. 그에게서 온몸이 각 마디를 통하여 도움을 받음으로 연결되고 결합되어 각 지체의 분량대로 역사하여 그 몸을 자라게 하며 사랑 안에서 스스로 세우느니라(엡 4:15-16).

성경은 교회를 '그리스도의 몸'이라고 비유를 들어서 말합니다(엡 4:1-7, 12). 예수님께서 머리가 되시고, 온 성도가 지체가 되어 주님의 몸을 이룬다고 가르칩니다. 교회를 지키시고 자라게 하시는 분은 그리스도이십니다.

그러나 사람들이 모여 공동체를 이루다 보니 때론 몸보다는 조직이라는 인상을 받을 때가 많습니다. 그럼에도 교회를 생각할 때는 조직체보다는 유기체로 생각해야 합니다. '몸'의 비유를 사용하는 이유는 교회의 속성 중에서 통일성을 강조하기 때문입니다.

통일성(unity)은 하나 됨을 말합니다. '몸'이라는 그림 언어를 통해 지체는 다르지만(입, 눈, 코, 귀, 발, 손, 등), 모두 합쳐 하나를 이룬다는 것을 가르칩니다. 다름은 가치가 아니라 역할에 대한 것입니다. 교회는 모든 지체가 협력해서 하나를 이룰 때 교회다워집니다. 하나가 되는 것은 획일성이 아니라 다양성을 통해 가능합니다.

2. 그리스도의 신부 - 거룩성

> 우리가 즐거워하고 크게 기뻐하며 그에게 영광을 돌리세 어린 양의 혼인 기약이 이르렀고 그의 아내가 자신을 준비하였으므로 …(계 19:7).

어떤 분은 교회를 자주 옮겨 다닙니다. 왜 그러시냐고 물어보면, 좀 더 나은 교회, 좀 더 성도다운 성도들이 모인 교회를 찾고 있다고 말합니다. 물론 교회는 성결해야 하고, 성도는 성도다워야 합니다.

성경은 교회를 신부로 표현을 하면서, 교회의 거룩성(holiness)을 강조합니다. 도덕적 거룩함과 교리적 거룩함을 동시에 말합니다. 마치 신랑을 기다리는 순결하게 준비한 신부처럼, 교회는 장차 오실 예수님을 기다리는 순결한 믿음의 공동체입니다. 그래서 사도 바울은 종종 성도들을 가리켜 '예수 그리스도 안에서 거룩하게 된 자들'(고전 1:2)이라고 부릅니다.

우리는 예수 그리스도의 피로 인해 값없이 의롭다 함을 받게 되었습니다. 그러므로 이제부터 우리는 성결한 삶을 살아가야 합니다. 죄 사함 받고 하나님의 진노에서 벗어나 하나님의 자녀가 된 성도는 그리스도의 신부로서, 주님 오실 때까지 최선을 다해 도덕적, 교리적 순결함을 지켜야 합니다. 성도가 무죄하지는(sinless) 않지만, 불신자보다는 훨씬 덜 죄를 짓고 사는 것이(sin less) 마땅합니다.

3. 그리스도의 몸 - 보편성

> 내가 비옵는 것은 이 사람들만 위함이 아니요 또 그들의 말로 말미암아 나를 믿는 사람들도 위함이니 … (요 17:20).

그리스도의 몸이라는 이미지를 통해 우리에게 주는 또 하나의 가르침은 교회의 보편성입니다. 영어로 catholicity 혹은 universality라고 합니다. 교회는 보이는 교회(지역적)와 보이지 않는 교회(우주적)로 표현할 수 있습니다. 보이는 교회는 시간과 공간, 문화와 언어의 구체적 표현을 통해 세워지는 지역적 교회를 말합니다. 그래서 교회를 꾸려가는 전통도 다르고 신앙의 표현도 각각 다릅니다.

보이지 않는 교회는 시공을 초월해서 예수 그리스도를 구주로 시인하는 모든 신앙 공동체를 다 포함합니다. 결국 교회는 개별적이고 지역적이면서도 동시에 보편적이고 우주적입니다. 비록 전통이나 교단이 다르다 할지라도 주요 신앙 고백이 같다면(예를 들어, 주기도문, 사도 신경) 모든 교회는 하나 됨을 위해 노력해야 합니다.

4. 하나님의 백성 - 사도성

> 그러나 너희는 택하신 족속이요 왕 같은 제사장들이요 거룩한 나라요 그의 소유가 된 백성이니 이는 너희를 어두운 데서 불러 내어 그의 기이한 빛에 들어가게 하신 이의 아름다운 덕을 선포하게 하려 하심이라 (벧전 2:9).

성경은 교회를 '하나님의 백성'(the People of God)이라고 표현하면서, 교회론의 또 한 가지 중요한 속성을 말해 줍니다. 바로 사도성입니다. '사도성(apostolicity)'이란 보냄을 받았다는 뜻입니다. 즉 교회는 하나님의 백성으로서 세상으로 보냄을 받은 공동체입니다.

우리는 사도성을 통해 교회의 존재 목적을 재확인받습니다. 교회란 하나님의 부르심을 받아 어둠으로부터 구원받은 성도들이 다시 세상으로 보냄을 받아 하나님의 아름다운 덕을 선포하는(증거 하는) 공동체입니다. "아버지께서 나를 보내신 것같이 나도 너희를 보내노라."(요 20:21)는 말씀은 부활하신 주님께서 제자들에게 직접 주신 것입니다. 이 말씀을 통해 우리는 교회의 모든 성도가 세상으로 보냄을 받았다는 것과 매일매일 '선교사'의 삶을 살아야 함을 천명합니다.

'사도성'에 대한 잘못된 이해

- '사도'의 개념에서 사명과 의무를 빼고 사도적 계승과 권위를 부각시키는 교권주의.
- 특별한 기름 부으심과 영적 지도력을 받은 사도들을 주신다는 '신사도 운동'의 주장.

그러나 사도성에 대한 올바른 이해는 우리로 하여금 교회의 선교적 사명을 재확인토록 합니다. 선교는 교회에 내려주신 불가피한 명령입니다. 주님의 명령을 순종하는 교회는 반드시 그 존재 자체를 선교에 두어야 합니다. 즉, 온 성도가 세상으로 흩어져 빛과 소금의 삶을 살아야 합니다. 이것이 '사도성'을 지키는 모습입니다. 교회가 세상으로 들어가 의미 있는 개입을 하지 않을 경우, 교회는 세상과 분리된 삶을 살거나 아니면 타협하는 오류를 범하게 되는 것입니다.

▶ 결론: 교회를 설명하는 여러 그림 언어들이 있지만, 그중에서도 네 가지를 정리합니다.

첫째, 참된 교회는 모든 지체가 하나를 이루도록 노력합니다(통일성).
둘째, 참된 교회는 교리적으로, 그리고 도덕적으로 순결해야 합니다(거룩성).
셋째, 참된 교회는 자신의 특별함보다는 일치를 위해 노력합니다(보편성).
넷째, 참된 교회는 땅끝까지 복음을 전하는 사명을 실천합니다(사도성).

오늘날 교회가 절실히 필요로 하는 것은 사도성의 회복입니다. 이 부분을 인지하지 못하면 내 믿음과 내 교회의 성장만을 위한 이기적인 신앙생활을 하게 됩니다. 자칫하면 우리의 신앙이 기복적, 소비자적 신앙이 되고 우리의 교회가 이기적, 물량주의적 교회가 될 수 있어 우려가 됩니다. 사도성을 회복한 올바른 교회관을 갖는 것이 건강한 신앙생활의 첫걸음입니다.

▶ 첫 강의를 통해 새롭게 깨달은 것은 무엇입니까?

제2강
선교적 교회(Missional Church)란 무엇입니까?

누구나 좋은 교회를 찾고 있습니다. 어떤 교회가 좋은 교회일까요? 우리가 '좋은 교회'를 말할 때 어떤 조건을 갖춘 교회를 말할까요?

교회 성장학에 관한 어떤 책을 보니까 3B를 갖춘 교회를 '좋은 교회'라고 부른다고 합니다.

- Building(건물)
- Budget(재정)
- Baptism(새로 믿는 성도)

그러나 이민교회 성도들은 아래 세 가지를 중요하게 여깁니다.

- 은혜가 충만한 교회 - 말씀과 찬양이 살아있음.
- 평안한 교회 - 싸움이나 분열이 없음.
- 교육 프로그램이 잘 되어있는 교회 - 차세대 신앙을 책임짐.

▶ 그런 면에서 토론토영락교회는 좋은 교회일까요?

▶ 만일 오늘부터 토론토영락교회가 더 이상 존재하지 않는다면 누가 가장 안타까워할까요?

사실, 우리가 진정으로 고민해야 할 부분은 '좋은 교회'가 아니라 '주님께서 원하시는 교회'가 되는 것입니다.

- 이때에 예수께서 기도하시러 산으로 가사 밤이 새도록 하나님께 기도하시고 밝으매 그 제자들을 부르사 그중에서 열둘을 택하여 사도라 칭하셨으니(눅 6:12-13).
- 아버지께서 나를 세상에 보내신 것같이 나도 그들을 세상에 보내었고 … (요 17:18).
- 예수께서 또 이르시되 너희에게 평강이 있을지어다 아버지께서 나를 보내신 것같이 나도 너희를 보내노라(요 20:21).

▶ 다시 말하면, 토론토영락교회는 '좋은 교회'에서 '선교적 교회'(missional church)로 가야 합니다. 선교적 교회란 사도성을 회복한 교회를 말합니다.

- 사도(apostle) - 보내심을 받은 자.
- 교회의 사도성(apostolicity) - 온 성도가 세상으로 보냄을 받음.

선교적 교회는 목적이 분명합니다. 선교를 많이 해서 선교적 교회가 아니라, 온 성도가 하나님의 부르심을 받아 세상으로 보냄을 받았고,

세상에서 선교사적 삶을 살려고 노력하기 때문입니다. 이민교회의 최대 과제는 바로 이 사도적, 선교적 사명을 회복하는 것입니다.

구체적으로, 선교적 교회의 성도들은

1. 하나님의 선교를 위해 온 성도가 세상으로 보냄을 받았다는 분명한 사명의식을 갖고 신앙생활을 합니다.
2. 주일에는 교회에 모여 함께 예배하고 주중에는 각자 흩어져서 하나님 나라의 실제를 삶으로 보이려고 노력합니다. 그래서 교세는 출석 교인의 수가 아니라 파송 교인의 수로 측정합니다.
3. 성경적 배움을 실천하는 진실된(authentic) 제자가 되려고 노력합니다.
4. 이런 성도들이 모여 진실된 제자 공동체를 이루며, 또한 이런 공동체를 재생산하는 일에 힘씁니다.
5. 성령의 인도를 받아 세상을 변화시키는 꿈을 꾸며 구체적으로 헌신합니다.
6. 주의 일을 독점하지 않고 믿음의 동역자들과 함께합니다. 이를 위해 뜻을 함께하는 타 교회나 선교 단체와의 협력을 추진합니다.
7. 주님께서 원하시는 일을 하고자 할 때 따르는 고통이나 고난, 즉 십자가의 흔적을 기꺼이 받아들입니다.

토론토영락교회 성도들은 사도성을 회복한 교회론에 입각해서 우리만 잘 믿고 편하게 신앙생활 하는 것이 아니라, 담장을 넘어 복음으로 세상을 밝게 비추는 선교적 교회(Missional Church)가 되려고 노력하고 있습니다(로잔 언약 6조).

▶ **토론토영락교회의 사명 선언문**

살아계신 하나님을 찬양하고, 진정한 성도의 교제를 나누며, 성령님의 인도 아래 전 교인이 그리스도의 형상을 본받아가며, 땅끝까지 예수님의 사랑을 전하는 믿음의 공동체가 되는 것입니다.

1) 예배: 살아계신 하나님을 찬양하고
2) 친교: 진정한 성도의 교제를 나누며
3) 양육: 성령님의 인도 아래 전교인이 그리스도의 형상을 본받아가며
4) 선교: 땅끝까지 온전한 복음을 전하는 믿음의 공동체가 되는 것입니다.

처음 세 영역은 우리가 이 땅을 떠나 주님 앞에 가서도 계속할 수 있는 것이지만, 네 번째 영역은 이 땅에서만 할 수 있는 것입니다. 그러므로 주님께서 이 땅에 교회를 세우신 목적은 땅끝까지 이르러 온전한 복음을 전하라는 것입니다. 온전한 복음은 분명한 회심과 제자화를 강조하며, 책임 있는 사회 참여를 요구합니다(로잔 언약 5조).

▶ **선교적 교회가 되기 위해서는**

1. 모든 성도가 먼저 영적으로 건강해야 합니다. 어떻게 해야 건강할까요? 먼저 말씀 중심과 기도 중심의 삶을 추구해야 합니다.
2. 그릇된 교회 관념에서 벗어나야 합니다. 즉 교회를 '방주'로 보며 세상으로부터 분리되어야 한다는 이원론적 생각과 교회는 영적 소비자의 필요를 충족시키는 곳이라는 이기적인 생각을 버려야 합니다.
3. 한 사람의 예외도 없이, 온 교회 성도가 하나님 나라와 그 의를 위해 살겠다고 다짐해야 합니다. 이 일은 남이 하는 것이 아니라 내가 하는 것이라는 생각이 지배적이어야 합니다. 그래서 선교사를 더 많이 보내는 선교 지향적 교회가 아니라, 내가 선교사가 되는 선교적 교회를 지향해야 합니다.

선교 지향적 교회 (Mission-minded Church)	선교적 교회 (Missional Church)
1. 좀 더 보내고 좀 더 많이 후원하는 대리적 선교 2. 선교를 교회의 중요한 사역으로 여김 3. 해외 선교에 편중됨	1. 온 성도의 올바른 삶과 사역을 강조하는 참여적 선교 2. 선교 자체가 교회의 존재 목적이라고 여김 3. 해외 및 지역 선교를 동시에 강조함

선교 지향적 교회가 아니라 선교적 교회를 지향합니다.

▶ 토론토영락교회의 지체 (멤버)가 되기 위한 나의 결단은?

1. 나는 선교적 교회가 무엇인지를 분명히 이해했는가?
2. 그렇다면 내가 갖고 있는 현재의 교회관을 어떻게 조절해야 하는가?

3. 토론토영락교회가 지향하는 선교적 교회의 삶을 따를 의향이 있는가?

▶ 나의 생각, 나의 결단을 간략하게 적어 보십시오.

▶ 토론토영락교회의 8가지 사역 가치

선교적 교회로 가기 위해서는 올바른 선교적 교회 문화와 환경을 조성해야 합니다. 아래 8가지 사역 가치는 사명 선언문을 최대한 달성하기 위해 필요한 우리의 사역 환경입니다.

1. 사역자를 세우는 지도력/ Empowering Leadership

"이 교회를 열심히 다니면, 영적으로 성장해서 사역자가 되고야 만다."는 말이 무색하지 않도록 온 성도는 훈련을 받고 변해야 합니다. 이 일을 위해 목회자가 할 일은 성도를 사역자로 세우는 일입니다.

2. 변화에 민감함/ Thriving under change, not just surviving

급변하는 세상에서 교회는 변화에 적응만이 아니라, 변화 자체를 시너지의 출처로 사용해야 합니다. 복음은 변하지 않지만 복음을 담는 그릇은 수시로 바뀔 수 있습니다. 그러므로 창의력을 동원해서 이 세대에게 맞는 복음을 전하려는 최대한의 노력이 필요합니다.

3. 건강과 성숙을 동시에 추구함/ Building a healthy and mature church

건강한 교회는 반드시 성장합니다. 그러나 반대로 성장한다고 반드시 건강한 것은 아닙니다. 양과 질이 겸비되어야 합니다. 성장과 성숙을 동시에 추구해야 합니다.

4. 평신도 사역을 강조함/ Emphasizing every member ministry

교회 안팎의 사역은 목회자가 독점하는 것이 아닙니다. 목회자는 성도를 훈련하여 사역자로 세우는 역할을 합니다. 그리고 성도는 하나님께서 주신 은사를 백분 활용할 수 있도록 헌신해야 합니다.

5. 최선을 다함으로 탁월성을 강조함/ Striving for excellence

주님께서 맡기신 일을 대충 하기보다는 최선을 다해 열심히 하는 것이 중요합니다. 우리 교회는 탁월성을 중시합니다.

6. 결과 못지않게 과정을 중요시함/ Valuing the process more than the result

결과만을 중요시하면, 과정에 문제가 생길 수 있습니다. 과정을 소홀히 하면 분명히 누군가가 상처를 받게 됩니다. 하나님의 일은 결과도 중요하지만 과정도 못지않게 중요합니다.

7. 이민의 삶이라는 특수한 현장을 감안함/ Taking into account the immigrant context

이민교회는 이민자들이 안고 있는 어려움과 풀어야 할 과제들이 있습니다. 차세대를 위한 교육, 주류 사회와의 관계, 이민자의 정체성 등. 그래서 이민자들에게 필요한, 이민자들을 위한 교회가 되어야 합니다.

8. 하나님 나라를 위한 사역/ Proclaiming the Kingdom of God

우리의 궁극적 목표는 지 교회의 지속적 성장이 아니라 하나님 나라의 선포와 도래입니다. 이를 위해 타 교회 및 단체와 동역하는 아름다운 교회가 되어야 합니다.

▶ 8가지 사역의 가치 중에서 나에게 특별히 와 닿는 것을 나누어 보십시오.

제3강
토론토영락교회가 지향하는
선교와 교육은 어떤 것입니까?

토론토영락교회의 선교 정책 및 방향에 대해서

1. "온전한 복음을 온 교회가 온 세상을 향하여"를 외치는 로잔 언약 (1974)에 입각해서, 마닐라 메니페스토(1989)와 케이프타운 조약(2010) 에 기초를 둔 선교 철학입니다.

1) 온 성도가 세상으로 파송 받았다는 선교적 교회의 확신과 순종 으로 선교에 임합니다.
2) 복음 전파와 사회 참여를 양축으로 하는 전인적 선교를 지향합 니다.
3) 현지 문화를 중요시하고(상황화), 현지 지도자를 세우는 일에 중 점을 둡니다.
4) 미전도 종족 전도에 특별한 관심을 갖습니다.

2. 지속적으로, 그리고 집중적으로 선교 지경을 넓혀가는 선교입니다.

1) 러시아 선교 사역: 공산권(1990년)

하나님께서는 1대 김재광 원로 목사님을 통하여 공산권이었던 구소련 땅에 복음을 전하게 하시고 수많은 교회 개척과 신학교 사역, 그리고 신학교와 새 성전 건축 사역을 하게 하셨습니다.

2) 키르기스스탄 선교 사역: 회교권(1997년)

1991년 구소련 연방에서 독립한 470만의 회교 국가인 키르기스스탄의 키르기스족을 1997년 입양하여 선교사를 파송하고, 교회를 개척했으며, 신학교와 선교사 자녀 학교 등 여러 단체를 지원하고 있습니다.

키르키스 민족 입양 예배(1997년)

3) 토론토 소수 민족 선교 사역: GTA(2005년)

토론토는 약 160여 종족이 함께 사는 선교의 황금 어장입니다. 영락교회는 미얀마와 베트남 교회의 성장을 돕고, 태국 교회를 개척해서 오늘에 이르고 있습니다. 계속해서 필리핀 교회와 이란 교회를 섬기고 있습니다.

4) 동남아시아 선교 사역: 불교권(2009년)

캄보디아 깜퐁스프 지역에 생명샘 고아원을 세웠고, 지역 사회를 위한 커뮤니티 센터와 청소년 사역을 위해 선교사를 파송하고 대폭 지원하고 있습니다.

5) 영 센터 플러스(2015년)

토론토 한인들과 이란인들에게 더 가까이 다가가기 위해서 영 센터 플러스를 임대하여 여러 신앙 및 문화 프로그램을 운영하고 있습니다.

6) 중남미 선교 기지(2017년)

더 많은 성도의 선교 동원화를 위해서 가까운 도미니카 공화국에 중남미 선교 기지를 확보하고, 도시 빈민층을 위한 선교를 시작하고 있습니다. 앞으로 아이티, 쿠바 등에도 확장이 가능합니다. 이를 위해 선교사를 도미니카 공화국에 파송하고, 도미니카 공화국 산티아고 빈민 지역에서 유치원 사역을 시작했습니다.

3. 단독이 아니라 네트워킹을 통한 협력 선교를 지향합니다.

Asian Theological Seminary(필리핀), 아시아 언어 문화 연구소(한동대학교 아릴락), 연합신학교(키르기스스탄), OMF, Wycliffe, InterServe, CMCA, SEA Mission, Langham Partnership 등의 선교 단체 및 지역

교회와 협력하며, 또한 현지인 지도자들을 세워 함께 사역하는 것을 중요시합니다. 글로벌 시대에서 네트워킹은 더 이상 선택이 아니라 필수입니다.

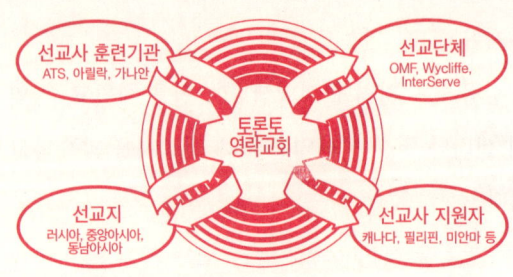

▶ 토론토영락교회의 교육 정책 및 방향에 대해서

교육의 궁극적 목표는 예수 그리스도의 신실한 제자가 되어서 이 땅에서 선교적 삶을 살아가며 하나님 나라를 선포하는 것입니다.

- 예수 그리스도의 신실한 제자
- 선교적 삶
- 하나님 나라를 선포

시니어 교육, 성인 교육, 청년 교육과 교회 학교 교육으로 나누어져 있습니다.

교육의 가장 큰 목표는 온 성도를 올바로 세워서 그리스도의 진실한 제자가 되도록 하고, 차세대(1,5, 2, 3세)에 올바른 신앙을 전수함으로 건전한 믿음의 공동체를 이어나가며, 캐나다 및 글로벌 사회에 빛과 소금의 역할을 감당하며 선교적 삶을 살도록 돕는 것입니다.

시니어 교육은 은퇴하신 분들을 위한 지속적인 훈련입니다. 75세 이상을 위한 시니어 칼리지, 65세 이상을 위한 시니어 아카데미가 봄 학기와 가을 학기로 진행됩니다.

성인 교육은 구도자를 위한 프로그램부터 각종 제자 훈련과 성경반, 부부행복교실, 사역자 훈련반 등이 있습니다. 대부분의 훈련은 소그룹 경험과 참여를 중시하고 있습니다.

청년 교육은 청년1부와 젊은 부부를 중심으로 20대와 30대의 미혼, 기혼 성도들을 위한 프로그램이 있습니다. 여기서 자체적인 제자 훈련과 선교적 삶이 실천되고 있습니다.

교회 학교 교육은 한영 이중 트랙을 사용합니다. 이민 사회에는 언어와 문화적 장벽이 이 사역을 어렵게 할 수 있지만, 반면 이중 문화권을 활용하면 세계를 가슴에 품은 그리스도인을(World Christians) 훈련하는 데 좋은 기회가 됩니다. 특별히 글로벌 시대에는 언어와 문화를 뛰어넘을 수 있는 교회 교육이 필수입니다.

현재 토론토영락교회에서는 유아부부터 대학부에 이르기까지 한·영으로 교회 학교 프로그램을 각각 운영하고 있으며, 앞으로는 두 부서가 좀 더 통전적(integrated)인 모습으로 이중 문화, 이중 언어권의 그리스도인들을 배출하는 노력을 하고 있습니다.

제4강
나의 역할은 무엇입니까?

멤버십 과정을 마치며, 토론토영락교회의 지체가 되는 나의 역할과 나에게 주어지는 의무가 무엇인지를 보겠습니다. 교회의 정식 등록 교인으로서 무슨 일을 해야 하는지를 네 가지로 정리합니다. 사명 선언문(Mission Statement)과 다 연결되는 내용입니다. 예배, 교제, 양육, 선교, 네 가지 분야에서 교인의 의무를 생각해 보겠습니다.

1. 진실한 예배자가 된다
먼저, 내 자신이 하나님 앞에서 매일매일 진실한 예배자로 나와야 한다.

- 성경 일독, 말씀 묵상
- 찬양, 감사, 중보 기도

주일을 거룩하게 지키는 성도가 되어야 합니다. 성도가 주일 예배를 온전히 드리는 것은 매우 기본적인 일입니다.

- 준비된 주일 예배
- 휴가나 출장을 가야 할 경우 - 해당 지역의 교회에 대해서 미리 알아볼 것, 가급적이면 혼자서 약식으로 드리지 않도록
- 수요 예배, 금요 중보기도회, 토요 새벽기도회에 대해서
- 정기적으로 가정 예배를 드리며 자녀들의 신앙 교육에 선한 영향을 미친다.

올바른 헌금 생활에 대해서

- 십일조 헌금(주일 헌금)
- 특별 절기 헌금
- 감사 헌금
- 선교 헌금

하나님 앞에 올바른 헌금 생활을 하는 사람에게는 절대로 물질의 덫(trap)에 걸리지 않습니다. 우리는 청지기입니다. 하나님께서 재물을 우리에게 맡기시고 주의 일을 하라고 명하셨습니다. 그런데 안타깝게도 많은 경우, 많은 성도가 물질의 유혹에 넘어가 그만 하나님을 섬기는 것이 아니라 물질을 섬기는 사례를 종종 봅니다. 올바른 재물관을 갖고 하나님을 섬겨야 하겠습니다.

2. 성도의 교제를 나눈다

소그룹과 함께할 때 우리는 1) 소속감과 2) 책무감을 갖게 됩니다. 토론토영락교회에는 크게 두 가지 소그룹이 있으며 모든 성도가 소그

룹에 속하여 열심히 신앙생활 하기를 기대하고 있습니다.

샘터(이전의 구역과 선교회를 통합한 모델로서 성도의 교제와 사역을 동시에
    진행함)
사역팀(은사 중심으로 훈련을 받고 정해진 사역을 위해 한시적으로 존재함)

등록 후엔 반드시 샘터 모임과 사역팀에 참여하시기 바랍니다. 이런 소그룹 모임에 활발하게 참여하셔야만 교회 안으로 뿌리를 내릴 수 있습니다. 특히 교회 안팎으로 사역을 할 때 진지한 많은 성도의 교제가 일어납니다. 그리고 함께 기도하며 서로를 위해 중보할 기도 동지 3-4명을 반드시 확보하십시오.

3. 늘 배움에 힘쓴다

매년 봄과 가을에 영락 성경 대학을 통해 여러 훈련 프로그램이 진행됩니다. 훈련 프로그램에 참여하여 지속적인 배움과 영적 성장을 추구하시기 바랍니다.

알파팀, 제자 훈련 1,2,
부부행복교실 1,2
신구약 내비게이션, 성경 연구(책별)
선교적 교회로 가는 길
카이로스 선교 훈련 및 각종 사역자 훈련

4. 선교적 삶을 살아간다

우리의 신앙은 반드시 실천으로 옮겨져야 합니다. 복음 전파는 모든 성도의 사명임을 깨닫고, 때를 얻든지 못 얻든지 최선을 다해 하나님을 증거하는 삶을 살아야 하겠습니다. 특히 온 성도가 세상으로 보냄을 받았다는 사명을 반드시 기억하고 선교적 삶을 살아야 하겠습니다.

- 환대적 삶(hospitality)
- 개인 전도
- 무릎 선교 - 세계 복음화를 위하여, 미전도 종족 선교를 위해서 기도하고, 파송 선교사 및 후원 선교사를 위한 기도
- 각종 봉사 활동(영 센터 플러스 등)
- GTA 소수 민족 선교(타민족에 대한 관심)
- 중단기 선교(키르기스스탄, 캄보디아, 도미니카 공화국 외)

결론

건강한 성도는 건강한 교회를 만듭니다. 그러므로 우선 영적으로, 관계적으로 건강한 성도가 되기 위해서 노력하십시오(엡 4:31-5:2). 교회의 가르침과 리더십에 순종하며 주님의 사명을 온전히 감당하는 성도가 되십시오! 토론토영락교회는 선교적 교회(Missional Church)를 지향합니다. 세상과 소통하는 교회, 세상을 섬기는 교회, 세상을 복음으로 바꾸는 교회가 되기를 원합니다. 동역자가 되어 주십시오!

토론토영락교회에 오심을 다시 한번 진심으로 축하하며 환영합니다.

해외한인장로회(KPCA)

토론토영락교회

담임 목사 송민호 & 온 성도 일동

서 약 서

이름(한/영) _____

생년월일 _____

수세 연도(세례 연도) _____

수세 교회(도시 & 이름) _____

나는 토론토영락교회의 존재 목적과 사역 가치관
그리고 교회가 지향하는 선교 및 교육 정책에 동의하며,
토론토영락교회의 한 지체로서 최선을 다해
물질, 기도, 시간, 그리고 하나님께서 주신 달란트로
교회를 잘 섬기며 세상으로 들어가
주님의 사랑을 전할 것을 서약합니다.

년   월   일

서명 _____

부록 02

전 교인을 위한 선교적 교회 안내서
(토론토영락교회)

1. 우리가 지향하는 교회는 선교적 교회(미셔널 처치)입니다.
2. 선교적 교회의 성도는 이런 모습을 보입니다.
3. 선교적 교회의 중심에는 샘터가 있습니다.

01.
우리가 지향하는 교회는 선교적 교회(미셔널 처치)입니다.

선교적 교회란

온 성도가
세상으로 보냄을 받아
구속적 삶을 살며
하나님의 선교(Missio Dei)에
동참하는 믿음 공동체입니다.

먼저, '**온 성도**'가 함께하는 교회입니다. 일부 헌신된 성도만이 아니라 온 성도가 참여하는 교회를 말합니다. 온 성도가 건강한 영성을 갖고 이 세상에서 선교적 삶을 살아가도록 인도하는 것이야말로 지도자의 책임 있는 역할입니다. 성도 한 사람 한 사람이 복음으로 세상을 섬기는 이타적인 마인드를 갖도록 훈련하여 파송하는 일입니다. 교회사에 보면 모라비안 공동체가 그랬습니다. 이 공동체는 엄청난 숫자의 선교사를 파송했고, 온 성도가 세계 선교를 위해 백 년 이상 끊이지 않는 중보 기도를 드렸습니다. 가는 이가 있으면 중보하는 이가 있었는데, 온 성도가 이를 자기 일로 여기고 감당했기에 가능했습니다. 대부분의 성도가 자신의 종교적 욕구만을 위해 모이는 교회라면 결코 건강한 교회가 아니며 교회 차원에서는 그만큼 할 일이 많은 교회인 것입니다.

'세상으로 보냄을 받았다'는 말은 교회의 사도성을 회복함을 말합니다. 성도의 본 사역은 교회 담장 밖에서 이루어진다는 고백이기도 합니다. 물론 교회 담장 안에서 우리는 살아계신 하나님을 예배하고 성도의 교제를 나누며 서로를 격려합니다. 교회 안에서도 섬기는 일이 많습니다. 그러나 실전은 담장 밖에서 일어납니다. 예배가 끝나면 성도는 교회 담장을 넘어 세상으로 다시 들어가야 합니다. 그곳에서 일하시는 하나님의 선교에 동참하는 것입니다. 오늘날 많은 교회가 이 부분에서 약합니다. 열심을 품은 성도들은 끊임없는 교회 안에서의 사역으로 대부분의 시간과 에너지를 소비하다 보니 진작 사역을 해야 할 일터와 마을에서는 역부족인 경우가 있습니다. 이 점을 개선하는 길은 교회 안에서의 사역과 교회 밖에서의 사역에 균형을 이루는 것입니다.

'구속적 삶을 살며'는 용서를 통한 회복, 환대를 통한 새로운 관계, 그리고 섬김을 통한 복음의 진정성을 나누는 삶을 말합니다.

첫째, 용서입니다. 하나님께서 우리를 용서해 주셨기 때문에 일곱 번씩 일흔 번이라도 용서하라는 주님의 말씀을 마음에 새깁니다. 용서와 화해를 통해 관계의 회복을 추구할 때 우리는 구속적 삶을 살기 시작합니다. 요셉의 삶을 보십시오. 형들이 그를 애굽에 종으로 팔아넘겼지만, 요셉은 형들을 원망하지 않고, 오히려 먼 훗날 자신을 들어 사용하시는 하나님의 선하신 목적을 깨달았습니다. 그는 형들을 다 용서하고 무너진 관계를 회복했습니다. 요셉의 삶은 용서와 화해가 있는 회복의 삶입니다. 그러므로 구속적 삶을 살기 원하는 성도라면 미움의 벽을 쌓거나 편을 가르는 일을 멀리하고, 그리스도 안에서 먼저 용서하고 화목하는 길을 택하는 것이 마땅합니다.

둘째, 환대(hospitality)는 조건없는 대접을 말합니다. 많은 문화 속에 환대 정신이 있습니다. 객지에서 받는 대접은 익숙한 환경에서 받는 대접보다 훨씬 더 고맙게 다가옵니다. 기독교에서 환대란 도움이 필요한 처지에 있는 사람을(방문자, 난민, 유학생, 실업자, 노숙자 등) 그리스도의 사랑으로 섬기는 것을 말합니다. 아무 조건 없이 그리스도의 사랑을 나누며 순종할 때 하나님께서는 우리를 새로운 세계, 새로운 관계 속으로 부르십니다.

셋째, 나눔을 통한 섬김입니다. 나눔의 삶을 산다는 것은 청지기로서의 부르심에 합당한 결단을 요합니다. 이 땅에서 축적한 물질이 결코 개인의 소유가 아니라 하나님의 일을 위해 맡기신 것이라는 분명한 이해가 필요합니다. 성숙한 나눔은 하루아침에 이루어지지 않습니다. 상대방의 인격을 존중하며, 나누는 자의 과시용 목적이나 자기만족의 수단이 되는 것을 철저히 거부합니다. 올바른 나눔은 이웃 사랑의 진정성 있는 모습이며 복음으로 변화된 우리의 삶을 가장 자연스럽게 드러냅니다.

'**하나님의 선교**'의 의미는 선교의 주체가 되시는 성삼위일체 하나님께서는 이미 세상에서 회복의 일을 하고 계신다는 뜻입니다. 그러므로 교회가 스스로 일을 찾아 주도하는 것이 아니라, 하나님께서 하시는 일에 겸손히 참여하여 쓰임받는 것입니다. 그러므로 선교적 교회를 지향하는 성도들은 늘 함께 성령의 음성을 들으며 그 인도하심에 순종하려고 노력해야 합니다(행 13:1-3).

다시 한번, 선교적 교회란

온 성도가 세상으로 보냄을 받아 구속적 삶을 살며 하나님의 선교에 동참하는 믿음 공동체를 말합니다. 그러므로 선교적 교회를 꿈꾸며 나가는 성도들은 세상과 소통하는 교회, 세상을 섬기는 교회, 복음으로 세상을 바꾸는 공동체의 일원이 되려고 노력하는 것이 마땅합니다. 이 일을 위해 온 성도가 최선을 다해 선교적 삶을 실천해야 하겠습니다.

02.
선교적 교회의 성도는 이런 모습을 보입니다.

1. 하나님의 선교(Missio Dei)를 잘 이해하고 있다.

하나님께서 이 땅에서 이미 일하고 계신다는 것을 믿습니다. 타락한 인간과 창조 세계를 회복하시며 새롭게 하시는 일을 하고 계십니다. 그 일에 하나님의 백성을 부르십니다. 우리의 사명은 하나님의 택하신 백성으로서 겸손히 하나님의 선교에 동참하도록 부름을 받았습니다.

2. 하나님의 택하신 백성이라는 것을 잘 이해하고 있다.

교회는 바로 이런 택하신 백성의 공동체입니다. 초대 교회를 보면 성령께서 강림하셔서 신앙 공동체가 세워지는데(행 2장 이하), 그 이전에 분명한 사명을 주셨습니다. "오직 성령이 너희에게 임하시면 너희가 권능을 받고 예루살렘과 온 유대와 사마리아와 땅끝까지 이르러 내 증인이 되리라."(행 1:8). 여기서 우리가 확실히 이해하는 것은 교회 공동체가 태동하기 전에 선교적 사명이 존재했다는 것입니다. 교회를 위해 선교가 존재하는 것이 아니라 선교를 위해 교회가 존재합니다. 택하심은 특권을 행사하기 위해서가 아니라 하나님의 일에 쓰임받기 위해서입니다.

3. 복음을 말한다.

주님께서 가르치시고 직접 보여주신 복음은 전인적 복음입니다(눅 4:18). 복음의 사회적 책임과 영적 구원을 동시에 말씀하셨습니다. 선교적 교회는 복음을 신앙의 본질로 여기고 복음을 말하고 복음을 행합니다. 복음을 말함에는 로잔 언약 4항에 나오는 대로, 그리스도인의 현존, 서로를 알아가기 위한 대화, 복음의 가감 없는 선포, 복음을 위한 설득(변증), 제자도, 그리스도의 몸으로 영입, 세상 속에서 봉사(선교)를 모두 포함합니다. 복음을 행함에 있어서는 그리스도인의 사회적 책임을 다하며 하나님의 공의와 자비를 드러내는 일을 합니다.

4. 하나님 나라의 관점에서 생각하고 행동한다.

선교적 교회의 성도들은 하나님 나라의 관점을 중요시합니다. 내 교회만이 중요한 것이 아니라, 모든 교회가 중요합니다. 교회의 통일성과 보편성을 깊이 인지하며 여러 교회와 함께 겸손히 하나님의 선교에 협력합니다.

5. 교회 담장을 넘는다.

교회 담장을 낮추고, 담장을 넘어가는 것을 지극히 당연한 것으로 생각합니다. 교회 안에서 일어나는 일만 하는 것이 아니라, 문화적으로, 언어적으로 담장을 넘어갑니다. 북미와 같이 여러 민족이 이민자로서 어울려 사는 다민족 사회이든, 한국과 같이 단일 민족에서 여러 이주자를 받아주며 다민족 사회로 바뀌어가든, 이제는 교회가 문화적, 언어적 장벽을 넘어가야 할 사명을 깨닫고 하나님의 인도하심을 구합니다. 또한 아직도 복음을 제대로 들어보지 못한 수많은 민족을 향해 선교사를 파송하고 지원하는 일을 그치지 않습니다.

6. 약하고 소외된 자들을 찾아간다.

특별히 선교적 교회는 소외되고 방황하는 자들을 마음에 두고 그들을 향해 나갑니다. 사회에서 소외된 자들은 누구인가? 자본주의 사회에서 목소리를 잃어가는 힘없는 사람들은 누구인가? 그들의 챔피언이 됩니다. 독거노인, 장애인, 자유민 등 중심에 서지 못하는 한 영혼 한 영혼을 귀하게 여깁니다.

7. 하나님 나라의 실제를 삶으로 보인다.

선교적 교회의 성도들은 각자의 삶에서 하나님 나라의 실제를 보여줍니다. 바로 화해와 회복을 보여주는 구속적 삶입니다. 하나님께서 의도하신 창조 정신을 되살리며 죄로 인해 멀어진 하나님과 인간과의 관계, 인간과 인간과의 관계, 그리고 인간과 창조 세계의 관계를 회복하는 일에 관심을 갖고 실천합니다. 환경 문제가 일부 환경 전문가나 운동가의 문제가 아니라 온 세상을 창조하신 하나님의 관심사(concern)로 여깁니다. 예수를 잘 믿는다는 것은 창조 세계에 대한 지극한 관심을 갖고 올바른 청지기의 삶을 사는 것입니다.

8. 선교적 DNA를 가진 공동체를 재생산한다.

마지막으로 선교적 교회는 자신과 같은 신앙 공동체를 재생산하는 데 관심이 있습니다. 그래서 선교적 교회론을 타 교회와 나누며 그런 교회가 되도록 돕습니다. 그뿐만 아니라, 선교적 교회를 개척하는 일에 힘씁니다.

이렇게 선교적 교회 성도들은 선교적 교회가 무엇인지에 대한 분명한 이해가 있습니다. 물론, 여기까지 오는 데는 오랜 인내와 노력이 필요합니다. 교회 리더십은 선교적 교회에 대해 성도들에게 계속해서 가르치고, 설득하고, 협력을 구하며 나가야 합니다. 선교적 교회는 우선적으로 건강한 공동체가 되어야 하고, 복음에 대한 열정이 있으며, 제자의 길을 걷는 철저한 훈련 과정이 있어야 합니다.

03.
선교적 교회의 중심에는 샘터가 있습니다.

샘터는 기존 교회가 갖고 있는 선교회와 구역을 통합한 소그룹 모임을 말합니다. 두 가지 기능이 있습니다. 첫째는 나눔과 교제를 통한 그리스도 안에서의 만남입니다. 함께 말씀을 공부하고 기도하며, 주님의 사랑을 나누는 성도의 모임입니다. 둘째는 세상을 향한 섬김과 사역을 위한 만남입니다. 주님의 사랑을 세상 사람들과 나누기 위해 함께 실천하는 소그룹입니다. 이를 위해 건강한 미셔널 샘터의 문화를 만들어가야 합니다. 즉, 내실을 중요시 하면서 동시에 외부 지향적입니다. 샘터 식구들끼리만 잘 지내는 것으로 만족하지 않고, 반드시 세상을 향해 시선을 맞춥니다. 건강한 미셔널 샘터는 잘 모이고 잘 흩어집니다. 이를 위해 건강한 미셔널 샘터가 갖추어야 할 아래 여섯 가지 요소를 점검해 봅시다.

1. 정체성

샘터원들은 분명한 정체성을 갖고 있습니다. 바로 우리는 '하나님의 백성'이라는 분명한 정체성을 갖는 것입니다. 베드로전서 2장 9절에 보면, 이렇게 증거합니다.

- 택하신 족속이요 하나님의 일에 쓰임 받기 위해 택하심을 받았다는 확신을 가짐.
- 왕 같은 제사장들이요 믿지 않는 사람들을 예배자로 세우는 제사장 사명을 받음.
- 거룩한 나라요 믿지 않는 사람들(세상)과 구별된 도덕성을 소유함.
- 그의 소유가 된 백성이니 세상으로 나갈 때 하나님의 보호와 인도를 기대함.

2. 복음

샘터 모임에는 복음이 우선입니다. 샘터원들은 복음만이 세상을 바꿀 수 있다는 확신 속에 살아갑니다(롬 1:16). 누군가가 나의 샘터를 방문한다면, 이 샘터에서 반드시 복음의 능력을 체험할 수 있어야 합니다. 복음 중심의 샘터에서는 이런 일들을 강조합니다.

- 샘터원들이 돌아가며 예수 믿은 간증을 함. 어떻게 믿게 되었는지, 믿고 나서 삶이 어떻게 변화되었는지. 회심, 중생, 새 생명을 강조함.
- 일터나 이웃에서 만나는 비신자를 위한 기도 제목을 수시로 나누고 기도함. 잃어버린 영혼을 향해 뜨겁게 기도하는 샘터가 됨.
- 비신자를 위한 특별 이벤트를 만들고(예를 들어, 피크닉으로 초대하여 간증을 나눔, 알파코스의 한 테이블을 담당함), 샘터원들이 힘을 합하여 함께 복음을 전함.

3. 구속적 삶

성경에 나오는 창조-타락-구속-재창조의 커다란 이야기 속에서 주님께서 나의 삶을 회복시켜 주셨음을 분명히 이해합니다. 구원은 신앙생활의 결론이 아니라 시작임을 믿고, 어떻게 구속적 삶을 살아야 할지를 함께 나눕니다. 구속적 삶의 구체적인 표현은 용서, 환대(hospitality), 그리고 섬김입니다. 샘터로 만날 때마다 그동안 어떻게 구속적 삶을 실천했는지 서로 나누고 기도합니다.

4. 성령의 인도하심 (성령 안에서 기도, 믿음 안에서 순종)

샘터를 인도하시는 분은 성령 하나님이심을 분명히 깨닫습니다. 그래서 성령 안에서 기도하며 성령의 인도하심에 귀를 기울입니다. 함께 기도하며 주시는 비전을 순종으로 실천합니다(행 13:1-3).

5. 문화적 담장을 넘어감

나에게 익숙한 문화적 환경에서만 머물 것이 아니라, 이제는 열방을 향해 나가는 열정을 갖습니다. 타 문화권에서 온 이주자나 유학생을 마음에 품고 기도합니다. 문화적 장벽을 넘기 위해 구체적인 목표를 세우고 순종합니다.

- 타 문화권에 대한 이해를 돕기 위해 책, 동영상 등으로 공부하기
- 기본적인 회화에 유용한 10마디 정도를 배우고 암송하기
- 타 문화권의 종교에 관해 공부하기
- 한 달에 한 번 타 문화권 사람과 식사하기
- 타 문화권 사람을 집에 초대하거나, 그 집을 방문하기
- 타 문화권 사람을 위해 기도하고 복음을 전하기

6. 세계 복음화를 위한 기도

복음이 제대로 들어가지 못한 지구촌 구석구석을 놓고 기도합니다. 미전도 종족이 아직도 산재한 지역과 핍박이 심한 나라들을 놓고 기도합니다. 특히 교회가 파송하거나 재정 후원을 하는 선교사들과 그분들이 보내온 소식을 놓고 함께 기도합니다. 샘터에서 단기팀을 만들어 함께 나가기도 합니다.

미셔널 문화란 온 성도가 '하나님의 백성'이라는 분명한 정체성을 갖고 세상으로 보냄을 받아 구속적 삶을 사는 정서, 가치관, 행동 양식을

말합니다. 이를 위해 샘터원들은 서로 진정한 교제를 나누며, 그리스도의 형상을 함께 닮아가며(제자도), 흩어져 그리스도의 사랑을 전하는 구속적 삶을 지향합니다. 건강한 미셔널 샘터가 모여서 건강한 교회, 선교적 교회를 만듭니다. 샘터는 미셔널 처치의 중심에 있습니다.